刑事模拟法庭审判
教程及案例实训

主　编◎曹华
副主编◎丁梓

四川大学出版社

图书在版编目（CIP）数据

刑事模拟法庭审判教程及案例实训 / 曹华主编.
成都：四川大学出版社，2024.12. -- ISBN 978-7
-5690-7515-1

Ⅰ．D925.218.5

中国国家版本馆CIP数据核字第20257GH095号

书　　名：刑事模拟法庭审判教程及案例实训
　　　　　Xingshi Moni Fating Shenpan Jiaocheng ji Anli Shixun
主　　编：曹　华

选题策划：梁　平　罗　丹
责任编辑：梁　平
责任校对：李　梅
装帧设计：裴菊红
责任印制：李金兰

出版发行：四川大学出版社有限责任公司
　　　　　地址：成都市一环路南一段24号（610065）
　　　　　电话：（028）85408311（发行部）、85400276（总编室）
　　　　　电子邮箱：scupress@vip.163.com
　　　　　网址：https://press.scu.edu.cn
印前制作：四川胜翔数码印务设计有限公司
印刷装订：成都金龙印务有限责任公司

成品尺寸：185mm×260mm
印　　张：11.25
字　　数：275千字

版　　次：2025年2月 第1版
印　　次：2025年2月 第1次印刷
定　　价：45.00元

本社图书如有印装质量问题，请联系发行部调换

版权所有 ◆ 侵权必究

扫码获取数字资源

四川大学出版社
微信公众号

前　言

本科和硕士研究生阶段都是学生从学校走向社会走到工作岗位的过渡时期，必须着重培养学生独立学习和工作的能力。法学教育具有很强的实践性，其教育绩效也必须接受实践的检验。模拟法庭是高校法律院系培养法律职业技能的重要平台，也是展现和研究法律文化的平台。本教材来源于编者的教学实践，在组织和开展模拟法庭实践案例教学过程中，刑事模拟审判实践课程开展的逻辑构架逐渐清晰。模拟法庭审判不只是一种程式性的模拟，更是对未来法律人的一种系统的、职业化的训练。它能深化学习者对实体法、程序法理论及立法精神的理解，激活其运用理论分析解决问题的逻辑思维能力、练就其机敏善辩的语言表达能力，为培养理论、实践的复合型法律人才作出有益的尝试。

刑事模拟法庭审判是法律人才培养方案中的必修课程。本教材编写体例遵循先介绍基本原理再到实践训练的认知与实践操作相结合的基本逻辑。第一章、第二章系统地介绍了模拟审判教学与实践能力素质培养的基本原理、操作规程和刑事审判中常用诉讼文书的写作规范。第三章介绍了刑事模拟法庭审判的基本原理；阐述了刑事模拟法庭审判中承担不同角色的学生需履行的职责和要求；列举法庭语言使用实例，归纳总结法庭语言的基本规范；简要介绍法庭审判礼仪，意图使学生们在整个模拟庭审过程中尽量真实规范地还原庭审现场。第四章根据刑事案件一审普通程序的五个庭审阶段，结合教学案例全面完整地展示了刑事模拟法庭审判的全过程，为刑事模拟法庭审判教学提供理论指引与操作指南，解决模拟审判实践方面的理论、实务问题。第五章选取来自刑事司法实务的四个真实案例，精心改编后作为学生可直接选用的模拟实务案例。学生通过全面模拟实践中鲜活的刑事实务案例，转换视角，提升认识和解决法律问题的综合能力，体验公平正义及其实现过程。

本书共五章，曹华撰写大纲并统稿校稿，曹华编写第三章、第四章、第五章第一节和第二节，丁梓编写第一章、第二章、第五章第三节和第四节。

本书是法学本科生、法律硕士研究生模拟法庭课程实践教学的教材，也适合初级法律工作者业务培训时学习参考以及对法学研习感兴趣的人士学习参考之用。

本教材从组织到编写凝结了西南科技大学老师多年法学教育特别是开展模拟审判教学实践及研究的基础性成果，以及法院、检察院等司法实务部门的大力支持。在此，对帮助过教材编写的所有人致以最诚挚的谢意！

因时间匆忙，编者水平有限，书中错误、疏漏之处难免，敬请读者批评指正。

编　者

目 录

第一章 模拟法庭审判概述 ……………………………………………………（1）
  第一节 模拟法庭审判的概念和特点 ………………………………………（1）
  第二节 模拟法庭审判课程的教学地位和意义 ……………………………（2）
  第三节 模拟法庭审判教学活动的开展实施 ………………………………（4）

第二章 刑事公诉案件第一审程序法庭审判基本原理 ……………………（7）
  第一节 刑事法庭审判的概念、特点及组织机构 …………………………（7）
  第二节 刑事法庭审判诉讼程序过程与诉讼参与人 ………………………（10）
  第三节 刑事法庭审判常用法律文书 ………………………………………（18）

第三章 刑事模拟法庭审判概述 ……………………………………………（33）
  第一节 刑事模拟法庭审判的概念、特点及模拟教学开展流程 …………（33）
  第二节 刑事模拟法庭审判中各诉讼角色地位及职责 ……………………（39）
  第三节 刑事模拟法庭审判基本语言规范 …………………………………（46）

第四章 刑事模拟第一审普通程序庭审操作规程及案例演示 ……………（60）
  第一节 开庭 …………………………………………………………………（60）
  第二节 法庭调查 ……………………………………………………………（65）
  第三节 法庭辩论 ……………………………………………………………（78）
  第四节 被告人最后陈述 ……………………………………………………（85）
  第五节 评议和宣判 …………………………………………………………（87）
  第六节 刑事模拟法庭审判组织、过程评价及材料提交 …………………（94）

第五章 案例实训 ……………………………………………………………（100）
  第一节 杨怀南故意伤害案第一审程序模拟审判脚本 ……………………（100）

第二节 闵伟军抢劫案第一审程序模拟审判脚本…………………………（122）

第三节 吉颜峰等人贩卖毒品案第一审程序模拟审判脚本………………（139）

第四节 毛向阳诈骗案第一审程序模拟审判脚本…………………………（158）

参考文献……………………………………………………………………………（172）

第一章 模拟法庭审判概述

第一节 模拟法庭审判的概念和特点

模拟法庭审判是法律实践性教学的重要方式，是指在教师或法官的指导下，通过案情分析、角色划分、法律文书准备、预演、正式开庭等环节模拟刑事、民事、行政审判及仲裁的过程。其主要目的是在教授诉讼程序、证据规则、司法制度等知识的同时，培养学生调查、辩论、庭审等技能，具体来讲就是按照法定程序，由不同的学生扮演法官、检察官、当事人以及其他诉讼参与人等不同诉讼角色，对刑事、民事以及行政案件进行模拟的一种综合性、实践性活动。通过课程训练，培养学生取证、分析、思考、写作、陈述和行为的能力，提升学生听、查、思、写、辩的法律职业素养。

一、模拟法庭审判是对法定程序的"模拟"

在法学实践教学活动中，模拟审判不仅仅是学生进行模拟审判的学习活动，也是教师进行实践性教学的一项重要的教学活动，是典型的教与学的有机结合，学生进行模拟审判活动中需要教师现场指导，在模拟审判活动结束后需要教师点评指导。总体来说，就是以学生为主体，让学生运用所学知识，根据精选的典型案例扮演不同法庭角色，严格依据现行法律规定，参照真实法庭审判的场景来进行教学的法定程序"模拟"。

二、模拟法庭审判是对法学理论的"实践"

模拟审判是高等院校法学专业人才培养方案中的一门很重要的实践教学课程。目前，全国很多高等院校在法学专业人才培养方案中均设计了实践教学模块，开设了庭审旁听、司法调研、模拟审判等实践教学课程。这些课程的共同特点就是强调法律的应用性。其中模拟审判教学课程更具代表性，更强调法科学生法律实务能力全方位的培养，提升学生综合运用实体法、程序法、文书制作、辩论技巧及相关知识解决个案的实践能力。学生亲身参与，将课堂中所学到的法学理论知识、司法基本技能等综合运用于"实践"。

三、模拟法庭审判是一种独立的实践"教学形式"

模拟法庭审判的功能在于示范、观摩、理解与运用。通过教师讲解、学生模拟、教师考评等方式，充分结合案例讲解法庭审判程序和案件涉及的实体法、程序法、证据和诉讼文书格式及写作等知识，学生扮演法庭审判的角色，模拟审判案件。模拟法庭是一种新型的教学模式，它为学生提供一种真实、系统和全面的法律训练，使枯燥、无生气的课堂变得生动活泼起来，改变填鸭式无生气的法学教育模式，弥补传统法学教育中的不足。[①] 从开庭前准备阶段、开庭阶段、法庭调查阶段到法庭辩论、评议宣判阶段，教师可以根据授课情况让学生分部分、分段进行模仿，也可以让学生连续地模仿一个案件的完整开庭过程，待掌握了法庭审判的技巧后，再进行无脚本的模拟法庭审判，以达到一个更高的实践"教学形式"。

第二节　模拟法庭审判课程的教学地位和意义

通过法律和法治实现正义、维护秩序、保障自由，已经成为全人类的共识。依法治国是人类社会，也是我国迄今能够选择的最佳治国方略。在建设社会主义法治国家的事业中，通过"程序"保障"公正"的实现显得尤为重要，特别在中共十八大以来，习近平总书记关于深化司法体制改革、保证司法公正的一系列重要论述，更加明确了法学专业的建设及法学专业学生的培养方案，"模拟法庭审判"作为法学专业实践教学的重要内容，将马克思主义和习近平总书记全面依法治国新理念新思想新战略落实到法学专业学生培养中去，更有利于推进司法现代化，具有重要的现实意义。

与其他学科不同，法学学科有着自己鲜明的特点。其属于实践性与应用性很强的学科，将法学理论教育与实践教育结合起来，才能更好地满足社会对法律人才的需求。近年来，模拟法庭审判课程作为法学专业实践教学的重要内容，以较强的真实性、直观性和实践性将法学实践课程的实效性凸显出来。模拟法庭审判课程的教学实践，有利于提升学生的主动思辨力、创新创造力和法律实务能力。[②]

一、有利于提升学生的主动思辨力

思辨能力是正确、合理思考问题的能力，即对事物进行观察、比较、分析、综合、抽象、概括、判断、推理的能力，以及采用科学的逻辑方法，准确而有条理地表达自己

[①] 崔静、王明文：《模拟法庭——对传统法学教学模式的挑战》，《白城师范学院学报》，2006年第5期，第84页。

[②] 《中华人民共和国高等教育法》明确指出："高等教育的任务是培养具有创新精神和实践能力的高级专门人才，发展科学技术文化，促进社会主义现代化建设。"

思维过程的能力。根据法律职业化的要求，其具体表现为：观察、发现和认识法律事实的能力，归纳、概括法律关系及争议焦点的能力，正确适用法律和阐释法理的能力以及严谨的推理能力。通过模拟法庭审判的实践课程提升学生的思辨能力，帮助学生成为学习的真正主体，让学生化被动接受到主动学习。"模拟法庭"既是"说法"，又是"演法"，既可避免教师单纯地说"法"教学带来的枯燥乏味，又可满足学生好奇心强的特点，能有效地激发学生的求知欲。模拟法庭教学可充分调动教师与学生两大教学主体的积极性、主动性和参与性，尤其是可最大限度地调动学生的主体意识，通过这个互动的过程，变"要他学"为"我要学"，让学生主动思辨，培养主动性和思辨性。

二、有利于提升学生的创新创造力

创新创造力是法科学生在顺利完成以原有知识经验为基础的创建新事物的活动中表现出来的潜在的心理品质。创新能力的本质是培育新理念、不做复制者。培养法学生的创新能力就是要培养他们的洞察力、预见力和决断力。作为法学研究对象的法律，不仅仅是几个简单的条文，而是包括立法、司法、执法、法律监督、法律实施以及所产生的社会效应等一系列与社会现实密切联系的法律现象。作为法律人要勤于思考、勤于实践，要敏锐地识别问题；要有意识地培养自己把握发展趋势的能力，对事物的发展作出准确的判断；在司法活动过程中，每作出一种选择都必须与利害、压力和责任等问题相牵连，要迅速地作出选择和判断。通过模拟法庭审判教学的方式，将静态的、枯燥的法律条文通过动态的、形象的方式展现给学生，促使他们仔细鉴别，去粗取精、去伪存真，学会如何在庭前形成法律意见和开庭时进行法庭陈述和辩论，并找出法律要素之间的冲突，培养学生在意志层面冲破常规思维的障碍。通过模拟法庭的实践教学活动，启发学生的创造意识，从而促使他们进行创造性思考，有助于培养学生的创新创造力。

三、有利于提升学生的法律实务能力

我国传统的法律教学模式是以"听知识"为主，通过模拟法庭的实践教学活动，能够让学生全面介入模拟诉讼活动，实现从"听知识"到"用知识"的转变，体现实际动手能力的综合"演练"，扮演各种诉讼角色，体验法官、检察官、律师、原告、被告等角色的活动过程。更重要的是，学生在模拟法庭中必须从提供的零散案件材料入手，进行分析、归纳、筛选，从而形成向法庭陈述的事实，找出有关的法律要点，寻找适用的法律规范，形成自己的辩护或者代理意见，完成案件审理等全部环节。在此过程中，学生通过运用所学理论知识到庭审中，不仅可加深对理论知识的理解，同时可熟悉法庭审判流程，掌握举证、质证、辩论的技巧，全方位地提升法律实务能力。

第三节 模拟法庭审判教学活动的开展实施

为了增强模拟法庭审判教学实践课程的趣味性、知识性以及凸显庭审的对抗性,本书将选取经改编的真实案件作为案例进行剖析、讲解、演练,通过自主参与模拟案件,扮演具体角色,体验角色立场,领悟诉讼主体在案件处理活动中的角色行为、当事人的主张与利益诉求,构建法律知识与案件处理的相关知识体系,初步树立法律职业意识、培养职业能力。一是精心设计一个正规的模拟法庭场地,没有一个正规的模拟法庭是难以取得应有的教学效果的。二是必须组成一个符合规范的模拟法庭审判组织,没有一个规范的模拟法庭审判组织,也就无法开展模拟审判活动。三是必须精选模拟审判的案例、分派角色并及时进行评价和总结。模拟审判可较好地弥补传统法学教育模式中实践能力训练和培养的不足,使学生从课本走向现实,从理论走向实践,是提高和锻炼法学学生实务能力的有效方式。

一、教师主导

教师作为教学活动的主要参与人,必须发挥其应有的主导作用。教师应释明诉讼构造、剖析案件争议焦点、解读角色立场、指引技能学习、组织答疑评价。诉讼构造是诉讼中的控诉、答辩、裁判三方的法律地位及其关系。诉讼构造属于诉讼制度的"顶层设计",通过释明诉讼构造讲解说明诉讼参与各方的法律地位和相互关系及其在法庭规则和诉讼参与人的权利义务规范内的具体体现。案件争议焦点,即控辩双方争辩的,与诉的主张成立与否的相关焦点,包括特定事实、适用法律规范的确认等。剖析案件争议焦点是对争议点中立地位发表评论,指导各方校正诉讼立场、修补诉讼行为、强化对抗、显现角色特征、理解和支持正确的裁判。具体而言,教师是教学活动的设计者、实施者、引领者、评价者,在教学实施的过程中,教师应该明确自己的主导地位,讲授诉讼中三角结构、角色利益、角色技能,给学生明确的方向性指引,肯定成绩、诊断问题、提出建议。

二、学生主体

法学教育改革的核心工作就是培养和提高学生的能力,特别是实践能力。[①] 在模拟法庭审判教学活动实施过程中,要充分凸显学生的主体地位,学生作为模拟审判活动的参加者、角色的扮演者,是模拟审判这种独特学习方式的主体,对法律职业素养的体悟离不开经验积累。学生在模拟审判中的行为可以通过知识与技能、程序与实体、理念与

---

① 周世中、倪叶群:《法学教育与法科学生实践能力的培养》,中国法制出版社,2004年,第112页。

思维等六个层面来进行考察。知识层面，包括法律知识、生活知识、专门知识。法律知识包括实体法律知识与程序法律知识、司法解释与立法精神；生活知识即作为自然人生活在社会上基于生活获得的经验与认识；专门知识并非常识所能解释，而需要专门的知识或经验去理解、解释。技能层面，包括基本能力与专业技能。基本能力包括语言表达、逻辑关系、身姿礼仪等；专业技能包括法律概念的使用，法律事实的识别，法律关系的评判，代理、辩护、裁判的规范与技能。程序层面，包括程序法律规范与实务，法庭审判规则、规范与实务。实体层面，主要指实体法律关系的规范、理解与运用。理念层面，包括公平正义价值观、诉讼构造、诉讼原则（如控辩平等、控审分离、谁主张谁举证、居中裁判、无罪推定等）。思维层面，包括法律评判定式（即赋予生活现象与事实在法律上的意义）、证据与主张间的关系评价、特定事实与结果之间的因果关系成立与否的评估，法律适用的竞合与辨析等。

学生在模拟审判实践中的表现如何，学生本人的评价是活动的起点，学生互评必不可少，教师评价重在过程、重在发展。多元化教学评价理论强调学生对知识的构建，强调问题解决能力和创造力的培养，以学生参与为中心、以能力培养为中心、以实务实践为中心是创新课程的重要途径。通过各种方式让学生注入"公平正义"的法治理念，学会发现问题并解决问题、提升探究与合作能力、自主评价自己的表现、对他人的表现发表评论，从而能更好地认识法律人职业行为。

三、过程评价

打破"教师中心"＋"课堂中心"＋"书本中心"的传统教学评价模式，注重过程性评价也是达成实践课程目标的重要路径。在模拟法庭审判教学活动中采用过程性评价的方式，采用"学生自评"＋"学生互评"＋"教师点评"的模式。模拟法庭审判活动过程评价表如表1-1所示。

表1-1 模拟法庭审判活动过程评价表

组别　　第×组　　　　　　姓名（学号）

评价标准	分数	自评	互评	师评	备注
1. 自主积极选择或改编案例，前期准备充分	10				
2. 小组配合默契，分工协作合理，团队合作意识与能力	10				
3. 所选案例适当，对知识点的熟悉程度，以及灵活运用知识的能力	15				
4. 分析案情、剖析法律关系准确，快速找到案件争议焦点	15				

续表

评价标准	评分				备注
	分数	自评	互评	师评	
5. 语言表达内容完整，有核心知识，逻辑性强	20				
6. 具有创造性思维，能从不同角度去分析问题、解决问题	15				
7. 报告内容组织严密，条理清晰，归纳总结的能力	15				
总分					

备注：评分标准为自评10%，互评30%，师评60%。

第二章　刑事公诉案件第一审程序法庭审判基本原理

第一节　刑事法庭审判的概念、特点及组织机构

刑事公诉案件一审程序是人民法院审判活动的基本程序，是刑事诉讼中一个极其重要的阶段。第一审程序的任务是人民法院通过开庭审理，在公诉人、当事人及其他诉讼参与人等的参加下，客观、全面地审查证据，查明案件事实，并根据《中华人民共和国刑法》规定，对被告人是否有罪、应否处刑以及处以何种刑罚，作出正确裁决，从而使犯罪分子受到应有的法律制裁，无罪的人不受刑事惩罚。

一、刑事法庭审判的概念及特点

（一）刑事法庭审判的概念

刑事法庭审判是指人民法院在控辩双方及其他诉讼参与人参加下，依照法定的权限和程序，听取控辩双方对证据、案件事实和运用法律展开辩论的情况下，依法确定被告人是否有罪，应否判刑，给予何种刑事处罚的诉讼活动。

（二）刑事法庭审判的特点

我国刑事法庭中的审判席位于法庭正中的台基之上。根据刑事诉讼法的规定，审判人员在法庭审判中负责主持庭审，审理主要是对案件的有关事实进行举证、调查、辩论，过程中可主动讯问被告人，询问证人、鉴定人；对法庭出示的证据，听取公诉人、当事人和辩护人、诉讼代理人的意见；对证据进行调查核实等。而裁判则是在审理的基础上，依法就案件实体问题或某些程序问题作出公正的处理决定。审理是裁判的前提和基础，裁判是审理的目的和结果，二者构成一个辩证统一的整体。

《中华人民共和国刑事诉讼法》经过1996年、2012年和2018年三次修改，法庭审判呈现出如下主要特征：

（1）强化了控辩双方的举证和辩论。《中华人民共和国刑事诉讼法》规定公诉人在宣读起诉书后，直接讯问被告人，要在法庭上出示物证、书证后，询问证人和鉴定人，

对未到庭的各种证据笔录、文书要进行质证；被告人、辩护人一方为充分行使辩护权，同样可以陈述和辩解，询问控方证人和鉴定人，可以出示各种证据，并可以提出新的证据，包括申请通知新的证人到庭，调取新的物证，申请重新鉴定或勘验检查。此外，法庭辩论不仅可以在专门的辩论阶段进行，而且在法庭调查阶段控辩双方就可以对证据和案件情况发表意见和互相辩论。从这些规定可以看出，我国的庭审方式虽不是英美法系国家实行的当事人主义，但借鉴了当事人主义诉讼模式的某些特点，从我国实际情况出发，强化了控方举证责任，使控、审进一步分离，辩方职能得到较为充分的发挥，法庭审判模式更加公正、合理。

（2）重视、保留了审判职能的主导作用，法院享有对案件事实、证据的调查核实权。《中华人民共和国刑事诉讼法》结合我国实际情况，规定在控辩双方充分发挥自己作用的基础上，审判人员不仅有权主持审判、维护法庭秩序，而且还有权审讯被告人、询问证人和鉴定人，有权主持调查、核实各种证据，主持双方对证据和案件事实的辩论、制止与案件无关的发问。审判人员在审判时发现有应当排除证据的，应当依法予以排除，不得作为判决的依据。此外，《中华人民共和国刑事诉讼法》还规定，在庭审过程中，合议庭对证据有疑问的，可以宣布休庭，对证据进行调查核实。人民法院调查核实证据，可以进行勘验、检查、查封、扣押、鉴定和查询、冻结。由此可看出，其保留了某些职权主义的特征，立法的目的在于从慎重出发，查明案件事实真相，作出正确裁判。

二、刑事法庭审判的组织结构

审判组织是指人民法院审判案件的具体组织形式。根据《中华人民共和国刑事诉讼法》《中华人民共和国人民法院组织法》和《最高人民法院关于适用〈中华人民共和国刑事诉讼法〉的解释》的规定，我国的刑事审判组织有独任庭、合议庭、审判委员会三种。

（一）独任庭

独任庭是由审判员一人独任审判案件的审判组织。根据《中华人民共和国刑事诉讼法》第一百八十三条、第二百一十四条、第二百一十六条的规定，基层人民法院适用简易程序的案件可以由审判员一人独任审判，但并非所有的简易程序均适用独任庭进行审理。其中，适用简易程序审理案件，对可能判处三年有期徒刑以下刑罚的，可以组成合议庭进行审判，也可以由审判员一人独任审判；对可能判处的有期徒刑超过三年的，应当组成合议庭进行审判；适用简易程序独任审判过程中，发现对被告人可能判处的有期徒刑超过三年的，应当转由合议庭审理。案件是否独任审判，以及独任法官的指定问题，都由院长或庭长决定。

（二）合议庭

合议庭是由审判人员数人根据合议原则建立的审判组织。合议庭是人民法院审判案件的基本组织形式。根据《中华人民共和国人民法院组织法》第二十九条的规定，人民法院审判案件实行合议制。除法律规定可以独任审判的案件外，其他案件均应由合议庭审判。

合议庭的人员组成因审判程序和法院级别不同而不同。根据《中华人民共和国刑事诉讼法》的规定，合议庭的组成有以下几种情况：基层人民法院和中级人民法院审判第一审案件，应当由审判员三人或者由审判员和人民陪审员共三人组成合议庭进行。

高级人民法院、最高人民法院审判第一审案件，应当由审判员三人至七人或者由审判员和人民陪审员三人至七人组成合议庭进行。

人民法院审理上诉和抗诉案件，由审判员三人至五人组成合议庭进行。最高人民法院复核死刑案件，高级人民法院复核死刑缓期执行的案件，应当由审判员三人组成合议庭进行。按照审判监督程序重新审判的案件的审判组织，应当分别依照第一审程序或第二审程序的有关规定另行组成相应的合议庭，原来参加审判的审判人员不能成为该合议庭的成员。

合议庭的成员人数应当是单数，评议表决时按少数服从多数的民主集中制原则作出决定，作为案件判决的依据。合议庭评议的情况应当制作笔录，少数人的意见也应当记入笔录。全体合议庭成员应在合议庭笔录上签名并在判决书上署名。

审判长主持和组织合议庭的活动并指挥法庭审判的进行。审判长由院长或者庭长指定一人担任，院长或庭长参加合议庭时，由院长或庭长担任审判长。人民陪审员不能担任案件的审判长、审判委员会委员。

（三）审判委员会

审判委员会是人民法院内部对审判实行集体领导的组织形式。根据《中华人民共和国人民法院组织法》第三十六条，各级人民法院设立审判委员会，实行民主集中制。审判委员会的任务是总结审判经验，讨论重大的或者疑难的案件和其他有关审判工作的问题。从审判委员会讨论决定重大、疑难案件这一点来说，审判委员会也是人民法院的一种审判组织。

根据《中华人民共和国刑事诉讼法》第一百八十五条的规定，对于疑难、复杂、重大的案件，合议庭认为难以作出决定的，由合议庭提请院长决定提交审判委员会讨论决定。审判委员会的决定，合议庭应当执行。《最高人民法院关于适用〈中华人民共和国刑事诉讼法〉的解释》明确规定，对于最高人民法院、中级人民法院拟判处死刑立即执行以及中级人民法院拟判处死刑缓期执行的案件、本院已经发生法律效力的判决、裁定确有错误需要再审的案件、人民检察院抗诉的案件，合议庭应当提请院长决定提交审判委员会讨论决定。对合议庭成员意见有重大分歧的案件、新类型案件、社会影响重大的案件以及其他疑难、复杂、重大的案件，合议庭认为难以作出决定的，可以提请院长决定提交审判委员会讨论决定。审判委员会评议案件采用会议的方式。审判委员会会议由院长主持，院长因故不能主持时，可以委托副院长主持。本级人民检察院检察长可以列席审判委员会会议，对讨论事项可以发表意见，但不参加表决。审判委员会讨论案件的情况和决定，应当记入笔录，并由参加讨论的审判委员会委员签名。审判委员会的多数人意见为审判委员会的意见，合议庭应当据以作出判决或裁定，但审判委员会委员在判决书上不署名,而由审理该案的合议庭成员署名。

第二节 刑事法庭审判诉讼程序过程与诉讼参与人

第一审程序是指人民法院对人民检察院提起公诉、自诉人提起自诉的案件进行初次审判时应当遵循的步骤和方式、方法。第一审程序是刑事诉讼的中心环节和主要阶段,是审判的法定必经程序。依据起诉主体的不同,第一审刑事案件可划分为公诉案件和自诉案件。第一审程序可以划分为第一审普通程序、简易程序和速裁程序三大类。第一审普通程序包括公诉案件第一审程序和自诉案件第一审程序;简易程序是简化的第一审程序,适用于基层人民法院审判符合法定条件的公诉案件和自诉案件;速裁程序则是更为简化的第一审程序,适用于基层人民法院审判的符合法定条件的公诉案件。

综上所述,公诉案件的第一审普通程序是最为完整的审判程序,从理论运用的角度出发,"模拟法庭审判"的过程将围绕"公诉案件的第一审普通程序"来开展才能达到最佳的法律实践效果。

公诉案件第一审普通程序,是指人民法院对人民检察院提起公诉的案件进行初次审判时应当遵循的步骤和方式、方法,人民法院在接受起诉以后,应当首先进行庭前审查程序,通过书面审查的方法,对有关案件的情况进行审查以后,作出是否开庭的处理决定。公诉案件第一审程序包括庭前审查、庭前准备、法庭审判等环节。

一、庭前审查

《中华人民共和国刑事诉讼法》第一百八十六条规定:"人民法院对提起公诉的案件进行审查后,对于起诉书中有明确的指控犯罪事实并且附有证据目录、证人名单和主要证据复印件或者照片的,应当决定开庭审判。"这一规定表明,人民法院对人民检察院提起公诉的案件,并非径直开庭审判,而是需要经过初步审查,才能决定是否开庭审判。

(一)庭前审查的目的

审查公诉案件主要是查明人民检察院提起公诉的案件是否具备开庭审判的条件,即起诉书是否符合《中华人民共和国刑事诉讼法》第一百八十六条规定的要求。对公诉案件的审查,是一种程序性审查,并不是对案件进行审理。庭前审查为书面审查,即通过审阅起诉书等书面材料,围绕以下内容逐项予以审查。

(二)庭前审查的内容和方式

对提起公诉的案件,人民法院应当在收到起诉书和案卷、证据后,指定审判人员审查以下内容:

第一，是否属于本院管辖。第二，起诉书是否写明被告人的身份，是否受过或者正在接受刑事处罚，被采取强制措施的种类、羁押地点，犯罪的时间、地点、手段、后果以及其他可能影响定罪量刑的情节。第三，是否移送证明指控犯罪事实的证据材料，包括采取技术侦查措施的批准决定和所收集的证据材料。第四，是否查封、扣押、冻结被告人的违法所得或者其他涉案财物，并附证明相关财物依法应当追缴的证据材料。第五，是否列明被害人的姓名、住址、联系方式；是否附有证人、鉴定人名单；是否申请法庭通知证人、鉴定人、有专门知识的人出庭，并列明有关人员的姓名、性别、年龄、职业、住址、联系方式；是否附有需要保护的被害人、证人、鉴定人名单。第六，当事人已经委托辩护人、诉讼代理人，或者已经接受法律援助的，是否列明辩护人、诉讼代理人的姓名、住址、联系方式。第七，是否提起附带民事诉讼。提起附带民事诉讼的，是否列明附带民事诉讼当事人的姓名、住址、联系方式，是否附有相关证据材料。第八，侦查、审查起诉程序的各种法律手续和诉讼文书是否齐全。第九，有无《中华人民共和国刑事诉讼法》第十六条第二项至第六项规定的不追究刑事责任的情形。

（三）审查后的处理

提起公诉的案件审查后，应当按照下列情形分别处理：第一，属于告诉才处理的案件，应当退回人民检察院，并告知被害人有权提起自诉。第二，不属于本院管辖或者被告人不在案的，应当退回人民检察院。第三，需要补充材料的，应当通知人民检察院在3日内补送。第四，依照《中华人民共和国刑事诉讼法》及最高人民法院、最高人民检察院的相关司法解释的规定，当宣告被告人无罪后，人民检察院根据新的事实、证据重新起诉的，应当依法受理。第五，人民法院裁定准许撤诉的案件，没有新的事实、证据，重新起诉的，应当退回检察院。第六，符合《中华人民共和国刑事诉讼法》第十六条第二项至第六项规定情形的，应当裁定终止审理或者退回。

（四）审查的期限

对公诉案件是否受理，应当在7日内审查完毕。人民法院对提起公诉的案件进行审查的期限，计入审理期限。对于人民检察院提起公诉的案件，人民法院都应当受理。人民法院对提起公诉的案件进行审查后，对于起诉书中有明确的指控犯罪事实并附有案卷材料、证据的，应当决定开庭审判，不得以上述材料不足为由而不开庭审判。如果人民检察院移送的材料中缺少上述材料的，人民法院可以通知检察院补充材料，检察院应自收到通知之日起3日内补送。

二、庭前准备

开庭审判是人民法院在公诉人、被害人、被告人、法定代理人、辩护人、诉讼代理人、证人等的参加下，依照法律规定的审判制度和程序，当庭对案件进行全面审理，查清案件事实，并依法作出判决的诉讼活动。为了保证法庭审判的顺利进行，开庭前必须要做好以下准备工作。

（1）确定审判长及合议庭组成人员。人民法院适用第一审普通程序审理的案件，由院长或者庭长指定审判长并确定合议庭组成人员。合议庭的组成人员确定后，即应着手进行开庭审判前的准备工作，拟出法庭审理提纲，庭审提纲一般包括：第一，合议庭成员在庭审中的分工；第二，起诉书指控的犯罪事实的重点和认定案件性质的要点；第三，讯问被告人时需了解的案情要点；第四，出庭的证人、鉴定人、有专门知识的人、侦查人员的名单；第五，控辩双方申请当庭出示的证据的目录；第六，庭审中可能出现的问题及应对措施。

（2）开庭10日前将起诉书副本送达被告人、辩护人。对于未委托辩护人的被告人，告知其可以委托辩护人为其辩护；对于符合《中华人民共和国刑事诉讼法》第三十五条规定的，即被告人是盲、聋、哑人，或者是尚未完全丧失辨认或者控制自己行为能力的精神病病人，没有委托辩护人的，以及被告人可能被判处无期徒刑、死刑而没有委托辩护人的，人民法院应当通知法律援助机构指派律师为其提供辩护。

（3）通知当事人、法定代理人、辩护人、诉讼代理人在开庭5日前提供证人、鉴定人名单，以及拟当庭出示的证据；申请证人、鉴定人、有专门知识的人出庭的，应当列明有关人员的姓名、性别、年龄、职业、住址、联系方式。

（4）召开庭前会议。在开庭前可以召集公诉人、当事人、辩护人、诉讼代理人，对是否回避、是否提出管辖权异议、是否申请调取未随案移送的证明被告人无罪或者罪轻的证据材料、是否提供新证据、是否申请非法证据排除、是否对出庭证人鉴定人或者有专门知识的人的名单有异议、是否申请不公开、证据材料是否过多、案情是否重大复杂、社会影响重大等与庭审相关的问题充分了解情况，听取意见。

（5）开庭3日前将传唤当事人传票和通知辩护人、诉讼代理人、法定代理人、证人、鉴定人等出庭的通知书送达。通知有关人员出庭，也可以采取电话、短信、传真、电子邮件等能够确认对方收悉的方式。对于不满18周岁的未成年人犯罪的案件，应当通知被告人的法定代理人到庭，以便这些诉讼参与人有时间做好各自出庭的准备工作。

（6）将开庭的时间、地点在开庭3日前通知人民检察院。人民法院审判公诉案件，人民检察院都应当派员出庭支持公诉。因此，应将开庭时间、地点在开庭3日前通知人民检察院，有利于公诉人做好准备工作。

（7）公开审判的案件在开庭3日前公布案由、被告人姓名、开庭的时间和地点。人民法院确定开庭日期时，应当为律师出庭预留必要的准备时间并书面通知律师。律师因开庭日期冲突等正当理由申请变更开庭日期的，人民法院应当在不影响案件审理期限的情况下，予以考虑并调整日期，决定调整日期的，应当及时通知律师。被害人、诉讼代理人经传唤或者通知未到庭的，不影响开庭审理的，人民法院可以开庭审理。辩护人经通知未到庭，被告人同意的，人民法院可以开庭审理，但被告人属于应当提供法律援助情形的除外。

三、法庭审判

法庭审判由合议庭的审判长主持。依据《中华人民共和国刑事诉讼法》的规定，法庭审判程序大致可分为开庭、法庭调查、法庭辩论、被告人最后陈述、评议和宣判五个阶段。

（一）开庭

开庭是正式进行法庭审判前的准备阶段。根据《最高人民法院关于适用〈中华人民共和国刑事诉讼法〉的解释》的规定，开庭阶段的活动程序如下。第一，开庭审理前，由书记员依次进行下列工作：①受审判长委托，查明公诉人、当事人、证人及其他诉讼参与人是否到庭。②宣读法庭规则。③公诉人及相关诉讼参与人入庭。④审判长、审判员（人民陪审员）入庭。⑤审判人员就座后，向审判长报告开庭前的准备工作已经就绪。第二，审判长宣布开庭，传被告人到庭后，应当查明被告人如下情况：①姓名、出生日期、民族、出生地、文化程度、职业、住址，或者被告单位的名称、住所地和诉讼代表人的姓名、职务。②是否受过法律处分及处分的种类、时间。③是否被采取强制措施及强制措施的种类、时间。④收到起诉书副本的日期。有附带民事诉讼的，附带民事诉讼被告人收到附带民事起诉状的日期。被告人较多的，可以在开庭前查明上述情况，但开庭时审判长应作出说明。第三，审判长宣布案件的来源、起诉的事由、附带民事诉讼当事人的姓名及是否公开审理，不公开审理的应宣布理由。第四，审判长宣布合议庭组成人员、书记员、公诉人、辩护人、鉴定人、翻译人员等诉讼参与人的名单。第五，审判长应当告知当事人及其法定代理人、辩护人、诉讼代理人在法庭审理过程中依法享有下列诉讼权利：①可以申请合议庭组成人员、书记员、公诉人、鉴定人和翻译人员回避。②可以提出证据，申请通知新的证人到庭、调取新的证据、申请重新鉴定或者勘验、检查。③被告人可以自行辩护。④被告人可以在法庭辩论终结后作最后陈述。第六，审判长应当询问当事人及其法定代理人、辩护人、诉讼代理人是否申请回避，申请何人回避和申请回避的理由。当事人及其法定代理人、辩护人、诉讼代理人申请回避的，依照《中华人民共和国刑事诉讼法》及《最高人民法院关于适用〈中华人民共和国刑事诉讼法〉的解释》的有关规定处理。同意或者驳回申请的决定及复议决定，由审判长宣布，并说明理由。必要时，也可以由院长到庭宣布。第七，被告人认罪认罚的，审判长应当告知被告人享有的诉讼权利和认罪认罚的法律规定，审查认罪认罚的自愿性和认罪认罚具结书内容的真实性、合法性。

（二）法庭调查

开庭阶段之后进入法庭调查阶段，由审判长宣布开始法庭调查。法庭调查是在审判人员主持下，控辩双方在和其他诉讼参与人的参加下，对案件事实和证据进行调查核实的诉讼活动。法庭调查是案件进入实体审理的重要阶段，其任务是查明案件事实、核实证据。由于《中华人民共和国刑事诉讼法》规定，所有的证据都必须在法庭上调查核实才能作为定案根据，因而法庭调查是法庭审判的核心环节。法庭不仅要调查对与被告人定罪、量刑的有关的事实、证据，还应当查明对被告人适用的特定法定刑幅度以及其他从重、从轻、减轻或免除处罚的法定或者酌定量刑情节。案件事实能否确认，被告人是否承担刑事责任，以及如何进行量刑，关键在于法庭调查的结果。对于被告人认罪的案件，在确认被告人了解起诉书指控的犯罪事实和罪名，自愿认罪且知悉认罪的法律后果后，法庭调查可以主要围绕量刑和其他有争议的问题进行。对被告人不认罪或者辩护人作无罪辩护的案件，法庭调查应当在查明定罪事实的基础上，查明有关量刑的事实。法庭调查的成效，直接关系到案件处理质量。

根据《中华人民共和国刑事诉讼法》第一百九十一条至一百九十七条以及《最高人民法院关于适用〈中华人民共和国刑事诉讼法〉的解释》相关规定，法庭调查的程序和步骤是：

（1）公诉人宣读起诉书。审判长宣布法庭调查开始后，应当先由公诉人宣读起诉书；有附带民事诉讼原告人或者法定代理人、诉讼代理人的宣读附带民事起诉状。宣读起诉书时，如果一案有数名被告人，应同时在场。起诉书指控的被告人的犯罪事实为两起以上的，法庭调查一般应当分别进行。起诉书是人民法院审判的合理依据，没有起诉就没有辩护和审判，起诉书是法庭审判的基础，法庭对案件审判仅限于起诉的内容和范围。

（2）被告人、被害人就起诉书指控的犯罪事实分别进行陈述。公诉人宣读起诉书后，在审判长主持下，被告人、被害人可以就起诉书指控的犯罪事实分别进行陈述。被告人如果承认起诉书指控的犯罪事实，则应就自己的犯罪行为进行陈述；如果否认指控，应允许其陈述辩解意见。被告人陈述之后，应允许被害人根据起诉书对犯罪的指控陈述自己受害的经过。被告人、被害人就起诉书指控的犯罪事实分别进行陈述，有助于合议庭了解当事人对指控的基本意见。

（3）讯问、发问被告人、被害人和附带民事诉讼原告人。在审判长主持下，公诉人可以就起诉书指控的犯罪事实讯问被告人。经审判长准许，被害人及其法定代理人、诉讼代理人可以就公诉人讯问的犯罪事实补充发问；附带民事诉讼原告人及其法定代理人、诉讼代理人可以就附带民事部分的事实向被告人发问；被告人的法定代理人、辩护人，附带民事诉讼被告人及其法定代理人、诉讼代理人可以在控诉一方就某一问题讯问完毕后向被告人发问。经审判长准许，控辩双方可以向被害人、附带民事诉讼原告人发问。控辩双方的讯问、发问方式不当或者内容与本案无关的，对方可以提出异议，申请审判长制止。审判长应当判明情况予以支持或者驳回；对方未提出异议的，审判长也可以根据情况予以制止。

（4）出示、核实证据。证据只有经过查证核实才能成为定案的根据。因此，在讯问、发问当事人以后，应当核查各种证据。《中华人民共和国刑事诉讼法》第五十一条规定了公诉案件中人民检察院的举证责任，在公诉案件中，人民检察院负有举证证明被告人有罪的责任。因此，核查证据应从控方向法庭举证开始，公诉人可以提请审判长通知证人、鉴定人出庭作证，或者出示证据。被害人及其法定代理人、诉讼代理人，附带民事诉讼原告人及其诉讼代理人也可以提出申请。控辩双方申请证人出庭作证，出示证据，应当说明证据的名称、来源和拟证明的事实。法庭认为有必要的，应当准许；对方提出异议，认为有关证据与案件无关或者明显重复、不必要，法庭经审查异议成立的，可以不予准许。已经移送人民法院的证据，控辩双方需要出示的，可以向法庭提出申请。法庭同意的，应当指令值庭法警出示、播放；需要宣读的，由值庭法警交由申请人宣读。

根据《中华人民共和国刑事诉讼法》中直接言词原则及证人证言和鉴定人的相关规定，对证人作证、鉴定人的鉴定，要在法庭上经过控辩双方询问、质证，才能作为定案根据。因而证人、鉴定人应当出庭作证。公诉人、当事人或者辩护人、诉讼代理人对鉴定意见有异议，人民法院认为鉴定人有必要出庭的，鉴定人应当出庭作证。法院无法通知或者证人、鉴定人拒绝出庭的，应当及时告知申请人。经人民法院通知，鉴定人拒不出庭的，鉴定意见不得作为定案的根据。

案件审理过程中，通过询问证人、鉴定人，申请有专门知识的人出庭作证，出示、宣读证据，人民法院除对与定罪量刑的有关事实、证据进行审查外，还应当根据案件的情况审查以下影响量刑的情节：第一，案件的起因；第二，被害人有无过错及过错程度，是否对矛盾激化负有责任及责任大小；第三，被告人的近亲属是否协助抓获被告人；第四，被告人平时表现，有无悔罪态度；第五，退赃、退赔及赔偿情况；第六，被告人是否取得被害人或者其近亲属谅解；第七，影响量刑的其他情节。公诉人申请出示开庭前未移送人民法院的证据，辩护方提出异议的，审判长应当要求公诉人说明理由；理由成立并确有出示的必要的，应当准许。辩护方提出需要对新的证据做辩护准备的，法庭可以宣布休庭，并确定准备辩护的时间。辩护方申请出示开庭前未提交的证据，适用以上规则。

（5）调取新证据。法庭审理过程中，当事人及其辩护人、诉讼代理人申请通知新的证人到庭，调取新的证据，申请重新鉴定或者勘验的，应当提供证人的姓名、证据的存放地点，说明拟证明的案件事实，要求重新鉴定或者勘验的理由。法庭认为有必要的，应当同意，并宣布延期审理；不同意的，应当告知理由并继续审理。延期审理的案件，符合《中华人民共和国刑事诉讼法》第一百九十七条规定的，可以报请延长审理期限。人民法院同意重新鉴定申请的，应当及时委托鉴定，并将鉴定意见告知人民检察院、当事人及其辩护人、诉讼代理人。审判期间，合议庭发现被告人可能有自首、坦白、立功等法定量刑情节，而人民检察院移送的案卷中没有相关证明材料的，应当通知人民检察院移送。被告人提出新的立功线索的，人民法院可以建议人民检察院补充侦查。公诉人发现案件需要补充侦查，建议延期审理的，合议庭应当同意，但建议延期审理不得超过两次，每次不得超过1个月。人民检察院将补充收集的证据移送人民法院的，人民法院应当通知辩护人、诉讼代理人查阅、摘抄、复制。

（6）合议庭调查核实证据。法庭对证据有疑问的，可以告知公诉人、当事人及其法定代理人、辩护人、诉讼代理人补充证据或者作出说明；必要时，可以宣布休庭，对该证据调查核实。人民法院调查核实证据时，可以进行勘验、检查、查封、扣押、鉴定和查询、冻结。必要时，可以通知检察人员、辩护人到场。上述人员未到场的，应当记录在案。在法庭审理过程中，审判人员对量刑证据有疑问的，可以宣布休庭，对证据进行调查核实，必要时也可以要求人民检察院补充调查核实。

（三）法庭辩论

法庭辩论，是在法庭调查的基础上，控诉方与辩护方就被告人行为是否构成犯罪、犯罪的性质、罪责轻重、证据是否确实充分，以及如何适用刑罚的等问题，进行互相争论和反驳的一种诉讼活动。公诉人立足于指控犯罪，辩护律师立足于保障人权，双方立场上对立，辩论的出发点亦不同。公诉人的目标是"立论"，要证明所指控的犯罪行为存在且应依法承担刑事责任；辩护律师的目标是"破论"，要证明所指控的犯罪行为存疑，应依法从轻、减轻、免除处罚或者对该公诉主张不予支持。从不同的立场出发，公诉人的全部辩论观点会紧紧围绕起诉书的指控而展开，具有单一性，即证明起诉书指控的正确性。以起诉书的观点为统帅，从事实、证据、适用法律、犯罪构成理论等多方面开展充分的证明，在此基础上，针对被告人、辩护律师的"破论"进行答辩、反驳。对于控辩双方而言，"链条"的完整牢固与否决定成败。辩方的策略是打破公诉方的"证据锁链"，无论是证据的合法性、关联性、客观性，还是法律规定的模糊性与疏漏，或者是程序上的瑕疵，只要能够从其薄弱环节打开缺口，就意味着公诉方控诉"证据锁链"的断裂，辩方就能从公诉方的控诉中"突围"，即抗辩成功。辩论的观点在逻辑上要严密，要充分考虑案件事实和证据之间的关联性，分别用不同的论据来论证自己的观点。

《中华人民共和国刑事诉讼法》第一百九十八条规定："法庭审理过程中，对定罪、量刑有关的事实、证据都应当进行调查、辩论。"在法庭辩论阶段，审判人员引导控辩双方先辩论定罪问题。在定罪辩论结束后，审判人员告知控辩双方可以围绕量刑问题进行辩论，发表量刑建议或意见，并说明理由和依据。法庭辩论应当在审判长的主持下，先后进行如下内容：由公诉人发言，被害人及其诉讼代理人发言，被告人自行辩护，辩护人辩护，控辩双方进行辩论。在司法实践中，公诉人的首轮发言被称作发表公诉词。公诉词是公诉人根据控诉职能，对案件事实、证据和适用法律发表的总结性意见。其内容包括：①对法庭调查结果的简单概括。②进行证据分析，认定被告人的犯罪行为。③指出被告人犯罪的动机、目的、手段、性质和犯罪行为的社会危害性。④分析被告人犯罪的思想根源和社会根源。⑤进行法律上的论证，指出被告人触犯的刑事法律条款和应负的法律责任。⑥提出对被告人依法处理的要求。

人民检察院可以提出量刑建议并说明理由，量刑建议一般应当具有一定的幅度。辩护人的首轮发言被称作发表辩护词。辩护词是辩护人以法庭调查查明的案情为基础，提出的维护被告人合法权益的总结性意见。辩护词的内容由序言、辩护理由和结论三部分组成。其中，序言的重点是表明对本案的基本观点，包括：或认为被告人无罪，或认为被告人罪轻，或认为被告人应当减轻处罚，或认为被告人应当免除刑事责任。辩护理由是辩护词的核心部分，可以从事实辩、证据辩、无罪辩、罪轻辩、罪轻免刑辩、适用法律辩等多个方面提出。被告人不认罪或者辩护人作无罪辩护的案件，法庭辩论时，可以引导控辩双方先辩论定罪问题，后辩论量刑问题。对被告人认罪的案件，法庭辩论时，可以引导控辩双方主要围绕量刑和其他有争议的问题进行。附带民事诉讼部分的辩论应当在刑事部分的辩论结束后进行，其辩论顺序是先由附带民事诉讼原告人及其诉讼代理人发言，后由附带民事诉讼被告人及其诉讼代理人答辩。总之，法庭辩论的次序是自控方发言始至辩方发言止为一轮，反复进行。经过几轮辩论后，审判长认为控辩双方的发言中已经没有新的问题和意见提出，没有继续辩论必要的，即应终止双方发言，宣布辩论终结。

（四）被告人最后陈述

《中华人民共和国刑事诉讼法》第一百九十八条第三款规定，审判长在宣布辩论终结后，被告人有最后陈述的权利。这是被告人的一项重要诉讼权利。审判长应当告知被告人享有此项权利。被告人最后陈述也是法庭审判中一个独立的阶段，合议庭应当保证被告人充分行使最后陈述的权利。被告人在最后陈述中多次重复自己的意见时，审判长可以制止。陈述内容藐视法庭、公诉人，损害他人及社会公共利益，或者与本案无关的，应当制止。在公开审理的案件中，被告人最后陈述的内容涉及国家秘密、个人隐私或者商业秘密的，也应当制止。被告人最后陈述中提出新的事实、证据，合议庭认为可能影响正确裁判的，应当恢复到法庭调查阶段；被告人提出新的辩解理由，合议庭认为可能影响正确裁判的，应当恢复到法庭辩论阶段。附带民事诉讼部分可以在法庭辩论结束后当庭调解。不能达成协议的，可以同刑事部分一并判决。

（五）评议和宣判

被告人最后陈述后，审判长应当宣布休庭，由合议庭进行评议。合议庭评议案件，应当根据已经查明的事实、证据和有关法律规定，在充分考虑控辩双方意见的基础上，确定被告人是否有罪、构成何罪，有无从重、从轻、减轻或者免除处罚的情节，应否处以刑罚、判处何种刑罚，附带民事诉讼如何解决，查封、扣押、冻结的财物及其孳息如何处理等，并依法作出判决、裁定。宣告判决结果时，法庭内全体人员应当起立。

对第一审公诉案件，经过审理后，应当按照如下情形分别作出判决、裁定：①起诉控诉的事实清楚、证据确实充分，依据法律认定指控被告人的罪名成立的，应当作出有罪判决。②起诉指控的事实清楚，证据确实、充分，指控的罪名与审理认定的罪名不一致的，应当按照审理认定的罪名作出有罪判决。③案件事实清楚，证据确实充分，依据法律认定被告人无罪的，应当判决宣告被告人无罪。④证据不足，不能认定被告人有罪的，应当以证据不足、指控的犯罪不能成立，判决宣告被告人无罪。⑤案件部分事实清楚，证据确实充分，应当作出有罪或者无罪的判决；对事实不清、证据不足的部分，不予认定。⑥被告人未达刑事责任年龄不予刑事处罚的，应当判决宣告被告人不负刑事责任。⑦被告人是精神病病人，在不能辨认或者不能控制自己行为时造成危害结果，不予刑事处罚的，应当判决宣告被告人不负刑事责任。⑧犯罪已过追诉时效期限且不是必须追诉，或者经特赦令免除刑罚的，应当裁定终止审理。⑨被告人死亡的，应当裁定终止审理；根据已查明的案件事实和认定的证据，能够确认无罪的，应当判决宣告被告人无罪。具有上述第②项情形的，人民法院应当在判决前听取控辩双方的意见，保障被告人、辩护人充分行使辩护权。必要时，可以重新开庭，组织控辩双方围绕被告人的行为构成何罪进行辩论。宣告判决前，人民检察院要求撤回起诉的，人民法院应当审查撤回起诉的理由，作出是否准许的裁定。审判期间，人民法院发现新的事实，可能影响定罪的，可以建议人民检察院补充或者变更起诉；人民检察院不同意或者在 7 日内未回复意见的，人民法院应当就起诉指控的犯罪事实作出判决、裁定。对根据《中华人民共和国刑事诉讼法》第二百条第三项规定宣告被告人无罪后，人民检察院根据新的事实、证据重新起诉，人民法院受理的案件，应当在判决中写明被告人曾被人民检察院提起公诉，因证据不足，指控的犯罪不能成立，被人民法院依法判决宣告无罪的情况。合议庭成员应当在评议笔录上签名，在判决书、裁定书上署名。

裁判文书应当写明裁判依据、阐释裁判理由，反映控辩双方的意见并说明采纳或者不采纳的理由。人民法院的刑事裁判文书应当说明量刑理由。量刑理由主要包括：第一，已经查明的量刑事实及其对量刑的作用；第二，是否采纳公诉人、当事人和辩护人、诉讼代理人发表的量刑建议、意见及理由；第三，人民法院量刑的理由和法律依据。合议庭经过评议作出裁判后，应当宣判。宣判有当庭宣判和定期宣判两种。当庭宣告判决的，应当在5日内送达判决书。定期宣告判决的，应当在宣判前，先公告宣判的时间和地点，传唤当事人并通知公诉人、法定代理人、辩护人和诉讼代理人；判决宣告后，应当立即送达判决书。判决书应当送达人民检察院、当事人、法定代理人、辩护人、诉讼代理人，并可以送达被告人的近亲属。判决生效后，还应当送达被告人的所在单位或者原户籍地的公安派出所，或者被告单位的注册地登记机关。宣告判决，一律公开进行。

地方各级人民法院在宣告第一审判决、裁定时，应当告知被告人、自诉人及其法定代理人不服判决、裁定的，有权在法定期限内以书面或者口头形式，通过本院或者直接向上一级人民法院提出上诉；被告人的辩护人、近亲属经被告人同意，也可以提出上诉；附带民事诉讼当事人及其法定代理人，可以对判决、裁定中的附带民事部分提出上诉。被告人、自诉人、附带民事诉讼当事人及其法定代理人是否提出上诉，以其在上诉期满前最后一次的意思表示为准。

第三节　刑事法庭审判常用法律文书

一、起诉书

起诉书是人民检察院代表国家追究被告人刑事责任的法律文书，是将被告人交付人民法院审判的法定形式，是启动刑事审判程序的标志。起诉书所载内容与请求，是人民法院依法确定审判范围、查明案件事实存否、组织法庭调查、辩论、确定被告人刑事责任有无和大小的依据，也是被告人及其辩护人实施刑事辩护活动、组织防御的依据。提起公诉制作起诉书必须坚持"以事实为根据，以法律为准绳"的原则。如实写明已查清的全部犯罪事实，做到定性准确，引用法律条款适当，叙事简洁清楚，措辞准确，语句通顺，文字表达精炼流畅。

(一) 公诉书的格式及内容

1. 首部

写明制作文书的人民检察院名称、起诉书标题、文书编号。

2. 被告人基本情况

其包括姓名（曾用名）、性别、出生年月日、民族、籍贯、身份证号、文化程度、职业、住址、是否受过刑事处罚、采取强制措施的名称及时间。共同犯罪案件应逐个写明被告人的基本情况。

3. 案由和案件来源

案由是经人民检察院审查认定的案由。案件来源要写明立案侦查的机关：一是公安机关或国家安全机关侦查终结移送起诉的，二是检察机关自行侦查终结移送起诉的，三是上级检察机关交办的，四是下级检察机关报送的。这部分要分别写明案件来源，移送时间及移送时认定的罪名，讯问被告人及听取被害人、被告人委托的代理人、辩护人的意见的情况。

4. 犯罪事实和证据

犯罪事实和证据部分是起诉书的核心，应简明扼要地写明被告人犯罪的时间、地点、手段、动机、目的、造成的后果等事实情节及认罪态度。特别是起诉书认定的每项事实，要列举足以证明被告人犯罪的各种证据并加以论证；共同犯罪案件，应综合写明被告人共同作案的事实情节，并分别指明各个被告人在共同犯罪中的地位、作用和各自应负的具体罪责等。提起附带民事诉讼的，应当扼要地写明诉讼要求和依据。

5. 起诉的理由和法律依据

这部分是在起诉书证据事实基础上形成的，要求以准确、精练的语言，概括被告人的犯罪行为，触犯刑法的条款、构成的罪名，阐述保护的客体，提起公诉的目的及法律依据，写明被告人应负的法律责任及依法从轻、减轻或从重处罚的情节，并提出量刑建议。共同犯罪的案件应当分别写明被告人对犯罪所起的作用和各自应负的罪责。

6. 结尾

结尾的内容包括：此致×××人民法院、检察人员法律职务和姓名、制作时间、院印。

7. 附注

附注必须列明被告人住址或羁押场所、起诉书副本、证据目录、主要证据复印件、证人名单及物证清单。

(二) 起诉书写作中的注意事项

1. 叙述事实应详略得当

起诉书中对犯罪事实的叙述要简要、概括，但又不能笼统、抽象。要重点突出，不论一个罪行中有一个或者几个犯罪事实,都要将最能说明案件性质、证明被告人罪责的主要事实、情节和关键性问题加以详尽叙述。而对于一些与构成犯罪事实关系不大或者全无关系的材料,则应根据案情简要叙述或者不再叙述。要根据具体案件情况确定不同的叙述方法。在这个过程可以采用"先总后分"的方法,这种方法适用于多人多起的共同犯罪。在起诉书指控的犯罪事实部分先总写共同犯罪的大概情况,然后再分写每一起犯罪的事实及参与人员具体事实犯罪的情况。可以采用"先分后总"的方法,其适用于一人数罪或一案多起犯罪的案件,即先将被告人每一次犯罪的事实逐一叙述,然后再总的概括叙述被告人或全案总的犯罪事实。可以采用"因果联系"的叙述方法,其适用于故意杀人、故意伤害等各种矛盾引起的犯罪,即先要叙述被告人与被害人之间的关系,矛盾的起因、发展、变化等,以作铺垫,然后重点写矛盾激化的原因、发展过程及后果,突出行为与结果之间的因果联系。可以采用"时间推移法",该方法多用于一人或多人一次犯罪以及一人或多人数次犯罪触犯同一罪名的案件,即根据犯罪的时间先后顺序详略得当地进行叙述。可以采用"综合归类法",其多用于被告人多次作案、情节大致相同的案件,即将同类犯罪事实进行综合归纳,突出重点进行叙述。可以采用"轻重排列法",其适用于多人数罪的团伙犯罪,即按先重罪后轻罪的顺序,将犯罪性质和事实由重到轻地排列,突出主犯、主要罪行,依次进行指控。还可以采用"罪行分类法",其适用于一人或多人数罪并罚的犯罪,即将所犯不同的罪名分类进行指控,然后在各类指控罪名中,再根据案件情节采取上述先分后总、先总后分、因果联系、时间推移等各种方法来进行叙述。

2. 有证据证明且确实充分

起诉书中涉及的证据不能不写,也不能像判决书一样把证据都写上,而是要选择列举一些主要的证据,即能够证明基本犯罪事实的证据。所列举的证据之间、与待证事实之间,要能相互印证、协调一致地得出简要结论;对没有查实或未能全部查实的证据不能引用;对那些似是而非、模棱两可、互相矛盾的证据不能引用。总之,引用证据不能过细,又要能达到确实、充分的证明标准。

3. 引用法律完整准确

起诉书指控犯罪,犯哪条罪,有无从轻、从重情节,都必须根据法律的有关规定,引用相应的法律条款。罪名要引用刑法或者人大常委会决定中规定的罪名,引用的法律条款有款有项的,要既引条又引款或者项。注意引用法律应遵循一定的顺序。数罪的,先引重罪条款,后引轻罪条款;具有法定从轻或从重情节的,先引定罪条款,后引量刑条款等;最后还必须引用检察机关据以起诉的条款。引用条款要用法律文本格式的大写,不能用阿拉伯数字代替。

4. 结构紧凑用语规范

起诉书时当庭宣读的书面文件,要考虑其既要满足辩护方从事防御的需要,又要满足指控犯罪、宣传法律的需要,还要考虑公诉人朗读和法庭现场人员聆听的需要,因此,既不能过于刻板、生硬,又不能过于放松、随便。使用法律术语力求准确无误,可适当使用形象、生动的方言俗语,但严禁使用带有夸张色彩的形容词。语言多用直接判断,明确、具体。句式多用四字句或者四六短句,读起来铿锵有力。正确使用标点符号,评论简洁、精当。起诉书既是对案件事实的叙述,又是对犯罪行为的刻画,也是对犯罪行为应受刑罚追诉的论证,要求条理清楚、逻辑严密、文字通顺、说理透彻、令人信服。

5. 禁忌案件范围

对涉及国家机密、商业秘密、公民个人隐私的,在写明事实概况的前提下注意不应披露可能损害国家利益、商业利益、个人合法权益的相关信息,对受害人姓名、住址、单位、受害细节等不宜过细描述,可以考虑先用模糊化代称(可在举证环节作出说明),既可防止不当表述引发损害的可能,也使诉讼参与人乃至接触起诉状的任何人对案件的注意力集中在案件性质上而非那些敏感细节上。

(三)起诉书样本(范式)

××××人民检察院
起诉书

××检刑诉〔××××〕×××号

被告人×××(写明姓名、性别、出生年月日、身份证号码、民族、文化程度、职业或者工作单位及职务、住址、曾受到的行政处罚和刑事处罚的情况、因本案采取强制措施的情况等)。

本案由×××(监察侦查机关)调查/侦查终结,以被告人×××涉嫌×××罪,于××××年××月××日向本院移送审查起诉。本院受理后,于××××年××月××日已告知被告人有权委托辩护人,××××年××月××日已告知被害人及其法定代理人(或者近亲属)、附带民事诉讼的当事人及其法定代理人有权委托诉讼代理人,依法讯问了被告人,听取了被害人的诉讼代理人×××和被告人的辩护人×××的意见,审查了全部案件材料……(写明退回补充侦查、延长审查起诉期限等情况)。〔对于侦查机关移送审查起诉的需变更管辖权的案件表述为:"本案由×××(侦查机关名称)侦查终结,以被告人×××涉嫌×××罪,于××××年××月××日向×××人民检察院移送审查起诉。×××人民检察院于××××年××月××日转至本院审查起诉。本院受理后,于××××年××月××日已告知被告人有权……"对于本院侦查终结并审查起诉的案件,表述为:"被告人×××涉嫌×××罪一案,由本院侦查终结。本院于××××年××月××日已告知被告人有权……"对于其他人民检察院侦查终结的需变更管辖权的案件,表述为:"本案由×××人民检察院侦查终结,以被告人×××涉嫌×××罪,于××××年××月××日向本院移送审查起诉。本院受理后,于××××年××月××日已告知被告人有权……"〕

经依法审查查明:……(写明经检察机关审查认定的犯罪事实,包括犯罪时间、地点、经过、手段、目的、动机、危害后果等与定罪有关的事实要素。应当根据具体案件情况,围绕刑法规定的该罪构成要件来进行阐述。对于只有一个犯罪嫌疑人的案件,犯罪嫌疑人实施多次犯罪的犯罪事实逐一列举;同时触犯数个罪名的犯罪嫌疑人的犯罪事实应当按照主次顺序分类列举。对于共同犯罪的案件，写明犯罪嫌疑人的共同犯罪事实及各自在共同犯罪中的地位和作用后，按照犯罪嫌疑人的主次顺序，分别叙明各个犯罪嫌疑人的单独犯罪事实）

认定上述事实的证据如下：……（针对上述犯罪事实，分列相关证据）

本院认为，……（概括论述被告人行为的性质、危害程度、情节轻重）其行为触犯了《中华人民共和国刑法》第××条（引用罪状、法定刑条款），犯罪事实清楚，证据确实充分，应当以×××罪追究其刑事责任。根据《中华人民共和国刑事诉讼法》第一百七十六条的规定，提起公诉，请依法判处。

此致
×××人民法院

检察官　×××
检察助理　×××

××××年××月××日
（院印）

附件：1. 被告人现在处所（在押被告人的羁押场所和监视居住、取保候审者的处所）
2. 证据目录、证人名单和主要证据复印件，并注明数量
3. 有关涉案款物情况
4. 被害人（单位）附带民事诉讼的情况
5. 其他需要附注的事项

二、公诉词

公诉词不是法定的刑事诉讼文书，也没有固定的格式。它以证据为支撑，以事实为基础，以法律为准绳，用语规范、语言精练、语句通顺、准确严谨、符合逻辑、庄重朴实、表达贴切、繁简适宜、褒贬得当。

公诉词由公诉人当庭发表，然后由法院记录后入卷，它是依据起诉书指控的事实，结合法庭调查，进一步从事实、证据、法律上揭露和证实犯罪的综合性发言，是对起诉书主旨的进一步阐述和补充。其内容既是对犯罪的揭露和论证，又是对法律和正义的宣传，同时也是公诉机关对事实、证据认定和对被告人量刑所提出的观点和建议，为案件最终得到公正的判决起着重要的作用。一般表述为：根据《中华人民共和国刑事诉讼法》第八条和第一百八十九条的规定，我们受××人民检察院的指派，以国家公诉人的身份，出席法庭支持公诉，并依法对刑事诉讼实行法律监督。公诉词的正文包括法律依据、法庭调查、证据和案情等内容。结束语主要是简要归纳案情，指出起诉案件犯罪事实清楚，证据确实、充分，建议人民法院采纳公诉意见，并建议人民法院对被告人处以什么样的刑罚。

(一) 公诉词的内容与结构

（1）公诉词的内容包括以下几个方面：第一，表明出庭支持公诉的法律依据和职责；第二，对法庭调查的简要概括；第三，进行证据、案情和法理分析，概括案件全貌，认定被告人罪行并揭露犯罪的社会危害性；第四，分析被告人犯罪的思想根源及社会根源；第五，进行法律上的认证，阐明被告人触犯的刑法条款和被告人应负的法律责任。

（2）公诉词的作用。有利于进一步揭露被告人所犯罪行的严重性和社会危害性，以惩戒和教育被告人，促使其认罪伏法；帮助法庭查清犯罪事实，准确认定犯罪性质，提出量刑建议，为法庭正确定罪量刑提供参考意见；对广大旁听群众进行法治宣传教育，遵纪守法。

（3）公诉词的结构。公诉词一共分为三大部分，即开头部分、主体部分和结尾部分。公诉词的开头部分包括表明出庭支持公诉的法律依据、公诉人在法庭上的职责、对法庭调查情况的简要概括。主体部分也是重点部分，包括进行证据、案情和法理分析，认定被告人的罪行，揭露被告人犯罪的社会危害性。这一部分就是要把被告人所犯罪行，社会危害，犯罪动机、目的、手段、性质等予以充分揭露，从法律上加以有力论证，从而达到支持公诉的目的。同时还应分析被告人犯罪的思想根源和社会根源，达到揭露犯罪、宣传法治、教育群众、预防犯罪的目。结尾部分高度概括公诉发言的主要内容，阐述被告人触犯的法律条款和应负的法律责任，为法庭正确定罪量刑提供参考意见。

（4）公诉词的表述方法。一般采取分点论述的方法，即每一个主要观点设置一个小标题，这样既层次清楚、问题集中，又能将观点鲜明地反映出来。

（5）公诉词的表述策略。依据内容的需要，结合案件的具体情况，在全面分析、论证案件事实和证据的基础上，要突出重点、加强论证的针对性。对于定性可能成为争点的案件，应重点阐明被告人构成某一犯罪的根据，依据事实和法律条款进行充分的法律论证；对于争点可能出现在案件事实和证据上的，应着重阐明事实并对证据进行分析。公诉词的写作重点在分析证据和法律论证上。分析证据即分析证据的客观真实性，分析证据与被告人行为、案件事实之间的内在联系，说明排除伪证或者证据间矛盾的根据和理由，阐明证据对本案的证明意义。法律论证就是根据被告人的犯罪事实、性质、情节和社会危害程度，依据相应的法律条款，论证被告人的行为为什么构成犯罪，构成什么罪，应如何予以处罚。

(二) 公诉词写作中的注意事项

1. 观点鲜明，排除矛盾

公诉词是一种政论性的法律文书，又以演说词的形式表现出来，它以演讲的方式充分揭露犯罪、证实犯罪、证实公诉机关诉求的正确性。它要求文稿的观点明确、事实和法律依据始终一致。

2. 重点突出，有的放矢

公诉词的重点一般应该在揭露和证实犯罪上。通过揭露和证实犯罪，提示被告人犯罪的性质及其对社会造成的危害，达到惩戒犯罪、宣传法制、教育群众的目的。

3. 理论透彻，逻辑严密

公诉词立足于起诉书，在立场上应与起诉书保持内在的统一与逻辑上的一致性，是公诉行为在辩论阶段的全面、系统的展开，是公诉推进到法庭辩论阶段由公诉人代表国家"诉罪求刑"行使诉权的法定表现形式。客观上要求公诉人运用逻辑思维将事实、证据和法律有机地结合起来加以论证，剖析理论要充分、透彻。

4. 情理交融，拓展说服

公诉词首先要立足于解决事实与法律的争议，应当用语规范，严谨准确，情理交融。公诉词也是演说词，要立足于情感，动之以情、晓之以理，情绪饱满，充满激情。

（三）公诉词的样本（范式）

×××人民检察院
公诉意见书

被告人×××

案由：×××

审判长、审判员（人民陪审员）：

根据《中华人民共和国刑事诉讼法》第八条、第一百八十九条的规定，我（们）受×××人民检察院的指派，以国家公诉人的身份，出席支持公诉，并依法对刑事诉讼实行法律监督。现对本案证据和案件情况发表如下意见，请法庭注意。

……（结合案情重点阐述以下问题）

（1）根据法庭调查的情况，概述法庭质证情况、各证据的证明作用，并运用各证据之间逻辑关系证明被告人的犯罪事实清楚，证据确实、充分。

（2）根据被告人的犯罪事实，论证应适用的法律条款并提出定罪及从重、从轻、减轻处罚等意见。

（3）根据庭审情况，在揭露被告人犯罪行为的社会危害性的基础上，做必要的法制宣传和教育工作。

综上所述，起诉书认定本案被告人×××的犯罪事实清楚、证据确实充分，依法应当认定被告人有罪，并应从重、从轻或减轻处罚。

公诉人　×××

××××年××月××日

三、辩护词

刑事辩护词是辩护人为了维护刑事被告人的合法权益，在法庭辩论阶段，根据事实和法律，说明被告人无罪、罪轻或者应当减轻、免除刑事责任的发言。辩护人必须尽可能维护其当事人的合法权益。"被告人的辩护律师，特别是在为确实有罪的被告人辩护的时候，他的工作就是用一切合法的手段来隐瞒'全部事实'。"[①] 根据《中华人民共和国刑事诉讼法》第三十三条和第三十七条规定，在刑事案件审判阶段，被告人除自己依法行使辩护权外，有权委托一至二名律师、监护人、亲友、人民团体或者被告人所在单位推荐的人担任其辩护人，还可以接受人民法院指定的辩护人为其辩护。辩护人的责任是根据事实和法律，提出证明被告人无罪、罪轻或者减轻、免除其刑事责任的材料和意见，维护被告人的合法权益。

辩护词体现为言辞形式，在司法实践中，律师或其他辩护人为有效辩护起见，一般都事先详细写出书面辩护词，并在法庭审判阶段不断地加以补充和完善，然后在适宜的时机进行宣传或阐述。

（一）刑事辩护词的写作方法

法庭辩护词不是法定格式文书，在实践中也未形成统一的固定格式。但是，作为一种在法庭上宣读或递交法庭的意见，辩护词在制作上还是有一定规律可循的。刑事辩护词的内容大致包括首部、正文两大部分。

（1）首部。首先要写明标题。标题可写辩护词或关于×××（名字）×××（案由）一案的辩护词字样，然后要有称呼语，即写明该辩护词的听取人，可以直接写审判长、审判员、人民陪审员或各位法官等，具体选择可根据法庭组成人员和辩护人的用语习惯来确定。

（2）正文。针对控诉方的指控，从事实是否清楚，证据是否确实、充分，适用法律是否准确无误，诉讼程序是否合法以及因果关系和被告人的认罪态度等不同方面进行分析论证，并提出关于案件定罪量刑的理由。具体内容包括：

第一，向法庭说明出庭行使辩护权的根据：讲明辩护权的来源，或为接受被告人委托，或为接受人民法院的指定。向法庭讲明辩护发言的根据，即简要叙述辩护人为出庭所做的各种准备工作。简要但明确地概述辩护人对案件的基本看法，即初步提出辩护人的辩护观点：是否符合客观事实，提出的证据是否正确、充分，对被告人罪名的认定是否准确，适用法律是否得当等。

第二，从控诉方对犯罪事实的认定、法律适用、情理兼法理等几个方面来辩护。比如案件事实是对被告人定罪量刑的基础，如果犯罪事实不存在，或者没有确实、充分的证据来证明该犯罪事实确实存在，就有可能从根本上否定犯罪。在法律适用方面可以对起诉书中适用法律错误或不当的地方进行反驳。比如运用犯罪构成理论的刑法有关具体

---

① 〔美〕艾伦·德肖维茨：《最好的辩护》，唐交东译，法律出版社，1994年，第8页。

规定，来评断已经查清的事实是否能够成为认定被告人有罪或无罪的根据，以及被告人的行为是一罪还是多罪。辩护人应抓住可以决定犯罪性质的关键事实，来说明控诉方认定的被告人罪名是否确切。如果辩护人为被告人作无罪辩护，应主要从以下方面进行：控诉方指控的证据不足，不能认定被告人有罪；控诉或辩护人提供的证据，能够证明被告人行为情节显著轻微、危害不大，不认为是犯罪，或者被告人行为系合法行为；或者被告人没有实施控诉方所指控犯罪行为时，依据法律应当认定被告人无罪以及其他依法应当认定被告人无罪等。如果辩护人为被告人作有罪辩护，则应着重从案件定性和对被告人从轻、减轻或者免除处罚等方面进行。尤其对被告人具有法定的从轻、减轻或者免除处罚的情节，而控诉方予以回避，或者虽然提到，但力图确定这些情节存在的情况，辩护人应深入分析论证并援引有关法律条款，据理予以有力驳斥。

第三，从情理方面进行辩护。以上是从法理和法律规定的角度为辩护人提出观点理由。在法庭辩论中，辩护人可以联系被告人的一贯表现，犯罪的起因、结果以及其犯罪后的认罪态度和悔罪表现等方面，来对被告人犯罪行为作出解释，并力图说服法庭在被告人具体定罪量刑时应考虑被告人的个人情况。

（二）刑事辩护词的写作结构

法庭辩护词一般由前言、辩护理由、结束语三部分组成。

关于前言，首先是申明辩护人的合法地位，其次是辩护人在出庭前进行了哪些准备，最后是辩护人对全案的基本看法。辩护理由是辩护词的核心内容，是辩护人为维护被告人的合法权益所要阐明的主旨。因此，通常要围绕是否构成犯罪，属于何种罪名，有无从轻、减轻处罚的法定条件以及诉讼程序是否合法等问题展开辩论和论述。结束语是对辩护词进行归纳和小结：一是概括辩护词的中心观点，二是向法庭提出对被告人的处理建议。

（三）刑事辩护词样本（范式）

辩护词

尊敬的审判长、审判员：

×××律师事务所依法接受本案被告人张某某近亲属的委托，并征得其本人同意，指派本律师为其辩护人，参与诉讼。通过查阅案卷材料，本律师对本案案情有了一个详细的了解，根据《中华人民共和国刑事诉讼法》第三十七条"辩护人的责任是根据事实和法律，提出证明犯罪嫌疑人、被告人无罪、罪轻或减轻、免除其刑事责任的材料和意见，维护犯罪嫌疑人、被告人的合法权益"之规定，发表以下辩护意见，供合议庭参考，望予采纳：

（1）现有证据材料只能说明被告人存在××犯罪的情形，并不存在……（公诉意见所提出的问题）

……（论述构成要件）而本案根本不存在王某某的……这一情况，共同犯罪人张某某的供述说得非常清楚，……（张某某的供述）被告人王某某只是回答"派出所正在调查,你不要给我把事情搞乱了,不要搞出大事来,你也是在社会混的,做什么事情要规矩,点到为止"。也就是说……(对前文的观点进行小结论述)故其也构成共同犯罪,但其主观恶性和社会危害性显然不大。

(2) 本案存在……(具体的犯罪情节)的情节。

……(前文陈述的内容分析)本案中……(对本案情况的叙述是否构成共同犯罪)构成共同犯罪,最多也只应在故意伤害的范围内承担刑事责任,其他被告人实施的超过被告人主观故意范围的犯罪行为属于实行过限,故他们只能在共同故意的范围内成立共同犯罪。

(3) 被告人具有立功表现,积极认罪,悔过态度较好。

立功的本质是被告人实施了有利于社会的表现,帮助司法机关及时侦破案件或抓获了其他疑犯,是为国家与社会作出贡献的行为。另外,立功的本质还反映出被告人在犯罪后将功补过、改计从善的愿望和悔罪表现,表现其犯罪后的人身危险有一定程度的减少,这也是判断立功与否的一个重要方面。本案中……(根据个案的情况进行阐述)因此,对被告人是可以从轻或减轻处罚的。

(4) 被告人是否认罪认罚。

……(对认罪认罚的情况进行论述,并结合案件情况加以分析陈述)

综上所述,本案是一起……(犯罪案件)被告人在事前即没有与其他被告人通谋形成共同犯意,也没有直接实施故意伤害的行为,只是在得知其他被告人可能要实施犯罪行为后,被告人知情不举,对其先前提供的物质帮助不予以追索,存在间接上的故意,在共同犯罪中属于帮助犯,起作用相对较小。另外,其认罪、悔罪态度较好,且具有立功情节……恳请法庭考虑以上诸情况,给被告人一个改过自新、重新做人的机会,予以从轻判处。

此致
×××人民法院

辩护人 ×××
×××律师事务所

××××年××月××日

四、判决书

在司法文书中,刑事第一审判决书地位尤为重要,人民法院审判刑事案件,通过有罪判决,使危害社会的犯罪分子受到应有的惩罚,通过无罪判决,让无罪的人通过侦查、起诉的考验,最终还是能够受到国家法律的保护。刑事第一审判决书是人民法院对于同级人民检察院以国家的名义提起公诉的刑事案件,或者自诉人提起自诉刑事案件,按照《中华人民共和国刑事诉讼法》规定的第一审程序进行审理终结之后,根据已经查明属实的事实,依照刑事法律的规定,就被告人是否犯罪、犯什么罪,应否受到刑事处罚和判处什么刑罚作出结论的司法文书，人民法院审判的刑事案件，对于被告人被指控的犯罪事实，经过查证后，依照法律作出处理决定，用第一审刑事判决书郑重地予以宣告，便于被告人和公诉机关确切了解之后，有不同意见的可以提出上诉或抗诉。

（一）刑事第一审判决书的写作方法

刑事第一审判决写作方法较为严格，现行的写作样式由标题、首部、事实、理由、判决结果和尾部几个部分组成。适用普通程序审理刑事第一审判决书的具体写作方法如下：

（1）标题。法院名称，一般应与院印的文字一致，但是基层人民法院的名称前应冠以省、自治区、直辖市的名称；判处涉外案件时，各级人民法院均应冠以"中华人民共和国"的国名。案号，由立案年度、制作法院、案件性质、审判程序的代字和案件的顺序号组成。案号写在文书名称下一行的右端，其最末一字与下面的正文右端各行看齐。案号上下各空一行。

（2）首部。公诉机关，直接写"公诉机关×××人民检察院"。在"公诉机关"与"×××人民检察院"之间不用标点符号，也不用空格。被害人和法定代理人、诉讼代理人出庭参加诉讼的，"出庭人员"写明（未出庭的不写）。被告人的基本情况有变化时，应在样式要求的基础上，根据不同情况做相应改动。被告人如有与案情相关的别名、化名，应在其姓名后面用括号加以注明。被告人的职业，一般应写工人、农民、个体工商户等；如有工作单位的，应写明其工作单位和职务。被告人的"出生年月日"，应写被告人准确的出生年月日，确实查不清出生年月日的，也可以写年龄，但对于未成年被告人，必须写出生年月日。被告人曾受刑事处罚、行政处罚或者在限制人身自由期间有逃跑等法定或者酌定从重处罚情节的，应当写明其事由和时间。因本案所受强制措施等情况，应写明被拘留、逮捕等羁押时间，以便于折抵刑期。被告人项内书写的各种情况之间，一般可用逗号隔开，如果某项内容较多，可视行文需要，另行采用分号或者句号。被告人的住址应写住所地；住所地和经常居住地不一致的，写经常居住地。案件的由来和审判经过段中检察院的起诉日期为法院签收起诉书等材料的日期；出庭的被告人、辩护人有多人的，可以概写为"上列被告人及其辩护人"；出庭支持公诉的如系检察长、副检察长、助理检察官的，分别表述为"检察长""副检察长""代理检察官"。对于前案依据《中华人民共和国刑事诉讼法》第二百条第三项规定作出无罪判决，人民检察院又起诉，原判决不予撤销，但应在案件审判经过"×××人民检察院以×检×诉〔××××〕××号起诉书"一句前，增写"被告人×××曾于××××年××月××日被××人民检察院以×××罪向×××人民法院提起公诉。因证据不足，指控的犯罪不能成立，被×××人民法院依法判决宣告无罪"。对于经第二审人民法院发回重审的案件，原审法院重审以后，在制作判决书时，在"开庭审理了本案"一句之后，增写以下内容："于××××年××月××日作出（××××）×刑初字第××号刑事判决，被告人×××提出上诉（或者×××人民检察院抗诉）。×××人民法院于××××年××月××日作出（××××）×刑终字第××号刑事裁定，撤销原判，发回重审。本院依法另行组成合议庭，公开（或者不公开）开庭审理本案"。

（3）事实。事实是判决的基础，是判决理由和判决结果的根据。制作判决书，首先要把事实叙述清楚。一般按时间先后顺序叙述；一人犯数罪的，应当按罪行主次的顺序叙述；一般共同犯罪案件，应当以主犯为主线进行叙述，集团犯罪案件，可以先综述集团的形成和共同犯罪行为，再按首要分子、主犯、从犯、胁从犯或者罪重、罪轻的顺序分别叙述各处被告人的犯罪事实。其次，认定事实的证据必须做到：依法公开审理的案件，除无需举证的事实外，证明案件事实的证据必须经法庭公开举证、质证，才能认证；未经法庭公开举证、质证的，不能认证。特别注意通过对证据的具体分析、认证来证明判决所确认的犯罪事实。防止并杜绝"以上事实，证据充分，被告人也供认不讳，足以认定"的抽象、笼统的说法或者用简单的罗列证据的方法来代替对证据的具体分析、认证。法官认证和采信证据的过程应当在判决书中充分体现出来。证据要尽可能写明确、具体。案情简单或者控辩双方没有异议的，可以集中表述；案情复杂或者控辩双方有异议的，应当进行分析、认证；一人犯数罪或者共同犯罪案件，还可以分项或者逐人逐罪叙述证据或者对证据进行分析、认证。对控辩双方没有争议的证据，在控辩主张中可不予叙述，而只在"经审理查明"的证据部分具体表述，以避免不必要的重复。叙述证据时，应当注意保守国家秘密，保护报案人、控告人、举报人、被害人、证人的安全和名誉。

（4）理由。理由是判决的灵魂，是将犯罪事实和判决结果有机联系在一起的纽带。其核心内容是针对案件特点，运用法律规定、政策精神和犯罪构成理论，阐述公诉机关的指控是否成立、被告人的行为是否构成犯罪、犯的什么罪、依法应当如何处理，为判决结果打下基础。

对控辩双方适用法律方面的意见应当有分析地表明是否予以采纳，并阐明理由。判决的法律依据，根据《最高人民法院关于司法解释工作的若干规定》应当包括司法解释在内。在引用法律条文时，应当注意：第一，要准确、完整、具体。准确，就是要恰如其分地符合判决结果；完整，就是要把据以定性处理的法律规定和司法解释全部引用；具体就是要引出法律依据条文外延最小的规定，即凡条文分款分项的，应写明第几条第几款第几项；有的条文只分项不分款的，则写明第几条第几项。第二，要有一定条理和顺序。一份裁判文书应当引用两条以上的法律条文的，应当先引用有关定罪与确定量刑幅度的条文，后引用从轻、减轻、免除处罚或者从重处罚的条文；判决结果既有主刑，又有附加刑内容的，应当先引用主刑的条文，后引用适用附加刑的条文；某种犯罪需要援引其他条款和法定处罚（即援引法定刑）的，应当先引用本条条文，再按本条的规定，引用相应的他罪条文；一人犯数罪的，应当逐罪引用法律条文；共同犯罪的，既可集中引用有关法律条文，也可逐人逐罪引用有关的法律条文。第三，引用的法律依据中，既有法律规定又有司法解释规定的，应当先引用法律规定，再引用相关的司法解释；同时适用修订前后刑法的，对修订前的刑法，称"1979 年《中华人民共和国刑法》"；对修订后的刑法，称"《中华人民共和国刑法》"。

（5）判决结果。判决结果（又称"主文"）是依照有关法律的具体规定，对被告人作出的定性处理的结论，应当字斟句酌，认真推敲。书写判决结果时，应当注意以下几点：

判处的各种刑罚，应按法律规定写明全称。既不能随意简化，如将"判处死刑，缓期二年执行"简写为判处"死缓"；也不能"画蛇添足"，如将宣告缓刑的，写为"判处有期徒刑××年，缓刑××年执行"。有期徒刑的刑罚应当写明刑种、刑期和主刑的折抵办法以及起止时间。如系判处死刑缓期二年执行的，起止时间表述为"死刑缓期二年执行的期间，从高级人民法院核准之日起计算"。如系判处管制的，表述为"刑期从判决执行之日起计算，判决执行以前先行羁押的，羁押一日折抵刑期二日，即自××××年××月××日起至××××年××月××日止"。

(6) 尾部。如果适用《中华人民共和国刑法》第六十三条第二款的规定在法定刑以下判处刑罚的，应当在交代上诉权之后，另起一行写明"本判决，依法由最高人民法院核准后生效"。判决书的尾部应当由参加审判案件的合议庭组成人员或者独任审判员署名。合议庭成员有陪审员的，署名为"人民陪审员"；合议庭成员有助理审判员的，署名为"代理审判员"；助理审判员担任合议庭审判长的，与审判员担任合议庭审判长一样，署名为"审判长"；院长（副院长）或者庭长（副庭长）参加合议庭的，应当担任审判长，均署名为"审判长"。判决书尾部的年月日为作出判决的日期。当庭宣判的，应当写当庭宣判的日期；定期或者委托宣判的，应当写签发判决书的日期（裁定书亦同）。当庭宣告判决的，其不服判决的上诉和抗诉的期限，仍应当从接到判决书的第二日起计算。判决书原本上不写"本件与原本核对无异"。此句文字应制作成专用印戳，由书记员将正本与原本核对无异之后，加盖在正本年月日上、书记员署名的左上方。

（二）刑事第一审判决书写作中的注意事项

1. 首部的写作

若同案被告人有二人以上的，按主从关系的顺序列项书写。被告人是外国人的，应在其中文译名后用括号写明其外文姓名、护照号码、国籍。被告人是未成年人的，应当在写明被告人基本情况之后，另行续写法定代理人的姓名、与被告人的关系、工作单位和职务以及住址。辩护人是律师的，只写姓名、工作单位和职务，即"辩护人×××，×××律师事务所律师"；辩护人是人民团体或者被告人所在单位推荐的，只写姓名、工作单位和职务；辩护人是被告人的监护人、亲友的，还应写明其与被告人的关系；辩护人如果是人民法院指定的，写为"指定辩护人"，并在审判中做相应的改动。同案被告人有二人以上并各有辩护人的，分别在各被告人项的下行列项书写辩护人的情况。

2. 事实部分的写作

应当注意以下几点：第一，按照相关规定，事实部分包括人民检察院指控被告人犯罪的事实和依据，被告人的供述、辩解和辩护人的辩护意见，经法庭审理查明的事实，定案的证据四个方面的内容，并分四个自然段书写，以充分体现控辩式的审理方式。第二，叙述事实时，应当写明案件发生的时间、地点，被告人的动机、目的、手段，实施行为的过程、危害结果，被告人在案发后的表现等内容，并以是否具备犯罪构成要件为重点，兼叙影响定性处理的各种情节。依法公开审理的案件，案件事实未经法庭公开调查的，不能认定。第三，叙述事实要层次清楚，重点突出。

3. 书写判决理由部分

应当注意以下几点：第一，理由的论述一定要有针对性、有个性。要注意结合具体案情，充分摆事实、讲道理。第二，说理力求透彻，逻辑严密，无懈可击，使理由具有较强的思想性和说服力。防止理由部分不说理或者说理不充分，只用法律条文，不阐明适用法律的道理。第三，切忌说空话、套话，理由千篇一律，只有共性，没有个性。尽量使用法律术语，并注意语言精练。确定罪名，应当以《中华人民共和国刑法》的内容规定为依据。一人犯数罪，一般先定重罪后定轻罪；共同犯罪案件，应在分清各被告人在共同犯罪中的地位、作用和刑事责任的前提下，依次确定首要分子、主犯、从犯或者胁从犯、教唆犯的罪名。如果被告人具有从轻、减轻、免除处罚或者从重处罚等一种或者数种情节的，应当分别或者综合予以认定。

（三）刑事第一审判决书样本（范式）

××省××市××区人民法院
刑事判决书

（××××）×刑初字第××号

公诉机关×××人民检察院。

被告人……（写明姓名、性别、出生年月日、民族、出生地、文化程度、职业或者工作单位和职务、住址和因本案所受强制措施情况等，现羁押处所）。

辩护人……（写明姓名、工作单位和职务）。

×××人民检察院以×检×诉〔××××〕××号起诉书指控被告人×××犯××罪，于××××年××月××日向本院提起公诉。本院依法组成合议庭，公开（或者不公开）开庭审理了本案。×××检察院指派检察官×××出庭支持公诉，被害人×××及其法定代理人×××，诉讼代理人×××，被告人×××及其法定代理人×××、辩护人×××，证人×××，鉴定人×××，翻译人员×××等到庭参加诉讼。现已审理终结。

×××检察院指控……（概述人民检察院指控被告人犯罪的事实、证据和适用法律的意见）

被告人×××辩称……（概述被告人对指控的犯罪事实予以供述、辩解自行辩护的意见和有关证据）。辩护人×××提出的辩护意见是……（概述辩护人的辩护意见和有关证据）

经审理查明……（首先写明经庭审查明的事实，其次写明经举证、质证定案的证据及其来源，最后对控辩双方有异议的事实、证据进行分析、认证）本院认为……（根据查证属实的事实、证据和有关法律规定，论证公诉机关指控的犯罪是否成立，被告人的行为是否构成犯罪，犯的什么罪，应否从轻、减轻、免除处罚或者从重处罚。对于控辩双方关于适用法律方面的意见，应当有分析地表示是否予以采纳，并阐明理由）依照……（写明判决的法律依据）的规定，判决如下：

写明判决结果，分三种情况：

第一种情况，定罪判刑的，表述为："被告人×××犯×××罪，判处……（写明主刑、附加刑）（刑期从判决执行之日起计算。判决执行前先行羁押的，羁押一日折抵刑期一日，即自××××年×月×日起至××××年×月×日止）被告人×××……（写明决定追缴、退赔或者发还被害人，没收财物的名称，种类和数额）。"

第二种情况，定罪免刑的，表述为："被告人×××犯×××罪，免予刑事处罚（如有追缴、退赔或者没收财物的，续写第二项）。"

第三种情况，宣告无罪，适用《中华人民共和国刑事诉讼法》第二百条第三款的规定，"证据不足，不能认定被告人有罪的，应当作出证据不足、指控的犯罪不能成立的无罪判决"。最终"宣告被告人×××无罪"。

如不服本判决，可在接到判决书的第二日起十日内，通过本院或者直接向×××人民法院提出上诉。书面上诉的，应当提交上诉状正本一份、副本××份。

审判长　×××
审判员　×××
审判员　×××

××××年××月××日
（院印）

（本件与原本核对无异）

书记员　×××

第三章 刑事模拟法庭审判概述

第一节 刑事模拟法庭审判的概念、特点及模拟教学开展流程

一、刑事模拟法庭审判的概念和特点

（一）刑事模拟法庭审判的概念

模拟法庭审判实质是教学活动，属于高等教育教学的一个环节。在整个模拟法庭审判过程中，都需要相应的刑法学、刑事诉讼法学和法学基础理论的知识储备和运用，整个过程贯穿法律知识的"教"与"学"。刑事模拟法庭审判是模拟法庭审判的一类，即对刑事法庭审判的模拟。作为教学方法或者模式，模拟法庭审判是指为培养学生对法律的运用能力和对案件的处理能力，设置虚拟的法庭，模拟审判案件，解决案件争议的一种理论与实践相结合的教学方法或教学模式。作为教学活动，刑事模拟法庭审判是指在教师的指导下，由学生扮演法官、检察官、被告人、辩护人、法警、证人、鉴定人等不同角色，在模拟法官的主持下，按照法定的刑事诉讼程序在模拟法庭场景中对刑事案件进行模拟审判的一种教学过程。

（二）刑事模拟法庭审判的特点

作为一种教学方法或模式，刑事模拟法庭审判与传统的课堂教学相比，具有以下特点。

1. 模拟刑事法庭的相拟性和逼真性

模拟法庭审判属于典型的情景式教学方法或教学模式，在这种教学模式下，教师有目的地引入或创设具有形象、生动的具体场景，激发学生学习兴趣，把认知活动和情感活动有机结合，使学生在典型场景以及具体角色中产生一定的态度体验，从而获得法律职业应具备的基本技能。具体而言，在模拟法庭审判过程中，从形式到内容全方位地对法院的刑事法庭审判活动进行形象模拟。形式上要求模拟法庭的场景必须按照规范要求布置，比如审判活动区的布置、审判台的布置、国徽的悬挂相关要求等。在庭审过程

中，模拟法官、模拟检察官、模拟辩护人、模拟法警、模拟书记员等均应着相应的法服，使用法槌等法物，遵守庭审司法礼仪等，充分体现刑事模拟法庭审判的高度相似性、逼真性。

2. 模拟案例和审判程序的假设性和验证性

模拟法庭选取的案件既可以是已做隐名处理的实际发生过的真实犯罪案件，也可以是专为模拟法庭演练而虚构的犯罪事实，还可以是把真实犯罪案件做典型化处理、改编之后的演练素材。这与正式的刑事法庭审判内容以及现实发生的犯罪事实是明显不同的。刑事模拟法庭审判的场景是虚拟的、参与主体的身份是虚拟的、审判结果也具有非真实性，因而其具有假设性。同时，模拟刑事法庭审判的过程必须遵从刑事法定程序，对案件的"判决"也必须遵从刑法和刑事诉讼法的规定。但是，这整个过程及审判结果事先均大致有所预设，所以过程和结论具有验证性的特点。从这个意义上说，法科学生的刑事模拟法庭审判类似于理工科学生的实验课程。

总体而言，刑事模拟法庭审判属于情景式教学和实践性训练活动，整个过程需要刑事实体法知识、程序法知识以及法律文书写作等相融合，注重培养和提升学生法律职业能力。

二、刑事模拟法庭审判教学活动开展前的准备

（一）刑事模拟法庭审判的场景布置

模拟审判法庭场所实际上相当于法科学生的实验室。模拟刑事法庭审判课程的开设，需要具备一定的硬件设施比如模拟法庭教室，模拟法庭教室仿照真实的刑事法庭而建。据1993年12月8日最高人民法院发布的《关于法庭的名称、审判活动区布置和国徽悬挂问题的通知》（以下简称《通知》），我国的审判场景布置有规范要求，各人民法院应遵照执行。教学活动中使用的模拟法庭应参照《通知》执行。

根据《通知》的规范要求，法庭由审判活动区和旁听区组成，以审判活动区为主，保证审判活动能够依法顺利进行。人民法院开庭审理刑事案件时，对于审判人员、公诉人员、辩护人员及被告人的位置安排，按最高人民法院、最高人民检察院共同发布的《关于人民法院审判法庭审判台、公诉台、辩护台位置的规定》以及1996年《中华人民共和国刑事诉讼法》的规定，将法庭布置为"四方形"布局，审判区正面设审判台，审判台右侧设公诉台，左侧设辩护台，控、辩、审三方席位都位于审判台上，被告席则被单独置于台下，位于法官席的正前方，公诉席旁设被害人席位，证人、鉴定人席位在审判台的右下方。

1. 审判台的布置

审判活动区正中前方设置审判台，审判台的面积应满足审判活动的需要，高度为20至60厘米。审判台上设置法桌、法椅。审判台为审判人员席位，审判长的座位在国徽下正中处，审判员或人民陪审员分坐两边。书记员席位在审判台前方，紧邻审判台。

审判台右侧设公诉台，左侧设辩护台。法桌、法椅的造型应庄重、大方，颜色应和审判台及法庭内的总体色调相适应，力求严肃、庄重、和谐。

2. 国徽悬挂的布置

根据《中华人民共和国国徽法》的规定，人民法院应当按下列规定悬挂国徽：人民法院、人民法庭的法庭内审判台后上方正中处悬挂国徽。国徽直径的通用尺度：基层人民法院、人民法庭为60厘米，中级人民法院为60厘米，高级人民法院为80厘米，最高人民法院为100厘米。

在刑事模拟法庭审判课程中，所使用的模拟法庭应参照正规法庭的场景进行布置，能使学生在模拟法庭审判中的角色代入感、场景氛围感、案件审理过程体验感更为强烈真实，激发学生浓厚的学习兴趣和学习积极性，也能使实验教学顺利进行并获得良好的教学效果。

（二）刑事模拟法庭审判司法礼仪

法庭作为国家司法审判场所，理应具备其应有的威仪和尊严。司法礼仪往往能体现以及展现法庭的这一特征。司法礼仪是司法活动赖以存在的形式基础，是司法活动的外在化表现，是司法活动实质性内容的重要体现，司法礼仪可营造和彰显司法的公正、尊严和权威。在刑事模拟法庭审判课程中，庭审司法礼仪是必须对法科学生进行训练的内容。

庭审司法礼仪，是指各诉讼角色包括法官、检察官、律师、当事人和其他诉讼参与人以及其他参与司法活动的人员，在庭审司法活动中应当遵循的习惯性礼节、仪式和必须持有的仪表举止、行为态度和交流方式。庭审司法礼仪规范要求各诉讼角色在庭审中从着装、仪容仪表、言行举止等方面应符合庭审礼仪规范，体现职业特点和要求。本教材关于庭审司法礼仪主要讲述以下几方面的内容。

1. 法服

根据不同的司法角色，法服包括法官服、检察官服、法警制服和律师服。其中法官服有法官袍和西服式制服两种款式，庭审活动中法官应着法官袍，其服饰设计文化彰显人民法院代表国家行使刑事审判权，象征人民法院忠于党、忠于人民、忠于事实、忠于法律；检察官应着检察官服，其服饰设计文化体现司法的严肃性和权威性，体现检察机关保护人民与打击犯罪的双重功能；律师应着律师袍，律师出庭统一着装，既是对法庭的一种尊重，也是对自身法律地位的一种确认，体现律师职业的专业性和特殊性；法警应着法警制服，体现法院司法警察警容严整、举止端庄，同时体现法律的尊严。

2. 法物

这里的法物主要指法槌，法槌作为法官主持庭审活动的一种器物，对塑造法官形象非常重要。法槌寓意司法的公正廉洁及人民法官的刚直不阿和坚韧不拔。其方圆相衬的造型象征法官应是智慧与正义的化身。庭审时，法官手持法槌，创造司法程序的礼仪性，营造一种庄严而神圣的气氛，既体现法官客观中立形象及驾驭庭审活动的仪态，又起着一种威慑、警示作用，从而维护司法的权威和法律的尊严。法槌只在庭审活动中使用,主要用来划分庭审阶段、维持法庭秩序、规范庭审活动。按照规定,只有独任审判员和审判长才可使用法槌。

3. 各诉讼角色的庭审礼仪规范

(1) 法官或审判人员的庭审礼仪规范。法官作为司法的最终裁判者,在进行庭审活动时,应严格地遵守庭审司法礼仪规范,这是法官综合素质的外化反映。在庭审礼仪中,法官的言谈举止要中立,庭审要严肃。《法官行为规范》第八条规定:"加强修养,坚持学习,不断提高自身素质;遵守司法礼仪,执行着装规定,言语文明,举止得体,不得浓妆艳抹,不佩戴与法官身份不相称的饰物,不得参加有损司法形象的活动。"第三十条规定:"庭审中的言行:(一)坐姿端正,杜绝各种不雅动作;(二)集中精力、专注庭审,不做与庭审活动无关的事;(三)不得在审判席上吸烟、闲聊或者打瞌睡,不得接打电话,不得随意离开审判席;(四)平等对待与庭审活动有关的人员,不与诉讼中的任何一方有亲近的表示;(五)礼貌示意当事人及其他诉讼参加人发言;(六)不得用带有倾向性的语言进行提问,不得与当事人及其他诉讼参加人争吵;(七)严格按照规定使用法槌,敲击法槌的轻重应当以旁听区能够听见为宜。"第三十六条规定:"宣判时注意事项:(一)宣告判决,一律公开进行;(二)宣判时,合议庭成员或者独任法官应当起立,宣判裁判文书声音要洪亮、清晰、准确无误;(三)当庭宣判的,应当宣告裁判事项,简要说明裁判理由并告知裁判文书送达的法定期限;(四)定期宣判的,应当在宣判后立即送达裁判文书;(五)宣判后,对诉讼各方不能赞赏或指责,对诉讼各方提出的质疑,应当耐心做好解释工作。"

(2) 公诉人(检察官)的庭审礼仪规范。检察官的职业特点是庄重、干练、明快、积极。检察礼仪规范是检察干警依法履行职责的客观要求与行为准则,是执法程序的重要组成部分,是通过程序体现公平正义的一种方式,是检察工作发展过程中逐渐形成并积淀下来的一种检察文化。检察官作为公诉人参加庭审时,应按规定着装;仪表规范、用语文明、保持威严肃穆;充分尊重当事人和其他诉讼参与人的人格尊严,注重倾听,避免言语的随意性和倾向性,既保持司法工作的权威感,又不显得高高在上、咄咄逼人;灵活运用法言法语,使询问、讯问、质证、抗辩等更具职业特点,态度庄重不失文明;对不同类型的对象采取不同的方式、方法,做到不歧视、不冷淡、不烦躁。总之,做到仪表得体、举止优雅、语言文明、态度谦和,树立良好的检察官形象。

(3) 辩护人(律师)的庭审礼仪规范。律师作为刑事被告人的辩护人或被害人等的诉讼代理人参加庭审活动,是其执业活动中的重要事项。律师参加庭审活动时应具备应有的礼仪和仪容仪表。同时,也应按规定穿着律师袍并佩戴律师徽章出庭,这些都是重要的职业要求,它对塑造律师形象、树立律师权威、维护律师职业尊严都具有极其重要的意义。否则,将有损律师职业形象,有损法庭形象、尊严和威仪。下面摘录 2017 年 9 月 18 日 ×× 市司法局 ×× 市律师协会《关于进一步规范律师出庭行为的通知》中关于"律师参加庭审礼仪"的规定,供同学们学习体会和借鉴:一是应有良好的文化修养和风度,尊重其他诉讼参与人,不得有不恰当的、过激的言辞和行为。二是律师出庭应穿着律师袍或职业装,律师出庭服装应当保持清洁、平整、不破损。三是出庭时男律师不留披肩长发,女律师不施浓妆,不佩戴过分醒目的饰物。四是使用语言规范、文明、准确。五是严禁酒后参加庭审。六是庭审中坐姿端正,仪表端庄;集中精力,专注庭审。七是不得使用通信工具,不得随意进出法庭。

此外,值得注意的是关于被告人庭审着装等的规定,2016年5月1日起施行的修正后的《中华人民共和国人民法院法庭规则》更加注重人权保障,如第十三条规定:"刑事在押被告人或上诉人出庭受审时,着正装或便装,不着监管机构的识别服(囚服)。人民法院在庭审活动中不得对被告人或上诉人使用戒具,但认为其人身危险性大,可能危害法庭安全的除外。"

三、刑事模拟法庭审判教学活动的组织实施

(一) 庭审观摩

按照教育部关于高校改革实践教学内容的要求,各高校近年都十分注重实习基地建设,与法院、检察院、律师事务所等广泛开展合作,建立稳定的见习和实习基地,加强各种形式的实践教学基地和实验室建设,以强化实践教学环节。

为了让学生对刑事法庭审判有更直观、形象清晰的认识,可以组织学生到法院或者基层法庭现场观摩刑事审判活动。学生到法院(法庭)旁听真实的审判,了解真实的审判步骤、操作程序、规则、注意事项,同时能激发学生把学习的庭审基本理论同庭审的实际操作进行比较。这都可为顺利进行模拟刑事法庭活动积累"经验"。如果条件许可,也可以邀请法院、派出法庭到学校审理实际案件,在学校的模拟法庭教室进行真实刑事案件的审判,也能取得很好的庭审现场观摩的效果。

(二) 案例选取

典型且具有一定疑难性的案例,是模拟审判取得良好教学效果的基础。模拟法庭审判的案例选取需要注意以下几点:①案例的选取应当根据本次模拟法庭审判的目的和任务有所为有所不为。②具体的案例,可以是已经公布的已经判决的真实案件,也可以是对实际发生的一些疑难案例进行改编后的案件。③注意案例的典型性和启发性。一次成功的模拟审判,对于学生掌握知识或者澄清疑问等有所帮助,能在模拟法庭活动过程中解决这些问题,巩固相应的知识,产生新的感悟,甚至有所创新,因此,模拟审判选取的案例具有一定的挑战性和启发性是必要的。

(三) 模拟法庭审判参与人员的确定与分工

根据教学班级学生人数或教学时间可以选择学生全部直接参与模拟审判,也可以选择抽取一部分学生直接参与模拟审判。全部学生均直接参与模拟审判演练需要分组进行,但无论哪种形式的参与模拟,都需要确定角色和分工。具体而言:①部分学生直接参与一个案件的模拟法庭审判时,其余的学生可以作为观摩模拟的旁听人员。②在模拟法庭活动进行之前,应该根据参与人员的特点进行角色分配。参与演练的学生应该熟悉法官、检察官、被告人、被害人、辩护律师、证人、鉴定人、法警等不同角色的职业道

德要求、诉讼职能、行为规范，以便模拟法庭审判过程中能够尽快进入角色。

（四）对模拟法庭审判中各诉讼角色人员的培训、模拟训练

主要内容：第一，提高认识，严肃对待模拟法庭课程。模拟刑事法庭课程不仅是一次教学活动，也是对刑事审判活动的模拟，参演的学生一定要有起码的政治思想意识，严肃对待而不能儿戏。不但要遵守课堂纪律，更要遵守法庭纪律。第二，学生要熟悉相应的刑法、刑事诉讼法学知识，熟悉有关的法律规定。如果参演学生没有掌握相应的基本法律知识，或者忘记了相应的法律规定，那么，这次模拟活动肯定难以取得应有的效果。第三，模拟审判的排练是学生自我熟悉案件和审判程序的重要环节，也是学生自我发现问题的重要过程，是模拟法庭审判正式开庭展示是否成功的关键因素之一。排练形式可采取教师指导与学生课余练习相结合的方式进行。不管是在模拟法庭教室，还是在寝室等其他地点，排练都应按正式场景进行。经过多次排练、多次纠正排练中出现的不足之处，便会不断加深对于扮演角色的理解和模仿，直到形神具备，能进行正式公开会演。

（五）开庭前的准备

主要内容：第一，庭审材料的准备。公诉人的起诉书、公诉词，辩护词，被害人的陈述，证人证言，司法鉴定文书，当庭宣判的，还要拟写判决书等。第二，有关诉讼文书的送达。包括起诉书、开庭通知、出庭举证的通知等，都要按照法定的程序、按照法定的时间和要求及时送达。第三，公告开庭的时间地点和案由。通过公告争取更多的旁听人员参与旁听。这样既可以增加参演学生的使命与责任感，也可以扩大宣传，使更多的人员受到法制教育，增强模拟审判活动的社会效果。

（六）开庭

正式开庭具体的程序详见后文的案例脚本。这里强调几点：第一，指导教师应该充分估计庭审中可能出现的突发问题或者学生易犯的错误，并在法庭开庭之前的准备工作中做好指导工作。第二，庭审以法官为中心。在模拟法庭开庭审理时，扮演法官的学生才是庭审的真正指挥者。指导教师应有意识地特别强调扮演合议庭成员的学生注意把控整个庭审大局及流程走向。即使在庭审中出现了突发问题或者遇到了明显违反程序的事项或者行为，也应该由参演学生自行纠正或者处理。

四、刑事模拟法庭审判的总结、点评和材料整理、归档

（一）刑事模拟法庭审判的总结、点评

刑事模拟法庭审判结束后，应当对整个模拟审判的过程和结果进行点评、总结。对庭审过程的讨论、点评宜在模拟现场庭审结束后进行，可以由指导教师进行点评，也可以组织旁听学生讨论点评。作为高校法学教育的实践教学活动的刑事模拟法庭审判，这

门课程需要将刑法学、刑事诉讼法学、证据法学等部门法学的知识融会贯通，参演模拟法庭审判的学生需要将犯罪与刑罚、刑事诉讼法、证据法的理论知识运用于具体案件的分析和处理，对于原来所学理论知识与实际案例相结合的掌握运用情况如何、应对庭审中的突发情况是否得当，甚至是否出现了不该出现的错误等都需要分析得失、总结成绩与不足，尤其是将参加模拟法庭审判教学活动的心得体会这一最值得写的东西以书面的形式表达出来，有助于学生加深对实体法和程序法知识的理解和把握，自我矫正理论和实践的错误进而得到法学理论上的提升。这个过程也能提升本实践课程的教学效果，达到教学目的。

（二）对模拟法庭审判教学材料的整理和归档

无论是法官、检察官还是律师，在办完案件之后都必须进行卷宗的整理与归档工作。模拟法庭审判活动结束后，要求学生把模拟法庭审判有关的卷宗材料整理、归档，这既是课程考核和评价的依据，也是培养学生良好职业习惯的内容。模拟法庭审判课程结束后，学生要及时把庭审案件的各种诉讼文书、分组安排、活动总结心得体会等各种文书材料整理按要求装订成册并提交指导教师。指导教师也需要将每次模拟审判后的学生作业和案卷材料、教师撰写的课程大纲、实习总结分析等材料，整理装订成册并且归档。从教学活动来说，这既可以为以后教师指导学生的模拟学习提供借鉴，又有利于指导老师不断总结模拟法庭教学，提升其教学水平。

第二节　刑事模拟法庭审判中各诉讼角色地位及职责

刑事模拟法庭审判中的诉讼角色包括控诉方、辩护方、审判方、司法辅助人员以及其他诉讼参与人。由于课程课时所限，本教材所选取的模拟案例按照刑事公诉案件第一审普通程序进行法庭审理，下文所指各诉讼角色均为第一审普通程序中的各方。

刑事模拟法庭审判作为一门法学实践教学课程，既要真实地再现整个刑事庭审的流程，同时又不同于真实的刑事庭审，因此学生既要明确现行法律规定的各个诉讼角色在庭审中的角色地位以及相应职责，又需要兼顾所担任诉讼角色应完成的教学要求。

一、控、辩、审三方角色地位及职责

（一）控方角色地位及职责

1. 控方角色地位

没有起诉就没有审判。在刑事诉讼中，控方居于控诉地位，是主要的诉讼主体。控方，即控诉犯罪一方。按照我国刑事诉讼法的规定，控方包括公诉人、公诉案件的被害人和自诉人，根据我国追诉制度确立的原则即国家追诉为主、自诉为辅。本教材只涉及

国家追诉,即公诉人控诉。公诉人在我国刑事诉讼活动中是主要的诉讼主体,在公诉活动中起主导作用,由检察官承当,代表国家提起公诉,追诉犯罪。

2. 职责

根据《中华人民共和国刑事诉讼法》和《中华人民共和国检察官法》等规定,检察官的职责和其职能相对应,结合模拟法庭审判的实际情况,在庭审模拟中担任检察官的学生需履行如下职责:

(1) 提起公诉。担任检察官的学生应当在认真审查案件材料和熟悉相关法律规定的基础上,制作刑事起诉书,并准确、合法、及时地提起公诉。

(2) 制作庭审预案。在模拟法庭庭审前完成庭审讯问被告人的提纲、举证和示证提纲、质证提纲、答辩提纲和公诉意见书等预案的准备与制作。

(3) 出席法庭支持公诉、抗诉,代表国家在法庭上指控犯罪、揭露和证实犯罪。在法庭上的活动依次包括:宣读起诉书,讯问被告人,询问证人、被害人、鉴定人,举示物证、书证等证据,质证辩方证据,发表公诉意见、量刑建议和参加法庭辩论等。公诉人应当由检察长、检察官或者经检察长批准代行检察官职务的助理检察官一人至数人担任。2019 年 10 月 1 日起施行的《中华人民共和国检察官法》第五条规定:"检察官履行职责,应当以事实为根据,以法律为准绳,秉持客观公正立场。"第九条规定:"检察官在检察长领导下开展工作,重大办案事项由检察长决定。检察长可以将部分职权委托检察官行使,可以授权检察官签发法律文书。"

(4) 进行审判监督。根据《中华人民共和国宪法》的规定,出席法庭的公诉人对法庭审理案件违反法定诉讼程序的行为,应当记明,并在庭审后及时向检察长报告,以人民检察院的名义向人民法院提出纠正意见。必要时,检察院对审判活动中严重违反法定程序影响司法公正的行为,可以提起抗诉。

(5) 依法维护诉讼参与人的合法权利。检察官是公共利益的代言人。公诉人出席法庭是站在维护国家法制的立场上,代表国家和人民利益,因此,在追究犯罪的同时,负有依法维护诉讼参与人合法权利的职责。

(6) 结合案情和旁听情况进行法制宣传教育。公诉人还应当在法庭上义正词严地揭露和证实犯罪,分析犯罪发生的原因,促使犯罪分子改过自新,警示其他人引以为戒,自觉遵守国家法律,以达到减少和预防犯罪的目的。

此外,公诉人在出庭履行上述职责时,其言行应当符合最高人民检察院公诉厅制定的《公诉人出庭行为规范》的要求。

(二) 辩方角色地位及责任

1. 辩方角色地位

在我国刑事庭审活动中,庭审方式是一种中国式控辩对抗制庭审方式,辩护权与控诉权是相对应并相对抗的一对权利,控辩双方居于平等地位展开对抗。

辩方,又称被告方,包括被告人及其辩护人。在刑事诉讼中,辩方居于辩护地位,是诉讼主体。涉嫌犯罪的人被正式起诉到法院进行审判时,被称为被告人。被告人在我国刑事诉讼活动中居于主体地位，是主要诉讼主体，与控方地位平等。《中华人民共和国宪法》赋予了被告人辩护权，《中华人民共和国刑事诉讼法》进一步明确规定了辩护权。辩护权由被告人享有，被告人可自行行使辩护权，也可委托辩护人帮助其行使辩护权或由法律援助机构指派承担法律援助义务的律师帮助其实现辩护权。辩护人在刑事诉讼中具有相对独立的诉讼地位，是次要诉讼主体。辩护人本身并不享有辩护权，只是帮助被告人行使辩护权。辩护人常常由执业律师充当，但也可由其他公民充当。本教材只涉及执业律师充当辩护人的情形。

2. 权利与义务、责任

根据被告人和辩护律师在诉讼中的不同身份和地位，区分庭审中被告人的权利与义务与律师的辩护责任。具体包括：

（1）被告人的权利与义务。庭审中被告人享有的权利：①被告人在庭审中享有的权利。2018年《中华人民共和国刑事诉讼法》第五十二条规定被告人享有"不被强迫自证其罪"的权利。这一规定表明被告人享有自愿供述或者反对任何形式的强迫供述的基本权利，体现程序正义的现代诉讼理念。但2018年《中华人民共和国刑事诉讼法》第一百二十条规定了"如实供述"，根据相关立法的精神，"如实供述"可从宽处理。②被告人有在至迟开庭十日前收到人民检察院起诉书副本的权利，有参加庭前会议的权利。③有参加全部庭审活动的权利。如有参加法庭调查的权利，包括就指控犯罪事实发表陈述，对证人、鉴定人发问；辨认、辨别物证、书证，听取宣读未到庭的证人证言笔录、鉴定人鉴定意见、勘验笔录和其他作为证据的文书，有权申请通知新的证人到庭、调取新的物证、申请重新鉴定或勘验等，有参加法庭辩论的权利，有向法庭做最后陈述的权利等。

庭审中被告人应承担的义务：①承受检察机关的起诉，在人民检察院提起公诉后，依法按时出庭接受审判。②遵守法庭纪律和秩序。③听从审判人员庭审指挥等。

（2）辩护人的责任。辩护人在刑事诉讼中是相对独立的诉讼参与人，是刑事被告人诉讼权利和其他合法权益的专门维护者，常常与被告人共同承担辩护职能，履行相应的辩护责任。2018年《中华人民共和国刑事诉讼法》第三十七条规定："辩护人的责任是根据事实和法律，提出犯罪嫌疑人、被告人无罪、罪轻或者减轻、免除其刑事责任的材料和意见，维护犯罪嫌疑人、被告人的诉讼权利和其他合法权益。"辩护人在刑事诉讼中并不承担证明被告人无罪、罪轻或者减轻、免除其刑事责任的举证责任，但辩护人有进行程序性辩护和实体性辩护的权利。

根据《中华人民共和国刑事诉讼法》《中华人民共和国律师法》的规定，结合刑事模拟法庭审判的实际情况，在模拟法庭审判中担任辩护人的学生的根本任务是依据事实和法律，运用自己的专业知识，最大限度地维护自己当事人的合法利益。具体来讲，担任律师的学生应当履行如下职责：①通过阅卷、调查证据、会见当事人等方式，熟悉案件材料。②在了解案件事实的基础上，分析法律关系，制定相应的诉讼策略。③依法指导当事人行使诉讼权利。④撰写辩护词、代理词等相关诉讼文书。⑤出席法庭审理，参与法庭调查、辩论。

辩护人在履行上述职责时，其言行及仪表要符合中华全国律师协会制定的《律师执业行为规范（试行）》和《律师出庭服装使用管理办法》的要求。

（三）审判方角色地位及职责

审判权是国家权力的重要组成部分。我国人民法院是国家的审判机关，代表国家依法独立行使审判权。刑事案件主要由人民法院的刑事审判庭负责审判，只有经过人民法院的依法审判，才能确定刑事被告人是否有罪、应否判处刑罚和判处何种刑罚。本教材所涉及法庭审理均采取刑事公诉案件第一审普通程序审理，审判组织形式应组成合议庭。

1. 审判方角色地位

庭审中法官居于客观中立的审判地位，是主要的诉讼主体，法官在刑事庭审活动中起着组织指挥审判活动的作用。根据《中华人民共和国宪法》《中华人民共和国人民法院组织法》的规定，审判权只能由人民法院行使，其他任何机关、团体或个人都没有这项权力。

2. 职责

法官的职责与承担的审判职能相对应，表现为居中裁判、法庭审判的范围限定在起诉范围内、通过合议庭进行裁判、主持庭审等方面。

根据最高人民法院《关于人民法院合议庭工作的若干规定》，结合模拟法庭审判的实际情况，在模拟法庭审判中担任审判长的学生的职责是：

（1）组织合议庭成员和有关人员做好庭审准备及相关工作，如确定案件审理方案、庭审提纲，协调合议庭成员的庭审分工以及做好其他必要的庭审准备工作。

（2）主持庭审活动。在此阶段，审判长要发挥以下三个作用：第一，指挥庭审的进行。审判长应在开庭审理中按照法律规定的程序引导和控制庭审程序的进行，充分保障各方当事人的诉讼权利。第二，控制庭审节奏，把握庭审进度，总结和归纳诉讼争点，引导诉讼双方围绕案件争议焦点进行法庭调查和辩论。第三，应变和处理法庭上可能出现的各类突发事件，如旁听人员违反法庭纪律等。

（3）主持合议庭对案件进行评议，作出裁判。

（4）制作裁判文书，审核、签发诉讼文书。

（5）依法完成其他审判工作。

合议庭其他成员除不享有庭审组织、指挥权外，有权而且应当与审判长一样平等地参与案件的审理、评议和裁判，共同对案件事实认定和法律适用负责。在合议庭评议案件时，合议庭所有成员均应充分发表自己的意见，不允许沉默或者弃权。

为了有效地履行上述职责，担任审判长、审判员的学生在开庭审理时，还应注意：

审判长、审判员应当根据《人民法院法官袍穿着规定》的要求，穿着法官袍。

审判长应当按照《人民法院法槌使用规定（试行）》的要求，正确使用法槌。法槌在下列情形必须使用：宣布开庭、继续开庭时，先敲击法槌，后宣布开庭、继续开庭；宣布休庭、闭庭时，先宣布休庭、闭庭，后敲击法槌；宣布判决、裁定时，先宣布判决、裁定，后敲击法槌。也就是说，以敲击法槌开始庭审活动，同样以敲击法槌结束庭审活动。法槌可以使用的情形：对于诉讼参与人、旁听人员违反法庭规则，妨碍审判活动，扰乱法庭秩序的；诉讼参与人的陈述与本案无关及重复陈述的；审判长、独任审判员认为有必要使用法槌时，可根据庭审时遇到的具体情况灵活运用。对于上述情形使用法槌的，应当先敲击法槌，后对庭审进程作出指令。[1] 审判长在使用法槌时，一般敲击一次。

审判长、审判员应当严格按照最高人民法院《法官行为规范》的要求，注重自己的仪表和言行。

二、司法辅助人员及其他诉讼参与人角色地位及职责

司法审判机关根据审理裁判案件的需要，设置专门化的司法辅助职业制度，如书记员、法官助理、法警等多种类型的司法辅助人员。按照从事的司法辅助事务性质，司法辅助职业可以分为业务性辅助人员和事务性辅助人员两种类型。在现代司法制度中，法官职业与司法辅助职业具有互为基础、互为补充、互相配合的关系，在司法审判工作中具有各自不可替代的职业功能和作用。[2]

在模拟法庭审判活动中，法官、检察官和辩护人是主要角色，由学生扮演法官、检察官和辩护人审理案件，是培养学生法律职业能力的重要途径。但是，模拟法庭审判的有效进行，也依赖于司法辅助人员以及其他诉讼参与人的有效配合，司法辅助人员主要指书记员和法警。其他诉讼参与人主要指证人、鉴定人和有专门知识的人。

（一）书记员角色地位及职责

1. 书记员的角色地位

《人民法院书记员管理办法（试行）》第一条第一款规定："书记员是审判工作的事务性辅助人员，在法官指导下工作。"书记员是职业法官审判工作中的配角和辅助人员，也是一种专门性很强的、职业化的司法辅助职业，同时也是法定的司法辅助职业，他们对辅助、配合、协助法官完成各项司法审判工作具有不可替代的功能和作用。

2. 书记员的职责

2019年1月1日起施行的《中华人民共和国人民法院组织法》第四十九条规定："人民法院的书记员负责法庭审理记录等审判辅助事务。"2018年《中华人民共和国刑事诉讼法》第一百九十条规定："开庭的时候，审判长……宣布合议庭的组成人员、书记员、公诉人、辩护人、诉讼代理人、鉴定人和翻译人员的名单；告知当事人有权对合议庭组成人员、书记员、公诉人、鉴定人和翻译人员申请回避。"第二百零三条规定："判决书应当由审判人员和书记员署名，并且写明上诉的期限和上诉的法院。"第二百零七条规定："法庭审判的全部活动，应当由书记员写成笔录，经审判长审阅后，由审判

---

[1] 赵日新：《庭审驾驭能力培训读本（刑事卷）》，人民法院出版社，2016年，第60页。
[2] 杨凯：《书记员和法官助理职业技能培训教程》，人民法院出版社，2010年，第2页。

长和书记员签名。"结合上述规定,在模拟法庭审判中担任书记员的学生需要履行以下职责:

(1) 办理庭前准备过程中的事务性工作,如送达起诉书等诉讼文书、送达开庭通知、张贴开庭公告等。

(2) 做好庭审前准备工作,如开庭前宣布法庭纪律,请公诉人、辩护人等入座,请审判长、审判员入庭就座,向审判长报告应出席人员出庭情况等。

(3) 承担案件审理过程的记录工作,包括庭审笔录、合议庭评议笔录和宣判笔录。庭审笔录应当记明庭审发生的整个流程及事项等内容,在休庭或闭庭后将庭审笔录交由当事人确认无误后签名或盖章,最后由审判长和书记员签名。合议庭评议笔录应记明合议庭成员对案件事实、证据、法律适用等发表的意见和理由以及评议结果意见等,并需要合议庭成员签字。宣判笔录应记明宣判的具体时间、地点、内容以及被告人是否上诉、如何上诉等意见要求,并需要被告人签名。

(4) 做好结案后的具体工作,如核对、整理文书等归档案卷材料。

(5) 完成法官交办的其他事务性工作。

书记员履行职责应达到如下要求:①制作笔录应当完整、字迹清晰、文理通顺、段落分明、标点准确。②抄写、核对、印刷、发送有关法律文书应及时、合法、准确无误。③整理、装订案卷,材料齐全、顺序规范、装订牢固、卷面整洁、按时归档。④司法统计准确、及时。⑤办理的其他有关事项符合要求。

(二) 法警角色地位及职责

1. 法警的角色地位

《中华人民共和国人民法院组织法》第五十条规定:"人民法院的司法警察负责法庭警戒、人员押解和看管等警务事项。"根据最高人民法院发布的《人民法院司法警察条例》(自 2012 年 12 月 1 日起施行)的规定,人民法院司法警察是中华人民共和国人民警察的警种之一。司法警察也是一种司法辅助人角色,配合、辅助法官完成审判任务。各级人民法院设司法警察若干人。

2. 法警的职责

根据《中华人民共和国刑事诉讼法》《人民法院法庭规则》和《人民法院司法警察条例》的有关规定,人民法院司法警察有值庭职责。值庭,是指人民法院司法警察在法庭审判活动中,为维护法庭秩序,保证参与审判活动人员的安全,保证审判活动顺利进行所实施的职务行为。值庭的司法警察在法庭审判活动中,根据审判长的指令,依法履行职责。

在模拟法庭审判中担任法警的学生根据审判长的指令,依法履行如下职责:①警卫法庭,维护法庭秩序。②保障参与审判活动人员的安全。③传带证人、鉴定人。④传递、展示证据。⑤制止妨害审判活动的行为。值庭的司法警察在接取、传递、展示证据时应注意安全。

法警值庭时,应当注意以下事项和要求:

（1）按照规定穿警服、佩戴警衔专用标志，警容严整；女法警不得浓妆、披发、戴饰物。法警值庭时，出入法庭时应以齐步动作行进。

（2）法警提押被告人时，应当禁止被告人之间谈论案情、交换物品；提押女被告人时，应由女法警负责。

（3）负责看管被告人的法警，应面向审判席，站或坐在被告人后面的左右两侧。

（4）值庭的法警传带证人时，应当打开通道门，引导证人到达指定位置。

（5）对旁听人员，值庭的法警应当进行安全检查。发现未成年人、精神病病人、醉酒的人和其他不宜旁听的人员，应当阻止或者劝其退出审判法庭。

（6）旁听人员实施以下违反法庭纪律行为的，值庭的法警应当予以劝阻、制止：未经允许录音、摄影和录像，随意走动或擅自进入审判区，鼓掌、喧哗、哄闹，擅自发言、提问，吸烟或随地吐痰，使用通信工具，其他违反法庭纪律的行为。

（三）其他诉讼参与人角色地位及责任

刑事庭审中的其他诉讼参与人主要包括证人、鉴定人和有专门知识的人，他们在刑事庭审中具有独立或相对独立的地位，是次要的诉讼主体。

1. 证人的责任

《中华人民共和国刑事诉讼法》规定的证人是指除当事人以外的了解案件情况并向公安司法机关作证的人。证人是独立参与诉讼的人，其与案件结果之间没有直接的利害关系，协助国家专门机关和诉讼当事人进行诉讼活动。根据《中华人民共和国刑事诉讼法》的规定，证人的义务是如实地就自己所知道的案件事实向法庭提供证言；如果有意作伪证，则应承担相应的法律责任。在司法实践中，证人的职责就是如实作证。

在模拟法庭审判中，担任证人角色的学生并没有亲历案件事实，其对案件事实的感知完全来源于教材或指导教师提供的案件材料。因此，担任证人角色学生的首要职责就是熟悉案件材料中有关证人陈述的内容，然后应法庭的通知出席模拟法庭审判并履行出庭作证的义务。

在模拟法庭审判中证人的责任具体如下：①证人应如实作证并在保证书上签字。证人作证前应当在如实作证的保证书上签字。证人作证时应当如实地对自己知晓的案情进行客观陈述，陈述的是事实，而不是推测和分析意见。②证人应接受交叉询问和法庭询问。公诉人、辩护人经审判长许可，可以对证人发问。③对证人询问应分别进行及作证完毕应退庭，且不得旁听对本案的审理。④证人可提供书面证言。⑤证人有权查阅庭审询问笔录，并可要求补充或修改。⑥证人有权拒绝伪证。证人作证不受外界和他人干扰，不可故意捏造歪曲事实，诬陷他人，不可作伪证，只能客观陈述所知案情。证人应遵守法庭秩序和纪律。

此外，在司法实践中，证人当庭翻证的现象时有发生。因此担任证人的学生在模拟法庭上接受诉讼双方以及法官的询问后如何陈述证言，不能一概而论。可以为了提高模拟难度，担任证人角色的学生在法庭上提供的证言既可以与先前给定材料中的内容保持一致，也可以当庭推翻先前证言，作出与庭前陈述不一致的证言。但在当庭翻证的情况下，证人必须在法庭上作出合理的解释和说明。

2. 鉴定人的职责

鉴定人在我国刑事诉讼活动中是接受公安司法机关聘请或指派，对刑事诉讼中涉及的专门性问题运用专门知识和技能进行分析判断，并提出鉴定意见的诉讼参与人。鉴定意见以书面形式呈现。

全国人大常委会《关于司法鉴定管理问题的决定》第十一条规定："在诉讼中，当事人对鉴定意见有异议的，经人民法院依法通知，鉴定人应当出庭作证。"据此，在一般情况下，鉴定人不必出庭作证。但是，在诉讼双方对鉴定意见有异议时，鉴定人应当出庭作证。

根据《中华人民共和国刑事诉讼法》的规定，鉴定人的义务是：按时完成鉴定任务，如实提供鉴定意见；依法主动回避；保守在职业活动中知悉的国家秘密、商业秘密和个人隐私；依法按时出庭，接受诉讼双方及法官的询问；遵守职业道德和职业纪律等。

根据上述规定，结合模拟法庭审的判实际情况，如果诉讼双方对鉴定意见没有异议，则不需要学生担任鉴定人角色，模拟法庭开庭审判时只需当庭宣读鉴定意见即可。

如果被告人对鉴定意见提出异议，申请鉴定人出庭作证，则担任鉴定人的学生需要承担以下职责：①熟悉案例提供的鉴定意见内容。②尽可能地查找相关资料，熟悉相关鉴定意见的产生过程、基本原理等，使自己在法庭上的表现体现出一定的"专业性"。③出席法庭，当庭陈述鉴定意见，并接受诉讼双方及法官的询问。④询问完毕后应依法庭指挥退庭，不得旁听本案审理。

3. 有专门知识的人的责任

有专门知识的人是指鉴定人以外的具有专门知识的人，属于专家辅助人。2018年《中华人民共和国刑事诉讼法》第一百九十七条第二款规定："公诉人、当事人和辩护人、诉讼代理人可以申请法庭通知有专门知识的人出庭，就鉴定人作出的鉴定意见提出意见。"第四款规定："第二款规定的有专门知识的人出庭，适用鉴定人的有关规定。"根据上述规定，"有专门知识的人"与鉴定人只是在形式要件上有区别，即鉴定人必须有鉴定人资格证并在鉴定机构执业，而"有专门知识的人"不需这些形式要件，只要其具备进行相关鉴定事项专门性鉴定知识、技术和水平的人即可充任。专家辅助人制度有利于解决实践中存在的多头鉴定、重复鉴定，对鉴定意见盲目依从，对鉴定意见中专业性问题质证不能或不力等问题。

结合模拟法庭审判的实际情况，如果有必要由"有专门知识的人"出庭，其职责适用鉴定人有关规定。根据法律规定，控辩双方都有权申请"有专门知识的人"出庭。

第三节 刑事模拟法庭审判基本语言规范

法庭审判是刑事模拟法庭审判中语言使用最具有代表性和重要性的场合，整个法庭审判过程必须规范使用法律语言,包括书面法律语言和口头表达法律用语。书面法律语言包括判决书等拟制式文书和笔录式文书,口头表达法律用语包括法官、检察官、辩护人等在庭审中的语言表达。书面法律语言前述有专门章节进行讲述,这里着重讲述庭审中的口头表达法律用语的基本规范和技巧。口头法律语言是指以口头表达为主要传播方式的有声法律语言,该语言具有法律意义或具有法律效力等法律效果。我国目前的诉讼模式决定了控、辩、审三方在庭审时基于不同的诉讼角色地位,其说话的方式和内容各有侧重点和技巧,但总体而言,无论是作为法律代言人的法官,还是履行一定诉讼职能的检察官和辩护人都需要遵守庭审的基本语言规范。庭审中法官的规范语言表达,有助于提高诉讼效率,还能展现审判程序的公正性,进而提高裁判的公信力;检察官庭审表达准确、坚定、平和、理性,辩护人庭审辩论用语充分、明确、情理并重,能更好地履行各自的诉讼职能,有助于实现各方的诉讼目的。

刑事庭审中使用的语言属于法律语言。我们一般理解的法律语言是指在包括立法、司法和法律科学阐释等一切法律活动中的具体运用的语言。作为法律逻辑思维的特殊工具,在立法、司法、执法的具体法律实践中,法律语言成为一套独立的符号系统、一种具有专业特色的语言体系。法律语言以实用为目的,不追求语言的形象性、艺术化和个性化,准确性、简洁性是它最基本也是最高的要求,记叙性和庄重朴实的风格是法律语言的重要特征。总体而言,法律语言必须具备以下三个特征:一是准确严谨。准确严谨是法律语言的灵魂,它要求法律语言的词句、篇章结构以至于标点都是同一非歧义的,判断推理合乎逻辑。二是简明凝练,即言简意赅,避免繁琐、累赘、笼统。要求法律语言的字词句明确、清楚、不冗长,突出关键性法定要件且不遗漏或残缺。三是庄重朴实。这是指法律语言的语言风格,即法律语言应用时所具有的格调、气氛和色彩。法律语言使用切忌粉饰、渲染、夸张,句式上多表现为结构紧密、不带艺术色彩,多用陈述句表述法律事实、界定法律属性,对语气色彩较为显著的疑问句、祈使句、感叹句的使用有严格的限制。刑事模拟法庭审判过程中诉讼各方的讯问、陈述、辩论等口头表达都规范地使用口头法律用语。

一、法官的庭审语言规范

法官是案件的裁判者,是法律的代言人。法官的裁判角色和我国的诉讼模式决定了我国法官在庭审时的表达方式和内容。庭审语言是一种非常正式的职业语言,作为法官,在开庭审理案件时,应做到善听慎言、语言规范、语气庄重、语词文明、语音标准、语调适宜、语速适当,中立、公正地对待双方当事人。

(一) 严格、正规使用法言法语

比如庭审开庭阶段法官宣告开庭后首先应查明被告人的基本情况,这一阶段法官的问话方式和内容应严格使用法言法语进行规范表达。先看示例:

> 审判长:某市某区人民法院刑事审判庭现在开庭。犯罪嫌疑人,你叫什么

名字？

　　被告人：王某某。

　　审判长：有没有别名？

　　……

　　审判长：你什么时候被公安机关抓的？

　　被告人：2021年9月7日。

　　……

　　审判长：某区人民检察院的起诉状副本你收到了吗？

　　被告人：收到了。

在上述庭审语言中，审判长有以下三处语言是不规范甚至错误的：

（1）"犯罪嫌疑人，你叫什么名字？"根据《中华人民共和国刑事诉讼法》规定，涉嫌犯罪的人，在人民检察院向法院正式提起公诉之前只能被称为"犯罪嫌疑人"，在提起公诉后则应被称为"被告人"。因此，庭审法庭上对被追诉人的称呼只能是"被告人"。

（2）"你什么时候被公安机关抓的"中的"抓"字不属于法律用语，是日常生活意义上用词，其含义并不确切。这个"抓"字在刑事诉讼中相关的法律用语应是"拘留"和"逮捕"，因此审判长的问话应当是"你何时被刑事拘留的"或"你何时被逮捕的"。

（3）"某区人民检察院的起诉状副本你收到了吗"这句话有错误表达，人民检察院的起诉文书只能被称为起"起诉书"，而不能被称为"起诉状"。

（二）陈述事实力求庄重、准确、简洁

法官代表国家行使审判权，其庭审语言应当是庄重的，才能显示出审判的权威。准确是法律语言的生命，法官使用的言辞不准确，有损人民法院的威信，会直接影响人民法院审判案件的质量和效率。简洁则是法律语言的高级境界，用语简洁既容易使人明白，也能显示出法官干脆利落的职业作风，有利于提高审判工作的质量和效率。先看示例：

　　例1：法官在当庭宣判叙述被告人的犯罪事实时说："被告李某利欲熏心，贪婪无度，别有用心，四处活动，厚颜无耻，大肆贪污……接受贿赂，一毛不拔，为自己营造安乐窝。"

　　例2：一位法官在法庭上说："被告人赵某在小桥底下的玉米地里，将被害人王某强奸了。"被告人辩解道："我没有在小桥底下的玉米地里强奸她。小桥底下有水，没有地。"（经查，被告人赵某是在小桥南侧的玉米地里将被害人王某强奸的）

在上述示例中，例1中法官的叙述过多地使用了感情色彩过于浓厚的词语，显得不够庄重。例2中法官的用语不够准确，让被告人抓住了漏洞，徒增庭审法官当时的尴尬处境。示例中庭审语言不庄重、不准确的表达都是法官在庭审中应当避免的。

（三）适当对法律专门术语作通俗易懂的表达

在庭审中，难免存在当事人文化水平较低，对一些"法言法语"不能理解的情况，这种情形下，庭审法官应当适当使用通俗易懂的语言进行解释，有利于保护当事人的诉讼权利，也尽量避免为案件的上诉或申诉埋下隐患。先看示例：

> 审判长：根据《中华人民共和国刑事诉讼法》第一百八十八条的规定，本庭依法公开审理自诉人曹某、章某重婚一案。本合议庭由本院刑事审判庭庭长王某，也就是我本人，会同本院审判员陈某、乔某，依法组成合议庭。书记员李某担任法庭记录……根据《中华人民共和国刑事诉讼法》第二十七条、第三十条的规定，当事人在庭审过程中依法享有申请回避的权利。自诉人，你是否申请回避？
>
> 自诉人：申请回避？嗯，我没听清，什么回避，回避什么？
>
> 审判长：所谓回避，就是如果你认为本合议庭的组成人员、书记员，即我们三位法官和一位书记员，与本案有利害关系，不能公正地审理本案，可以提出正当的理由，申请换别的法官来审理，或别的书记员来记录。现在你是否同意由我们三位法官审理你的案子？
>
> 自诉人：我同意。

上述庭审法官的这段关于回避的庭审语言就较好地处理了法言法语与通俗易懂的关系，值得借鉴参考。

（四）认真、耐心地倾听

庭审中法官只有耐心地听取双方的意见，才有可能对案件事实有充分的了解。法官的倾听不仅是公正裁判的信息来源，更是一种程序公正的体现。如果一个法官在法庭上打瞌睡或者随意接打电话、很不耐烦，很难相信这样的法官能对案件作出公正的裁判。英国著名的大法官培根（Bacon）曾说："耐心及慎重听讼是法官的基本功之一，而一名晓晓多言的法官则不是一件和谐的乐器。"[1] 司法实践中，有些法官觉得自己已经了解案情了或者基于其他原因，在开庭审理时会随意地打断被告人、辩护人的发言，显得很不耐烦。例如，有个别法官常常会说："这个问题已经清楚了，你不必说了。""这个问题你刚才已经说了，不要再重复了。""这个问题与案件无关。"本教材认为，即便被告人、辩护人的发言确实有重复之嫌，法官也应当尽量克制，耐心倾听双方的意见，或者采取平和的语气提醒示意。请看示例：

> 某某高院开庭审理王北川等4人贩卖毒品案时，审判长罗某在辩护人发言之前多次打断辩护人发言并声称律师水平不够。
>
> 审判长：辩护人对上诉理由有无补充？

---

[1] 〔英〕弗·培根：《培根论说文集》，水天同译，商务印书馆，1983年，第195页。

辩护人：有。

审判长：简单地说啊，你要是念稿的话没时间。

辩护人：审判长，我觉得这是一个事关人命的案子……（被审判长打断）

审判长：让你说，你要抓住重点，别长篇大论。

辩护人：你老是强调时间紧，我觉得上午时间不够，下午可以接着审嘛，对不对？你总得让我们充分辩论，充分发表意见吧？我呢，简单地论证……（再次被审判长打断）

审判长：我说过了哈！短时间内说不清楚，说明你水平不够，抓不住重点！明白不？

辩护人：我都还没开始讲，你怎么知道我抓不住重点呢？我……（被审判长第三次打断）

这是一段被曝光的庭审视频实录，该视频中庭审法官的语言表达就显得极不尊重辩护人，暴露出审案法官在庭审中缺乏起码的认真倾听和耐心倾听，令人质疑案件的公正审判。上述庭审视频曝光后，该院公开回应称已组成专人调查核实，确保案件公正审判。最终，该法院研究决定，按照《法官行为规范》规定，对审判长进行诫勉，责成有关部门对工作中暴露出的问题予以重视并认真进行整改。这种反面实例非常值得庭审法官们引以为戒。

（五）当问则问

我国的庭审方式在逐渐向对抗式转变，庭审中主要是控辩双方对案件事实的争讼，法官在庭审中原则上应当耐心地听。但《中华人民共和国刑事诉讼法》第一百九十一条第三款规定："审判人员可以讯问被告人。"第一百九十四条第二款规定："审判人员可以询问证人、鉴定人。"因此，在案件的关键事实不清，而诉讼双方的询问又没有涉及此问题时，为了查明事实真相，法官应当主动地对当事人、证人、鉴定人发问，而不要过于消极。

（六）坚持中立、公正无偏

无论提出问题还是引导法庭辩论，法官都要注意自己是在主持庭审，必须公正地听取控辩双方的意见。因此不能厚此薄彼，喜欢听这一方的意见，压制另一方的发言。[①]

法官中立是司法公正的前提。法官的庭审语言不应带有任何的倾向性，否则只会让诉讼的另一方不满，从而对判决的公正性产生怀疑。

在我国司法实践中，存在一些影响法官中立无偏的现象，比如开庭审理时法官有时过于配合检察官，给予充分的发言时间，但对辩护方的发言却时常打断；开庭前或休庭后法官和检察官也显得有说有笑，过于熟络亲热，对辩护人则明显冷淡，不理不睬。这都与现代职业法官的中立要求是相违背的，应该引起注意。司法实践中，也会出现案件

---

① 张军、姜伟、田伟昌：《刑事诉讼：控辩审三人谈》，法律出版社，2001年，第291页。

判决后，被告人或辩护人因不满庭审时法官多次制止其不当发言，认为这是剥夺其诉讼权利，对案件判决稍有不满，就认为法官审判不公而上诉或申诉，这都应该引起重视。

（七）不对被告人进行诱供和逼供，不指供

法官在庭审问话中不能带有罪预设，不要诱导性询问，让提问本身对如何回答该问题带有一定的暗示和倾向，否则，可能聪明的当事人会猜到法官的内心想法，去顺着法官的思路回答问题。反之，也可能会使无辜的当事人被法官的诱导性提问误导，这会给查明事实真相带来阻碍。

法官在法庭上也不能采取威胁、逼迫的口气通过言语等方式威胁被告人，迫使被告人在法庭上供述犯罪。请看示例：

> 审判长：记不清了？你怎么会记不清了？你当时不就是跟李某在一起吗？
> 被告人：我不认识李某。
> 审判长：喔，你说什么？不认识李某？
> 被告人：我……（被审判长打断）
> 审判长：我提醒你一下，在法庭上你的认罪态度对量刑有直接的影响。问到你，你要主动回答，声音要大一点。这是最后一次提醒你。

在上述问话中，法官明显带有有罪推定的语气，逼迫被告人承认犯罪事实。这是庭审法官应注意避免的一种逼供式的表达和语气。

（八）不评论回答

对被告人、证人等在法庭上回话真实性的评价，属于法官认定证据的问题。对证据的评价，根据法律规定，应当经过合议庭评议。审理法官不应当庭对言词证据的真实性进行评论。当场评论容易让一方当事人认为法官有意袒护对方，从而产生对法官的敌对情绪，甚至对公正性产生怀疑。请看示例：

> 例1：上诉人：我在邻县的农场也买了一批，这个法院可以去调查。
> 审判长：那么就是说，2月份的时候你不能在其他地方买到种猪？
> 上诉人：不能够。
> 审判长：为什么？
> 上诉人：因为买种猪必须先联系好，才可能买到。
> 审判长：你这个理由就不充分了。嘿，必须先联系……你只能说根本没有猪，这个理由才比较充分啊，是吧？你想想，在市场经济条件下，有什么不能买到？你那个理由太不充分了。
> 例2：审判长：张三（被害人）喝"敌敌畏"后你做了什么？
> 被告人：我让女儿去找李老师。
> 审判长："敌敌畏"都入肚了，你还等着，你怎么办？没采取任何措施？这五

六分钟你干什么呢?

被告人:我叫她,毫无办法。

审判长:等一等,行了,行了。李老师是你们领导,他来了怎么办?什么事都必须叫他?现在情况变了,喝了"敌敌畏"了,还必须叫他,女儿叫不来,你还亲自去叫?应该找医生!你是个大学老师,我都没法问你了,我替你说了吧。

以上两例中,法官就没注意用语规范,都过早地对当事人的回答进行评论,容易使人对法官审理的专业性和公正性产生怀疑。

(九)发问时一问一答

在一个问话回合中,原则上只提一个问题,这样既能使问话的目的明确、针对性强,又能使回答人集中精力回答。如果一次一连串地问出数个问题,既容易令答话人无所适从,不知道回答哪个问题好,也可能会让答话人有意地只回答其中的某个问题,对其他的问题故意避而不答,或者避重就轻地回答。这样实际上达不到问话的效果。请看示例:

审判长:出来之前你和你同学,就是你们出去盗窃之前,你妻子毛某知道吗?当时她在干什么?

被告人:当时我妻子在哄孩子。

审判长:你平时对你妻子怎么样啊?你妻子对你呢?你妻子是什么样的人?

被告人:我妻子对我很好。

在上例中,审判长一连串问几个问题,实际上没有达到问话的效果,因为被问话人只回答了其中的一个问题,审判长要得到其他问题的回答,还得再次提问。

2010年最高人民法院制定的《法官行为规范》第三十条对法官在庭审中的言行作出专门规范:①坐姿端正,杜绝各种不雅动作;②集中精力,专注庭审,不做与庭审活动无关的事;③不得在审判席上吸烟、闲聊或者打瞌睡,不得接打电话,不得随意离开审判席;④平等对待与庭审活动有关的人员,不与诉讼中的任何一方有亲近的表示;⑤礼貌示意当事人及其他诉讼参加人发言;⑥不得用带有倾向性的语言进行提问,不得与当事人及其他诉讼参加人争吵;⑦严格按照规定使用法槌,敲击法槌的轻重应当以旁听区能够听见为宜。

二、公诉人的庭审语言规范

检察官是代表国家机关的公诉人。检察官的性质和职责决定了其语言应遵循一定的庭审规范。

现代法治国家特别强调检察官的客观真实义务。

一方面,在刑事诉讼中,公诉人的职责要求履行一定的诉讼职能。按照现行刑事诉讼法的精神，法庭上检察官、辩护方与法官的诉讼结构表现为一种"控辩审三角结构"，法官淡出了实体调查的职能，注重裁判的中立角色。庭审中控辩对抗的功能加强了，作为控方的公诉人的庭审中的语言规范就显得更重要了。根据最高人民检察院《检察机关文明用语规则》的要求，公诉人出席法庭用语应当严谨、理性、规范。宣读起诉书、发表公诉意见要声音洪亮，吐字清晰。尊重法庭，服从审判长主持庭审活动，出示证据，询问证人、质证，讯问被告人时用语规范、文明。尊重辩护人，答辩合法、礼貌、说理。

另一方面，检察机关在我国现行的法制框架内是专门的法律监督机关。检察官代表国家出庭控诉犯罪，同时也要履行其法律监督职责。关于检察机关对法庭的监督问题，有观点认为，出庭的检察人员可以进行当庭监督，但根据司法实践中的实际观察，发现事实上他们并没有履行监督职责，反而使个别出庭的检察人员形成一种自己身份要高于法官的错觉，以"法官的法官"身份自居。对此，本教材认为这并不是指公诉人的当庭监督，而是检察机关的事后监督，否则公诉人既当控诉者又当监督者，本身就容易出现诉讼结构上的失衡，会出现"谁来监督监督者"的尴尬。2018年修正的《中华人民共和国刑事诉讼法》第二百零九条规定："人民检察院发现人民法院审理案件违反法律规定的诉讼程序，有权向人民法院提出纠正意见。"这反映出立法的意旨：是由人民检察院来监督，而非出庭的检察官个人来监督；是事后监督，而非当庭监督。避免检察人员在法庭上直接运用监督权与审判权发生冲突，从而维护了审判的权威。

基于以上的论述，检察官的庭审用语规范应注意以下几点。

（一）用语准确、简洁，语气坚定

在法庭上，公诉人的主要职责是代表国家指控犯罪，应该坚定、准确、简洁地使用和表达法言法语以及约定俗成的一些习惯表达用法。比如，公诉人出庭支持公诉，对合议庭组成人员应当分别称"审判长""审判员""人民陪审员"或统称"合议庭"；向法庭提出要求时应当称"审判长"；当某阶段活动完毕或发表公诉意见时应当称"审判长、审判员（人民陪审员）"；在讯问中，对被告人应当称"被告人某某"，也可以根据具体情况称"你"；公诉人可以自称为"公诉人"或者"本公诉人"。请看示例：

> 示例：审判长，下面公诉人向法庭举证，证实指控被告人×××的犯罪事实。该证据是××公安局（检察院）于××××年××月××日在××地方收集（或提取）的，主要证明本案××事实。该证据见××卷××页。

上述示例就是检察官在庭审过程中法庭调查阶段举证环节的规范用语表达。

（二）切忌威胁、诱导、权势压人式表述

在庭审活动中，公诉人处于客观指控犯罪的地位，其代表国家履行公诉职能，有义务为公正审判创造良好的氛围，应当慎重地行使权力，其用语应当是平和、理性的。《中华人民共和国刑事诉讼法》也有规定："严禁刑讯逼供和以威胁、引诱、欺骗以及其他非法的方法收集证据。"但实践中难免会有公诉人庭审时表露出以权压人的不够体面的语言和情态，比如实践中会听到公诉人在法庭上这样表述："你不服，到上面告好了。""是你办案，还是本公诉人办案？""公诉人正告李某的辩护人要依法辩护。""这事情如果不是你干的，是谁干的？""你要搞清楚，你现在是什么身份。""你再不把犯罪事实讲清楚，公诉人就建议法庭对你从重处罚。"……上述公诉人的表述就给人以权压人的感觉。在法庭上，公诉人不得采取威胁、诱导等不正当方式进行发问。即便遇到被告人当庭翻供，也应讯问被告人翻供的理由，并提请法庭注意被告人的一贯供述，而不能在法庭上用威胁、诱导式的语言逼迫被告人认罪。

（三）适度保持沉默

在控辩双方进行辩论的时候，检察官应该明确法庭辩论的目的是尽可能地澄清真相和辨明是非、帮助法庭准确裁判，而并非争强好胜。因此，一名优秀的公诉人应该知道在法庭上对辩护人的哪些观点该反驳、哪些完全可以不予理会、不予回应。这方面总的基本规则是：对认定事实、证据、罪名、罪责及适用法律等方面有分歧时必须答辩，不影响定罪量刑的细枝末节问题可不予答辩。具体来说，以下四种情形不应答辩：①与本案无关的辩护。②与公诉人无原则性分歧的辩护。③属于学术争论方面的辩护。④对起诉书提出正确批评意见的辩护。对这些不应答辩的情形，公诉人完全可以一笔带过，不必将辩护人反驳得体无完肤才罢休。

（四）尊重诉讼参与人、用语文明

检察官应具备文明、理性、平和、谦抑的基本职业素质与道德，同时应具备意志坚定、沉着冷静、情绪稳定等良好的心理素质。庭审过程中，检察官不得对被告人或辩护人使用具有人身攻击性、侮辱、讽刺、挖苦、粗鲁、谩骂等内容的语言，不得在庭审中与被告人、辩护人或其他诉讼参与人发生争吵甚至打骂等行为。比如，检察官说："你的脑子被烧坏了吗？这都听不懂。""辩护人，你不能收了被告人的钱，就昧着良心说话。""辩护人你懂不懂法？""你罪大恶极、死不悔改、无可救药。""被告人你还有没有人性？"这些语言出自检察官之口就非常不合适。另外，在法庭辩论中，公诉人应有理、有据、有力、有节，不使用带有情绪的语言，表现出相当的克制力以及过硬的职业心理素质。这也是决定法庭辩论胜负的重要因素之一。比如，公诉人在法庭上说："你爱说不说，随便你。""认罪认罚具结书爱签不签，我无所谓。""你不认罪，我在法庭上对付你轻轻松松。""我都懒得跟你说。"以上表达方式就带有明显的情绪化色彩，不应出自一名合格的出庭公诉人之口。

（五）灵活运用讯问方法、技巧

公诉人在法庭上讯问被告人，是法定的不可缺少的环节。为了达到较好的法庭讯问效果，公诉人应当在开庭前做好充分的准备，熟悉案情和被告人的个人情况，巧用预设和词句，针对不同的案情采取不同的讯问方法。这里简单介绍几种常用的讯问被告人的方法与技巧，结合示例进行说明。

（1）开门见山式直接讯问。在案件事实清楚，证据确实充分，被告人认罪服法且真诚悔改，不狡辩、不抵赖的情况下，公诉人可以采取开门见山式直接讯问的方法，迅速地突破案件，达到很好的法庭举证效果。在采用此种方法时，要善于抓住案件的关键问题讯问，再就案件的其他细节逐一问明。以盗窃案件为例，首先应抓住非法占有的犯罪意图、秘密窃取的犯罪手段展开讯问；其次对案件的起因、预谋、准备过程、作案地点、作案时间、分工、具体实施的行为、犯罪对象的特点、后果、赃款赃物去向等细节逐一问明。应重点讯问的包括与定罪量刑有密切关系的细节、可能成为控辩双方争辩焦点的细节。

（2）迂回曲折式间接讯问。在一些疑难、复杂案件或共同犯罪案件中，部分被告人为推脱罪责，在法庭审判时可能会推翻审查起诉阶段甚至侦查阶段的供述。这时直接讯问根本达不到讯问的效果和目的。有经验的公诉人在庭审讯问时并不直接抛出需要查证的材料，而是从侧面发问，先从外围和一些表面看上去并不重要的次要问题甚至无关紧要的问题入手，以消除被告人的对立情绪和戒备心理，然后步步推进，堵死被告人的退路，使其不能自圆其说，并适时向法庭出示有关证据，让被告人的虚假口供在法庭上暴露无遗，迫使其最终如实陈述。请看下面关于贩卖假币案的一段讯问对话：

公诉人：你去茶馆做什么？
被告人：我去茶馆看哥哥张某某，好长时间没见了，很是想念，和买卖假币没关系。
公诉人：你怎么知道你哥哥来了呢？
被告人：是刘某某、李某某跟我说的。
公诉人：你去看你哥哥为什么带着"老杨"？
被告人：……（沉默不语）
公诉人：老杨认识你哥张某某吗？
被告人：不认识。
公诉人：老杨去干什么？
被告人：买卖假币吧。
公诉人：你说你没有参与，没有你，老杨与你哥素不相识，怎么能找到你哥呢？
被告人：……（沉默不语）

在上述买卖假币案的庭审讯问中，被告人突然翻供，否认带老杨去宾馆找哥哥张某某接头买假币。公诉人接过这个话题，从细节入手讯问，使得被告人最终如实交代了帮助买卖假币的事实，达到了预期效果。

此外，在法庭审理过程中，公诉人的讯问方法还包括以其之矛攻其之盾的矛盾攻击法、先外围后核心的迂回包抄法、对质询问等不同的讯问方法，公诉人应根据庭审实际情况灵活运用。

根据《检察机关文明用语规则》，再列举一些庭审常用的规范的公诉人语言表述：

例1:"审判长,本案的有关证据已全部出示完毕。以上证据足以证实起诉书所指控的犯罪事实和情节,请法庭充分考虑并依法采纳。"

例2:"被告人×××,公诉人现就起诉书指控的犯罪事实(就以下问题)对你进行讯问。根据我国法律规定,你应当如实回答,听清楚了吗?"

例3:"审判长,鉴于被告人×××不如实供述犯罪事实,公诉人要求传唤同案被告人×××(或证人×××)到庭对质。"

例4:"审判长,经当庭对质,被告人的辩解理由不能成立,请法庭不予采信。"

例5:"公诉人认真听取了被告人×××及其辩护人的辩护意见,归纳起来,主要有以下×点,现分别答辩如下。"

例6:"审判长,对上一轮答辩的×观点,为了使法庭对此有更加全面的了解,公诉人特作如下补充发言。"

例7:"公诉人对本案有关意见均已作出答辩,答辩意见全部发表完毕。"

例8:"鉴于……根据我国法律规定,公诉人提请法庭休庭,待相关事实查清后再开庭审理。"

三、辩护人的庭审语言规范

刑事庭审中担任被告人的辩护人一般被称为辩护律师,"辩"是律师展开辩护的基本和主要的手段。辩护律师出庭的目的是说服法官作出有利于己方当事人的裁判,即在法律许可的范围内最大限度地维护当事人的利益,赢得诉讼。职业场合、对象等的特殊性,以及作为律师特有的思维方式,使得辩护律师在语言运用上要遵守其独特的规范和表达要求。

关于辩护律师如何说服裁判者而赢得诉讼,英美国家归纳总结的一些庭审技巧包括语言的运用值得借鉴。随着程序正义观念的进一步普及,我国诉讼模式虽不同于英美诉讼模式,但庭审语言规范与技巧对诉讼结果的影响会日益凸显。对于辩护律师如何说服裁判者以便赢得诉讼,美国学者R.阿龙、J.法斯特和R.克莱因在《审判交际技巧》一书中归纳了14个成功的要素和8个导致失败的因素。其中,成功的要素为:①可信度。②吸引力。③对事实、法律和先例的掌握。④有力而且容易理解的、用短句表达的意思。⑤充分准备的论据(周密的调查、对证人和真实证据的细致准备、精心拟制的陈述提纲)。⑥朴实的语言和常识。⑦陈述案情的两方面:有创意、有悬念。⑧合理分布最好的证人和最重要的事实,做到每次开庭开头能打动人,结尾让人难以忘怀。⑨陈述那些不仅能证明你对案子的说法,还能吸引法庭注意的有力证据。⑩陈述有创意的辅助证据,帮助法庭更好地理解案件中的问题。⑪开宗明义,不要含含糊糊、拐弯抹角。⑫不要背诵法庭演说词,而是准备一份提纲,反复预演(最好的即兴演说是有准备的演说)。⑬永远给法庭这样一个印象:你是在帮助做决定的人寻找案子公正合法的判决结果，而不是威胁上诉，推翻这个决定。⑭举止彬彬有礼，行动果断有力。导致失败的因素为：①总是在程序问题上对法官指手画脚。②不是驳斥对方的论据和观点，而是进行人身攻击。③无端地、一再地与对方律师、证人或者法官发生冲突。④没有任何法律依据就提出抗议。⑤盛气凌人，不可一世。⑥总想操纵别人。⑦满口"法言法语"。⑧动辄暗示要上诉。①

在我国现有诉讼模式下，有人民陪审员制度，但没有如英美国家的陪审团审判，法庭上的"对抗"特征没有英美法庭那么强烈及核心，因而庭审技巧不会直接影响裁判结果，但一些基本注意事项等可以借鉴。结合我国司法实践，以下介绍辩护律师的庭审语言规范。

（一）规范、恰当使用"法言法语"

口头辩论是庭审中辩护律师为己方当事人争取最大诉讼利益的基本手段，辩护律师的庭审发言应在法律约束的范围内，运用准确严谨的表达方式，表达的内容注意语言准确恰当，逻辑推理严密。这就要求律师应当准确规范地运用口头用语，口头用语具有规范性。这种规范性主要体现为辩论时要严格按照"法言法语"的法律含义进行清晰准确的适用，对于法律专业术语，可以把事实和法律合理结合起来恰当使用，在有助于语言准确表达的同时提高律师法庭辩论的严肃性和权威性。切不可误用法律专业术语，导致不必要的诉讼失利。

辩护律师在庭审的口头表达中，需要在坚持语言专业化的前提下，兼顾语言的通俗化。注意将"法言法语"与通俗语言有机结合，增强语言的表现力。这既有利于辩护律师与各方人员的有效沟通，也有利于辩护人在表达中语言更流畅清晰，意思表达更明白。但要注意的是，在必须使用规范性语言比如有关法律内容或法律概念的时候，绝不能随意使用通俗语言。

（二）辩论注重以理服人、避免诡辩

法庭是讲理的地方，法庭上应做到以理服人，注重逻辑思维，尊重法庭上所有人。优秀的律师是能言善辩之人，但绝非诡辩之人。法庭上，采用诡辩的手段只会适得其反，聪明反被聪明误。除了事实本身，要做到以理服人，应特别注重逻辑思维，在法庭辩论中莫不如此。

诡辩是法庭辩论中辩护律师应注意避免的一种辩论手段。在实践中，诡辩主要包括偷换概念、机械类比两种类型。下面举例来分别说明。

例1：公诉人：吴某在日记里曾多次记载要用各种手段从事流氓活动，可见他早已萌发了犯罪思想。

辩护人：公诉人不应该把日记上写的东西当作证据使用，我国刑法没有规定思想犯罪！

---

① 转引自廖美珍：《法庭语言技巧》，法律出版社，2016年，第172页。

公诉人：我所说的是犯罪思想，而不是思想犯罪，这是两个不同的概念。犯罪思想是指犯罪分子的主观心理状态，这是犯罪构成的一个方面，如果不考虑它就无法弄清楚其犯罪动机和目的，也就难以确定其犯罪是故意还是过失，我们怎能因废除思想犯罪而否定研究犯罪思想呢？

例2：某部队发生了一起盗窃枪支弹药案，罪犯盗窃了4支手枪、100多发子弹。辩护人在法庭辩论中说："被告人的行为不属于情节特别严重，因为4支手枪和100多发子弹不能说是'大量的'。一个兵工厂生产了4支手枪、100多发子弹，难道能说生产了大量的枪支弹药吗？"

上述两个示例中，例1辩护人偷换了公诉人提出的"犯罪思想"概念，偷换概念的特点在于"偷"，具有欺骗性和隐蔽性。其主要表现为利用一语多义扩大或缩小概念的内涵，将内涵与外延完全不同的概念生拉硬扯在一起并互相混淆等。本例中类似这样偷换概念的法庭辩论事实上对己方没有多少积极意义，反而容易引起法官的不满。

例2辩护人的这一段辩论词，显然是机械类比的诡辩，因为兵工厂的生产与罪犯的盗窃是性质根本不同的两类事物，而不同性质的事物是不宜类比的。机械类比是以对象间的偶然相同或相似作论据，或将仅是表面上有些相似而实质上完全不同的两类对象进行类比，从而推出一个荒谬的结论。法庭辩论中，合理类比是允许的，而且可以起到很好的效果。但为了掩盖其谬论，采用生拉硬扯的机械类比手法，就属于诡辩的范畴，法庭辩论中只会适得其反。

（三）适度地以情感人

法庭辩论除了以理服人，还应懂得以情感人，切忌恶语伤人。即便是犯罪行为，往往也都事出有因，应当承担相应的法律后果，也会引起人们道德和情感上的评价。法官在审理过程中与诉讼双方当事人一样，伴随着复杂的心理和情感变化。辩护律师应当善于用语言去感动法官，从而使法官站在己方的立场上最大限度地运用自由裁量权。

有很多优秀的律师非常善于使用情感语言，取得了很好的法庭效果。比如，在被社会广泛关注的"北京小商贩杀死城管副队长"一案中，北京市某律师事务所夏律师发表的如下辩护词以情感人，取得了在有着浓厚的"杀人偿命"传统观念的社会背景下法院判处被告人死缓的良好效果。下面为这位辩护律师的发言：

我受本案被告人崔某的委托，承担法律援助义务，担任崔某的辩护人。在发表辩词前，请允许我对受害人李某的不幸遇难表示哀悼。无论现行的城市管理制度是多么的不近情理，李某都不应该为此付出生命的代价。如果李某的家属今天在场，也请你们能够接受我作为辩方律师的诚恳致歉……

尊敬的法官，贩夫走卒、引车卖浆，是古已有之的正当职业。我的当事人来到城市，被生活所迫，从事这样一份卑微贫贱的工作，生活窘困，收入微薄。但他始终善良纯朴，无论这个社会怎样伤害他，他没有偷盗没有抢劫，没有以伤害他人的方式生存。我在法庭上庄严地向各位发问，当一个人赖以谋生的饭碗被打碎，被逼上走投无路的绝境时，将心比心，你们会不会比我的当事人更加冷静和忍耐？

　　我的当事人崔某，一直是孝顺的孩子、守法的良民，在部队是优秀的军人。他和他的战友们一直在为我们的国家默默付出；当他脱下军装走出军营，未被安置工作时也没有抱怨过这个社会对他的不公。这个国家像崔某一样在默默讨生活的复员军人何止千万，他们同样在关注崔某的命运，关注着本案的结果。

　　法谚有云：立良法于天下者，则天下治。尊敬的法官，我们的法律、我们的城市管理制度究竟是要使我们的公民更幸福还是要使他们更困苦？我们作为法律人的使命是要使这个社会更和谐还是要使它更惨烈？我们已经失去了李某，是否还要失去崔某？

　　上述辩护实例中的辩护律师处理得非常得体、得当，以情感人，取得很好的法庭辩护效果。但必须明确的是，在法庭上，以情感人需要把握一定的度，明确理与情的主次关系，永远应在事实、证据、法律的基础上，加上情感的适度表达才可能取得好的辩护效果。在法庭上，案件事实、证据、法律才是制胜的根本，离开了案件事实、证据与法律规定本身，过分地煽情，可能只会适得其反。

第四章　刑事模拟第一审普通程序庭审操作规程及案例演示

根据我国 2018 年 10 月 26 日全国人大常委会通过并于 2018 年 10 月 26 日生效施行的新修正的《中华人民共和国刑事诉讼法》、2017 年 12 月 28 日最高人民法院发布的"三规程"(《人民法院办理刑事案件庭前会议规程（试行）》《人民法院办理刑事案件排除非法证据规程（试行）》和《人民法院办理刑事案件第一审普通程序法庭调查规程（试行）》)，刑事第一审普通程序是指在被告人和其他诉讼参与人的参加下，调查核实证据，查清案件事实，充分听取控辩双方对证据、案件事实和法律适用的意见，依法确定被告人的行为是否构成犯罪，应否受到刑事处罚以及给予何种处罚的诉讼活动。

根据《中华人民共和国刑事诉讼法》的规定，法庭审判程序大致可分为开庭、法庭调查、法庭辩论、被告人最后陈述、评议和宣判五个步骤。[①] 其中开庭阶段包括开庭前准备和开庭两个步骤。

为了更直观、详细地展示控、辩、审各方及其他诉讼参与人在庭审各阶段的具体规范表现，本教材对庭审程序分阶段进行讲解，同时结合所选取的教学案例演示刑事公诉案件第一审程序中庭审的规范流程。

第一节　开庭

一、开庭前准备

开庭是正式进行法庭审判前的准备阶段。开庭审理前，书记员应依法做好下列工作：①查明公诉人、当事人、证人及其他诉讼参与人是否到庭。②宣读法庭规则。③请公诉人、辩护人入庭。④请审判长、审判员或陪审员入庭。⑤审判人员就座后，当庭向审判长报告开庭前的准备工作已经就绪。在审判人员入庭时，请全体人员起立，以示法庭之威严。

[①] 陈光中：《刑事诉讼法》（第 5 版），高等教育出版社，2013 年，第 339 页。

二、宣告开庭的程序和内容

审判长在书记员报告后宣布开庭。依据《中华人民共和国刑事诉讼法》第一百八十五条的规定，审判长宣告开庭的具体程序和内容包括：

（1）宣布开庭并传被告人到庭。被告人到庭后，应当查明被告人的下列情况：①姓名、出生年月日、民族、出生地、文化程度、职业、住址，或者单位名称、住所地，诉讼代表人的姓名、职务。②是否曾受到过法律处分及处分的种类、时间。③是否被采取强制措施及强制措施的种类、时间。④收到人民检察院起诉书副本的日期；附带民事诉讼的，附带民事诉讼被告人收到附带民事诉状的日期。

（2）宣布案件的来源，起诉的案由，附带民事诉讼原告人和被告人的姓名（名称）及是否公开审理。对于不公开审理的案件，应当当庭宣布不公开审理的理由。依法不公开审理的案件，不得允许任何公民包括与审理该案无关的法院工作人员和被告人的近亲属旁听。

（3）宣布合议庭组成人员、书记员、公诉人、辩护人、鉴定人和翻译人员的名单。

（4）审判长应当告知当事人、法定代理人在法庭审理过程中依法享有下列诉讼权利：①可以申请合议庭组成人员、书记员、公诉人、鉴定人和翻译人员回避。②被告人可以自行辩护和依法委托他人辩护。③当事人和辩护人在法庭审理的过程中，可以提出证明被告人无罪、罪轻、从轻或减轻处罚的证据，申请通知新的证人到庭，调取新的证据，申请重新鉴定或勘验、检查。④当事人和辩护人可以申请审判长对证人、鉴定人发问或者请求审判长许可直接发问。⑤经审判长允许，当事人和辩护人、诉讼代理人有权同对方对证据和案件情况发表意见和互相辩论。⑥被告人可以在法庭辩论终结后作最后的陈述。

在实际庭审工作中，审判长告知上述权利，一般可以在开庭阶段集中告知，也可以依照法庭审理顺序分别告知，两种告知方法均可。但要注意的是，对于共同犯罪的案件，应在开庭阶段将各被告人同时传唤到庭，查明身份及基本情况后，集中告知，以便提高庭审效率，节省开庭时间。

（5）分别询问当事人、法定代理人是否申请回避，申请何人回避和申请回避的理由。如果当事人、法定代理人申请回避的，法院应当根据《中华人民共和国刑事诉讼法》和司法解释有关回避的规定处理：认为符合回避法定情形的，应当回避；认为不符合法定情形的，应当当庭驳回，继续法庭审理。如果申请回避人当庭申请复议，合议庭应当宣布休庭，待作出复议决定后，决定是否继续开庭审理。同意或驳回回避申请的决定及复议决定，由审判长宣布，并说明理由。

三、开庭阶段模拟的注意事项

（1）书记员应提前到达法庭，做好各项开庭前的准备工作。

（2）审判长在宣布开庭前，应敲法槌。

（3）为了避免因回避申请需暂时休庭且由法院院长、检察院检察长进行处理的情形，保证模拟审判实验过程顺利进行，在下面的教学案例中假定审判长由院长担任，公诉人由检察长担任。

结合模拟审判被告人严凯、杜雪艳[①]抢劫案进行讲解：

简要介绍案情：2016年11月8日，被告人严凯、杜雪艳在珠溪市和平区合租的房子里商议抢钱。二被告人当晚6时30分许在珠溪市和平区天华公共汽车站附近寻找目标，被告人严凯发现一女子（被害人郑英）手拎着包，便跟踪至水泥厂家属楼下，朝被害人郑英头后击打了一下，抢走了价值人民币2400元的手机一部和手提包一个。被告人杜雪艳见被告人严凯抢到物品后，与他一起逃离现场。案发后手机被追回返还被害人，其他财物被挥霍。

审级：第一审
开庭时间：2017年2月8日
开庭地点：珠溪市和平区人民法院第一法庭
是否公开审理：公开

开庭前准备阶段

值庭法警进入法庭，引导旁听人员就位，要求审判区无关人员离开，确保法庭秩序良好。待书记员进入法庭后，站立就位。

（书记员就位）（书记员必须提前到庭，至少要在开庭十五分钟前到庭，检查审判区、旁听区是否符合要求，查明公诉人、当事人、证人及其他诉讼参与人是否已经到庭，被告人是否已押解至候审室，法警是否已经准备就绪）

书记员伍彦霖：请肃静！请公诉人、辩护人入庭（公诉人、辩护人分别入庭）。

（各人员就位）

书记员伍彦霖：现在宣布法庭规则。根据《中华人民共和国法院法庭规则》和《中华人民共和国刑事诉讼法》相关规定，全体人员在庭审活动中应遵守下列规则：

(1) 诉讼参与人应当遵守法庭规则，维护法庭秩序，不得喧哗、吵闹。
(2) 诉讼参与人在开庭审判期间的发言、陈述和辩论，必须经审判长许可。
(3) 未经许可，不得录音、录像和摄影。
(4) 法庭内不得吸烟，不得随意走动和进入审判区。
(5) 法庭内禁止使用移动电话。
(6) 法庭审理过程中，旁听群众不得发言、提问，不得鼓掌、喧哗、吵闹和进行其他妨碍审判活动的行为。
(7) 未经许可，未成年人不得进入法庭。对于违反法庭纪律的旁听人员，审判长可以口头警告、训诫、责令退出法庭或者经院长批准予以罚款、拘留，对严重扰乱法庭秩序的人，依法追究刑事责任。

书记员伍彦霖：请全体起立（起立完毕）。请审判长、审判员入庭（审判长和2名

[①] 本书案例中的人名、地名、文书编号、日期等均属虚构，如有雷同，纯属巧合。

审判员入庭，坐定）。请全体坐下。

书记员伍彦霖：（转身面向审判长）报告审判长，本案的公诉人、辩护人已到庭，被告人已提到候审，开庭工作经准备就绪，可以开庭。

开庭阶段

审判长胡铁雷：珠溪市和平区人民法院刑事审判庭现在开庭（敲法槌）。传被告人到庭（1 名法警到书记员处拿传票，到庭外传被告人。4 名法警带 2 名被告人到庭。法警入被告人席位）。

审判长胡铁雷：被告人严凯，你还有其他名字吗？

被告人严凯：没有。

审判长胡铁雷：有没有绰号、外号或昵称？

被告人严凯：没有。

审判长胡铁雷：出生年月日？

被告人严凯：1984 年 9 月 13 日。

审判长胡铁雷：民族？

被告人严凯：汉族。

审判长胡铁雷：职业？

被告人严凯：无职业。

审判长胡铁雷：文化程度？

被告人严凯：初中毕业。

审判长胡铁雷：家庭住址？

被告人严凯：珠溪市和平区太平镇瓦子村 153 号。

审判长胡铁雷：什么时间、因为什么受过何种法律处分？

被告人严凯：没有受过任何法律处分。

审判长胡铁雷：因为什么何时被拘留的，何时被逮捕？

被告人严凯：2016 年 11 月 18 日因涉嫌抢劫被拘留，同年 11 月 25 日因涉嫌犯抢劫罪被逮捕。

审判长胡铁雷：珠溪市和平区人民检察院起诉书副本你收到没有？什么时间收到的？

被告人严凯：收到了，10 天前收到的。

审判长胡铁雷：你是否在开庭 3 日前收到了开庭传票？

被告人严凯：收到了。

审判长胡铁雷：被告人杜雪艳，你还有其他的名字吗？

被告人杜雪艳：没有。

审判长胡铁雷：有没有绰号、外号或昵称？

被告人杜雪艳：没有。

审判长胡铁雷：出生年月日？

被告人杜雪艳：1985 年 2 月 13 日。

审判长胡铁雷：职业？

被告人杜雪艳：无业。

审判长胡铁雷：文化程度？

被告人杜雪艳：初中毕业。

审判长胡铁雷：什么时间、因为什么受过何种法律处分？

被告人杜雪艳：没有。

审判长胡铁雷：因为什么何时被拘留的，何时被逮捕？

被告人杜雪艳：2016年11月18日因涉嫌抢劫被拘留，同年11月25日因涉嫌犯抢劫罪被逮捕。

审判长胡铁雷：珠溪市和平区人民检察院起诉书副本你收到没有？什么时间收到的？

被告人杜雪艳：收到了。10天前收到的。

审判长胡铁雷：你是否在开庭3日前收到了开庭传票？

被告人杜雪艳：收到了。

审判长胡铁雷：根据《中华人民共和国刑事诉讼法》第一百七十八条和第一百八十三条的规定，本院今天依法公开审理珠溪市和平区人民检察院提起公诉的严凯、杜雪艳抢劫一案。

审判长胡铁雷：现在宣布合议庭组成人员、书记员、公诉人、辩护人名单。根据《中华人民共和国刑事诉讼法》第一百五十四条的规定，本庭由珠溪市和平区人民法院审判员胡铁雷担任审判长，与审判员王宇、审判员赵益组成合议庭，书记员伍彦霖担任本案的法庭记录。珠溪市和平区人民检察院指派检察官罗靖义出庭支持公诉。珠溪市衡平律师事务所律师蒲军出庭为被告人严凯辩护。珠溪市跃华律师事务所律师陈仪出庭为被告人杜雪艳辩护。

审判长胡铁雷：根据《中华人民共和国刑事诉讼法》第二十八条、第二十九条、第三十一条的规定，当事人有申请回避的权利。如果你认为刚才宣布的合议庭组成人员、书记员、公诉人不能公正处理本案，可以要求更换其中人员。

审判长胡铁雷：被告人严凯，你听清楚了吗？你是否申请回避？

被告人严凯：听清楚了，不申请回避。

审判长胡铁雷：被告人杜雪艳，你听清楚了吗？你是否申请回避？

被告人杜雪艳：不申请。

审判长胡铁雷：根据《中华人民共和国刑事诉讼法》第三十二条的规定，被告人享有辩护的权利。被告人可以自行辩护，也可以委托辩护人辩护。根据《中华人民共和国刑事诉讼法》第一百九十二条的规定，在法庭审理过程中，被告人还有权申请通知新的证人到庭，调取新的证据，申请重新鉴定或者勘验。根据《中华人民共和国刑事诉讼法》第一百九十三条规定，被告人享有最后陈述的权利。

审判长胡铁雷：被告人严凯，以上权利你听清楚了吗？

被告人林伟：听清楚了。

审判长胡铁雷：被告人杜雪艳，以上权利你听清楚了吗？

被告人杜雪艳：听清楚了。

第二节 法庭调查

一、法庭调查的概念

法庭调查是在审判人员主持下,控辩双方和其他诉讼参与人的参加下,当庭对案件事实和证据进行审查、核实的诉讼活动。其任务是查明案件事实、核实证据。

法庭调查是法庭审判的一个中心环节。我国刑事诉讼法规定所有证据都必须在法庭上调查核实后才能作为定案根据,能否正确认定案件事实,能否正确定罪量刑,都要以经过法庭调查程序并核实的证据为基础,凡是没有经过法庭调查的证据,不能作为定案的根据。裁判结果的正确与否,案件的质量如何,直接取决于法庭调查的成败。

法庭调查是审判人员认识案情的一个必经阶段,是审判人员对案件定性判决的基础工作,审判人员要从双方的举证与辩论之中,分清是非,查明真相。从辩证唯物主义的认识来讲,它是审判人员正确认识案情、查明事实真相的一个必经阶段;从诉讼程序来讲,它是完成刑事诉讼任务,贯彻各项诉讼原则和制度,认定案件事实的法定程序。尤其是经过修正的刑事诉讼法所确立的审判方式,对庭前审查程序相对弱化,改变了过去那种周密而又详细的庭前实体审查,强化了法庭审理程序。因此,我们认为,我国的法庭调查是科学的认识论与法律性的高度统一。

二、法庭调查的范围

法庭调查的范围是人民检察院起诉书所指控的被告人的犯罪事实和证明被告人有罪、无罪、罪重、罪轻的各种证据。起诉书指控的被告人的犯罪事实为两起以上的,一般应当就每一起事实分别进行法庭调查。

三、法庭调查的具体步骤及程序

根据《中华人民共和国刑事诉讼法》第一百九十一条至第一百九十七条、《最高人民法院关于适用〈中华人民共和国刑事诉讼法〉的解释》第一百九十五条至第二百二十七条和最高人民法院《法庭调查规程》第六条规定,法庭调查的具体步骤和程序如下:

(一)公诉人宣读起诉书

审判长宣布法庭调查开始后,首先要在审判人员的主持下,由公诉人宣读起诉书;有附带民事诉讼的,再由附带民事诉讼的原告人或者其诉讼代理人宣读附带民事诉状。没有起诉,就没有审判,因此宣读起诉书是法庭审理的必经程序。宣读起诉书是人民检察院当庭向人民法院指控被告人犯罪,需要追究刑事责任,要求法庭依法予以惩罚。起诉书是法院审判的合法依据,是法庭审判的基础,法庭对案件的审判只限于起诉的内容和范围,而不能超过起诉书的范围别求他罪。如果法院未经人民检察院起诉而径行审判,其行为违背控审分离原则,也违背了我国刑事诉讼法规定的诉讼程序。同时,宣读起诉书有利于其他诉讼参与人和旁听群众了解检察机关究竟对被告人提出了什么指控,有利于他们监督庭审活动,并起到法制宣传教育的作用。

(二) 被告人、被害人陈述

在审判长主持下,被告人、被害人可以就起诉书指控的犯罪事实分别进行陈述。由双方当事人分别就起诉书指控的犯罪事实进行有针对性的陈述,有利于揭示事实真相。

《中华人民共和国刑事诉讼法》第一百九十一条规定:"公诉人在法庭上宣读起诉书后,被告人、被害人可以就起诉书指控的犯罪进行陈述,公诉人可以讯问被告人。被害人、附带民事诉讼的原告人和辩护人、诉讼代理人,经审判长许可,可以向被告人发问。审判人员可以讯问被告人。"该规定确立了我国审判方式改革的重要内容,改变了过去那种由审判长自始至终包揽审问的做法,确立了先由双方陈述,公诉人讯问,再由被害人和其他诉讼参与人发问,审判人员可以讯问被告人。其中审判人员的讯问是建立在双方陈述、双方讯问、发问的基础上,在双方发问不清或者审判人员认为有必要的时候,审判人员可以直接讯问被告人或者直接向被害人和附带民事诉讼的原告人发问。

被告人、被害人的陈述应针对起诉书指控的犯罪事实进行。被告人如果承认起诉书指控犯罪,应让他陈述犯罪事实主要内容;被告人如果否认起诉书指控的犯罪,应允许他陈述辩解意见。被告人陈述之后,应允许被害人就起诉书指控的犯罪事实及自己受害的经过进行陈述。

(三) 讯问、发问被告人

修正后的我国刑事诉讼法吸收英美法系当事人主义做法,强化了公诉人在法庭上的控诉职责,加强了控辩双方的对抗,由审判人员讯问被告人改为由公诉人讯问被告人。

被告人、被害人分别就起诉书指控的犯罪事实进行有针对性的陈述后,在审判长的主持下,公诉人可以就起诉书中指控的犯罪事实讯问被告人。

法庭调查由审判长主持,控辩双方讯问、发问必须经审判长许可。审判长对于控辩双方讯问、发问的内容与本案无关或者讯问、发问的方式不当的,应当制止。对于控辩双方认为对方讯问或者发问的内容与本案无关或者讯问、发问的方式不当并提出异议的,审判长应当判明情况予以支持或者驳回。讯问、发问被告人按如下顺序依次进行。

1. 公诉人讯问

被告人陈述后,公诉人可以就起诉书指控的犯罪事实讯问被告人。被告人在陈述时承认起诉书指控犯罪的,公诉人应围绕以下事实进行讯问:①实施犯罪行为的时间、地点、方法、手段、结果,犯罪后的表现等。②犯罪集团或者其他共同犯罪案件中参与犯罪人员的各自地位和应负的责任。③被告人有无责任能力,有无故意或者过失,行为的动机、目的。④有无依法不应当追究刑事责任的情况,有无法定的从重或者从轻、减轻以及免除处罚的情节。⑤犯罪对象、作案工具的主要特征，与犯罪有关的财物的来源、数量以及去向。⑥与定罪量刑有关的其他事实。公诉人应通过讯问被告人，揭露、证实犯罪，支持其指控，力争使审判人员对其指控的犯罪事实清楚明了，采纳其指控意见。如果被告人全部或者部分否认起诉书指控的犯罪事实，应当讯问其否认的根据和理由。

2. 被害人及其诉讼代理人、附带民事诉讼的原告人及其法定代理人或者诉讼代理人发问

公诉人对被告人讯问后，被害人及其诉讼代理人经审判长许可，可以就公诉人讯问的情况进行补充性发问；附带民事诉讼的原告人及其法定代理人或者诉讼代理人经审判长许可，可以就附带民事诉讼部分的事实向被告人发问。

被害人作为犯罪行为的直接受害者，他们及其诉讼代理人对被告人的发问能够补充公诉人的讯问，当庭揭露被告人的虚假陈述，增强控诉力度。附带民事诉讼的原告人及其法定代理人或者诉讼代理人就附带民事诉讼部分的事实向被告人发问，可以证实被告人的犯罪行为给附带民事诉讼原告人造成的物质损失和应承担的赔偿责任。

3. 辩护人发问

经审判长准许，被告人的辩护人及法定代理人或者诉讼代理人可以在控诉一方就某一具体问题讯问完毕后向被告人发问。

辩护人由于要履行辩护职能，可以通过向被告人发问，向法庭揭示有利于被告人的事实、情节和证据，以维护被告人的合法权益。

此后，控辩双方经审判长准许，可以向被害人、附带民事诉讼原告人发问。

4. 审判人员讯问

在我国，审判人员在法庭上不是消极的仲裁者，经过控辩双方讯问、发问被告人后认为有必要时，也可以讯问被告人。

审判长在主持讯问、发问时，必须注意以下几点：①起诉书指控的被告人的犯罪事实为两起以上的，一般应当就每一起犯罪事实分别进行法庭调查讯问。②对于共同犯罪案件中的被告人，应当分别进行讯问，合议庭认为必要时，可以传唤共同被告人同时到庭对质。③审判长对于控辩双方讯问、发问被告人、被害人和附带民事诉讼原告人、被告人的内容与本案无关或者讯问、发问的方式不当的，应当制止。④对于控辩双方认为对方讯问或者发问的内容与本案无关或者讯问、发问的方式不当并提出异议的，审判长应当判明情况予以支持或者驳回。⑤审判人员可以讯问被告人，必要时，可以向被害人、附带民事诉讼当事人发问。

（四）举证、质证

按照2018年《中华人民共和国刑事诉讼法》第五十条的规定，证据只有经过当庭质证才能成为定案的根据。因此，在讯问、发问被告人以后，应当当庭核查各种证据。根据控诉方负举证责任的证明理论，公诉人对每一项指控的犯罪事实都应向法庭举证。

核查证据从控方向法庭举证开始。对指控的每一起案件事实，经审判长准许，公诉人可以提请审判长传唤证人、鉴定人和勘验、检查笔录制作人出庭作证，或者出示证

据，宣读未到庭的被害人、证人、鉴定人和勘验、检查笔录制作人的书面陈述、证言、鉴定结论及勘验、检查笔录；被害人及其诉讼代理人和附带民事诉讼的原告人及其诉讼代理人经审判长准许，也可以分别提请传唤尚未出庭作证的证人、鉴定人和勘验、检查笔录制作人出庭作证，或者出示公诉人未出示的证据，宣读未宣读的书面证人证言、鉴定结论及勘验、检查笔录。

被告人、辩护人、法定代理人经审判长准许，可以在起诉一方举证提供证据后，分别提请传唤证人、鉴定人出庭作证，或者出示证据，宣读未到庭的证人的书面证言、鉴定人的鉴定结论。

控辩双方要求证人出庭作证，向法庭出示物证、书证、视听资料等证据，应当向审判长说明拟证明的事实，审判长同意的，即传唤证人或者准许出示证据；审判长认为与案件无关或者明显重复、不必要的证据，可以不予准许。

当庭出示的证据、宣读的证人证言、鉴定结论和勘验、检查笔录等，在出示、宣读后，应当庭将原件移交法庭。对于确实无法当庭移交的，应当要求出示、宣读证据的一方在休庭后3日内移交。

举证、质证的程序如下：

1. 询问证人、鉴定人和勘验、检查笔录制作人

证人、鉴定人和勘验、检查笔录制作人出庭提供证言对查明案情、公正定案具有十分重要的意义。根据刑事诉讼法的规定，证人证言、鉴定结论及勘验、检查笔录要在法庭上经过控辩双人方的讯问、质证后，才能作为定案的根据。因此，询问证人、鉴定人和勘验、检查笔录制作人是法庭调查阶段的必经程序。

修正后的刑事诉讼法加强了对证人证言、鉴定意见的质证，强调控辩双方在法庭上的对抗，要求法庭调查中证人应当出庭作证，接受控辩双方的交叉询问。为了保证审判公正，应辨别证人证言、鉴定意见之真伪。《中华人民共和国刑事诉讼法》第一百九十二条规定："公诉人、当事人或者辩护人、诉讼代理人对证人证言有异议，且该证人证言对案件定罪量刑有重大影响，人民法院认为证人有必要出庭作证的，证人应当出庭作证。人民警察就其执行职务时目击的犯罪情况作为证人出庭作证，适用前款规定。公诉人、当事人或者辩护人、诉讼代理人对鉴定意见有异议，人民法院认为鉴定人有必要出庭的，鉴定人应当出庭作证。经人民法院通知，鉴定人拒不出庭作证的，鉴定意见不得作为定案的根据。"第一百九十三条规定："经人民法院通知，证人没有正当理由不出庭作证的，人民法院可以强制其到庭，但是被告人的配偶、父母、子女除外的证人没有正当理由拒绝出庭或者出庭后拒绝作证的，予以训诫，情节严重的，经院长批准，处以10日以下的拘留。被处罚人对拘留决定不服的，可以向上一级人民法院申请复议。复议期间不停止执行。"

根据《最高人民法院关于适用〈中华人民共和国刑事诉讼法〉的解释》第二百零六条规定，符合下列情形，经人民法院准许的，证人可以不出庭作证：①在庭审期间身患严重疾病或者行动极为不便的。②居所远离开庭地点且交通极为不便的。③身处国外短期无法回国的。④有其他客观原因，确实无法出庭的。具有前款规定情形的，可以通过视频等方式作证。

证人、鉴定人到庭后，审判人员应当首先核实证人、鉴定人的身份，与当事人以及本案的关系，告知证人、鉴定人应当如实提供证言、鉴定意见和有意作伪证或者隐匿罪证或者有意作假鉴定要负的法律责任。证人、鉴定人作证或者说明鉴定意见前应当在如实作证或者如实说明鉴定意见的保证书上签字。这些工作完成之后证人、鉴定人向法庭提供证言。

证人在法庭上作证，必须接受控辩双方的询问。公诉人、当事人和辩护人、诉讼代理人经审判长许可，可以对证人发问。向证人发问，应当先由申请传唤的一方进行；发问完毕后，对方经审判长准许，也可以发问。对于控辩双方出庭证人作证，在双方进行主询问和发问的过程中，审判人员可根据案件证明的需要，对证人进行询问。审判人员的询问不受双方询问的限制。

对于控方证人，公诉人询问时，要查明证人的基本情况，让证人就其了解的情况进行全面、充分的陈述，最后再根据案件的需要向他提问。被告人和辩护人经审判长许可，可以向控方证人发问，其发问的重点应针对被告人无罪、罪轻、从轻或免除被告人刑事责任的方面，提出问题，找出漏洞和矛盾，进行发问，为行使辩护权提供事实和证据。同时，法庭调查的过程中，当事人和辩护人有权提出证人，并可申请通知新的证人到庭。对于法庭同意到庭的证人，先由被告人、辩护人进行询问，然后经审判长允许再由公诉人询问，被害人及其诉讼代理人也可以发问。

询问证人、鉴定人应当遵循以下规则：①发问的内容应当与案件的事实相关。②不得以诱导方式提问。③不得威胁证人、鉴定人。④不得损害证人、鉴定人的人格尊严。

审判长对发问的内容与本案无关，或者发问方式不当的，应当制止。控辩双方认为对方发问的内容与本案无关，或者发问的方式不当时，都有权提出异议，审判长应当判明情况予以支持或者驳回。

鉴定人和勘验、检查笔录制作人应当出庭宣读鉴定结论和勘验、检查笔录并就有关鉴定、勘验、检查的各种问题接受控辩双方的询问，但经人民法院准许不出庭的除外。对鉴定人和勘验、检查笔录制作人的询问，适用以上询问证人的程序。

为避免证人、鉴定人之间相互影响，向证人和鉴定人发问应当分别进行。证人、鉴定人经控辩双方发问或者审判人员询问后，审判长应当告知其退庭。同时，为防止庭审对证人和鉴定人作证的影响，证人、鉴定人不得旁听对本案的审理。

2. 当庭出示、宣读、播放证据

公诉人、辩护人有物证、书证、视听资料等证据的，可向法庭出示、宣读、播放。《中华人民共和国刑事诉讼法》第一百九十五条规定："公诉人、辩护人应当向法庭出示物证，让当事人辨认，对未到庭的证人的证言笔录、鉴定人的鉴定结论、勘验笔录和其他作为证据的文书，应当当庭宣读。审判人员应当听取公诉人、当事人和辩护人、诉讼代理人的意见。"根据这一规定，出示物证和核实各种作为证据的书面材料依照以下程序进行：①公诉人、辩护人应当分别向法庭出示物证、视听资料等证据，先由提供证据的一方就所出示的证据的来源、特征等作必要的说明，然后让另一方进行辨认并发表意见。②双方出示的物证，都要经过对方当事人的辨认，即做出明确回答，是或者不是，并记录在案。③控辩双方可以互相质问、辩论。④对于不便和不能拿到法庭上出示的物证，例如汽车、各种家用电器、住宅等，应当向被告人出示原物的照片或投影。

对于未到庭证人的证言笔录、鉴定人的鉴定结论、勘验笔录和其他作为证据的文书，应在法庭上宣读。审判人员应当听取公诉人、当事人和勘验、检查笔录制作人、辩护人、诉讼代理人的意见。

当庭出示的证据，尚未移送人民法院的，应当在质证后将原件移交法庭。对于确实无法移交的，应当要求出示、宣读的一方在休庭后3日内移交。

对于公诉人在法庭上宣读、播放未到庭证人的证言，如果该证人提供过不同的证言，法庭应当要求公诉人将该证人的全部证言在休庭后3日内移交。

人民法院在审查这些证言材料时，发现与法庭调查认定的案件事实有重大出入，可能影响正确裁判的，应当决定恢复法庭调查。

3. 调取新的证据

《中华人民共和国刑事诉讼法》第一百九十七条规定：法庭审理过程中，当事人和辩护人、诉讼代理人有权申请通知新的证人到庭，调取新的物证，申请重新鉴定或者勘验。公诉人、当事人和辩护人、诉讼代理人可以申请法庭通知有专门知识的人出庭，就鉴定人作出的鉴定意见提出意见。法庭对于上述申请，应当作出是否同意的决定。第二款规定有专门知识的人出庭，适用鉴定人的有关规定。

在法庭调查的过程中，公诉人要求出示开庭前送交人民法院的证据目录以外的证据，辩护方提出异议的，审判长如认为该证据有出示的必要，可以准许出示。当事人和辩护人、诉讼代理人申请通知新的证人到庭，调取新的物证，申请重新鉴定或者勘验的，应当提供证人的姓名、证据的存放地点，说明所要证明的案件事实、要求重新鉴定或者勘验的理由。公诉人、当事人和辩护人、诉讼代理人申请法庭通知有专门知识的人出庭就鉴定人作出的鉴定意见提出意见的，也必须向法庭说明理由。审判人员根据具体情况，认为可能影响案件事实认定的，应当同意该申请，并宣布延期审理；不同意的，应当告知理由并继续审理。

4. 法庭调查核实证据

法庭审理过程中，合议庭对证据有疑问的，可以宣布休庭对证据进行调查核实。人民法院调查核实证据时，可以进行勘验、检查、查封、扣押、鉴定和查询、冻结。必要时，可以通知检察人员、辩护人到场。如果控辩双方对合议庭在调查核实证据过程中收集到的证据材料有异议，应当由控辩双方对之进行质证、辩论之后，才能作为定案的根据。

附带民事诉讼部分的调查，一般在刑事诉讼部分调查结束后进行，具体程序以民事诉讼法的有关规定进行。

在法庭审理过程中，人民法院可以向人民检察院调取需要调查核实的证据材料，或者根据辩护人、被告人的申请，向人民检察院调取在侦查、审查起诉中收集的有关被告人无罪和罪轻的证据材料，法庭作出决定后，应当通知人民检察院在收到调取证据材料决定书后3日内移交。

在案件审理过程中，合议庭发现被告人可能有自首、坦白、立功等法定量刑情节，而人民检察院移送的案件中没有相关证据材料的,应当通知人民检察院移送。审判期间,被告人提出新的立功线索的,人民法院可以建议人民检察院补充侦查。

合议庭认为本案事实已经调查清楚,应当由审判长宣布法庭调查结束,开始就全案事实、证据、适用法律等问题进行法庭辩论。

四、模拟法庭调查阶段的注意事项

(一) 法官应主导法庭调查重点

在法庭调查阶段,法官应主导调查重点。法庭调查的目的是要确定指控罪行是否有确实、充分的证据支持,因此法官应确保法庭调查围绕起诉书的指控犯罪事实进行,能准确确定法庭调查的范围和重点,抓住两个"事实":以"需要运用证据证明的事实"为基础,突出控辩双方争议的事实。"需要运用证据证明的事实"就是起诉书指控罪名的犯罪构成事实,即以被指控犯罪行为为中心的具体事实的调查核实,凡是与此无关的事实,不论控辩双方是否有争议,都不是法庭调查的重点;控辩双方争议的事实往往是法庭调查的重点,但也建立在必须属于"需要运用证据证明的事实"的基础上。

(二) 其他注意事项

(1) 公诉人宣读起诉书时,应该宣读起诉书的全部内容,包括起诉书的落款单位等,但该起诉书的附注部分不必宣读。

(2) 法庭调查阶段,先由公诉人举证,并接受诉讼各方的质证。在公诉人举证完毕后,被害人及其代理人、被告人及其辩护人可以向法庭提交证据。未经法庭调查并接受对方质证的证据,法院不得作为裁判的根据。

(3) 在向法庭举证时,可以一次举出一份证据,也可以一次举出一组证据。每举出一份或一组证据,都需要简洁明了地向法庭说明证据的种类、名称、来源、内容及证明目的。

(4) 讯问、询问需要遵守的规则:①起诉书指控被告人的犯罪事实为两起以上的,法庭调查时,一般应当就每一起犯罪事实分别进行讯问。②对于共同犯罪案件中的被告人,应当分别进行讯问,合议庭认为必要时,可以传唤共同被告人同时到庭对质。③控辩双方讯问或询问与本案无关的问题的,审判长应当制止。④控辩双方认为对方讯问或者询问的内容与本案无关,或者讯问、询问的方式不当并提出异议的,审判长应当根据情况予以支持或者驳回。

(5) 被告人当庭翻供的处理。实践中被告人有时会当庭推翻侦查阶段的有罪供述。在被告人翻供后,就公诉人而言,应当沉着冷静,通过宣读侦查阶段犯罪嫌疑人的口供笔录及提出其他证据予以证明。对此,《人民检察院刑事诉讼规则》第四百零三条第二款规定:"被告人在庭审中的陈述与在侦查、审查起诉中的供述不一致,足以影响定罪量刑的,可以宣读被告人供述笔录,并针对笔录中被告人的供述内容对被告人进行讯问,或者提出其他证据进行证明。"就法官而言,则应当通过讯问被告人了解翻供的真实原因；审查翻供的前后说法，查明前后供述的差别之处；变换角度反复讯问，审查翻供的内容与其他证据是否一致。

（6）询问证人需要遵守的规则：①询问的内容应当与案件事实有关。②不得以诱导方式提问。③不得威胁证人。④不得损害证人的人格尊严。这些规则也适用于对被告人、被害人、附带民事诉讼原告人和被告人、鉴定人的讯问或者询问。

（7）控辩双方针对对方违法讯问、询问提出异议的程序：①举手示意。②向审判长提出抗议，简洁地说明理由，如对方的询问是诱导性询问等。③合议庭当庭表态异议能否成立。

（8）合议庭对被告人、被害人及证人、鉴定人等的发问，只能在控辩双方讯问、询问完毕后才能进行。而且，这种发问是一种补充性发问。当然，为了查明事实真相，审判长、审判员、陪审员也应积极思考，在案件关键事实不清时，应当积极主动发问。

（9）所有在法庭上提交的实物证据及复制品，均需由法警当庭传递给对方查看、质证，然后再传给审判人员。实物证据原则上应当移交原物、原件。

结合模拟审判被告人严凯、杜雪艳抢劫案脚本进行讲解：

法庭调查阶段

审判长胡铁雷：下面开始法庭调查，在法庭调查过程中，控辩双方当事人的讯问和发问应当遵循以下原则：

（1）讯问和发问的内容应当与案件事实相关；
（2）禁止提出具有提示性或者诱导性倾向的问题；
（3）不得威胁当事人；
（4）不得损害当事人的人格尊严。

首先由公诉人宣读起诉书。

公诉人罗靖义：

珠溪市和平区人民检察院
起 诉 书

珠和检刑诉〔2017〕第 11 号

被告人严凯，男 1984 年 9 月 13 日出生，汉族，小学文化程度，珠溪市人，无业，住珠溪市和平太平镇瓦子村 153 号。2016 年 11 月 18 日因涉嫌抢劫被珠溪市和平区公安分局刑事拘留。同年 11 月 24 日经本院批准逮捕，次日由珠溪市和平区公安分局执行逮捕。现羁押于和平区看守所。

被告人杜雪艳，女，1985 年 2 月 13 日出生，汉族，小学文化程度，珠溪市人，无业，住京华和平太平镇瓦子村 38 号。2016 年 11 月 18 日因涉嫌抢劫被珠溪市和平区公安分局刑事拘留。同年 11 月 24 日经本院批准逮捕，次日由珠溪市和平区公安分局执行逮捕。现羁押于和平区看守所。

本案经珠溪市和平区公安分局侦查终结，以被告人严凯、杜雪艳涉嫌犯抢劫罪，于

2016年12月22日移送本院审查起诉。本院受理后,于法定期限内告知被告人有权委托辩护人,依法讯问了被告人,审查了全部案件材料。

经依法审查查明:

2016年11月8日,被告人严凯、杜雪艳在珠溪市和平区合租的房子里商议抢钱。二被告人当晚6时30分许在珠溪市和平区天华公共汽车站附近寻找目标,被告人严凯发现一女子(被害人郑英)手拎着包,便跟踪至纺织厂家属楼下,朝被害人郑英头后击打了一下,抢走了价值人民币2400元的手机一部和手提包一个。被告人杜雪艳见被告人严凯抢到物品后,与他一起逃离现场。案发后手机被追回返还被害人,其他财物被挥霍。

以上犯罪事实有被害人陈述、证人证言、物证为证,被告人已供认不讳,事实清楚,证据确实充分,足以认定。

本院认为,被告人严凯、杜雪艳无视国法,公然抢劫他人财物,其行为触犯了《中华人民共和国刑法》第二百六十三条之规定,犯罪事实清楚,证据确实充分,应当以抢劫罪追究其刑事责任。被告人杜雪艳具有《中华人民共和国刑法》第二十七规定情节,应当从轻、减轻处罚。本院依照《中华人民共和国刑事诉讼法》第一百四十一条之规定,特提起公诉,请依法判处。

此 致
珠溪市和平区人民法院

检察官 罗靖义

2017年1月17日

附件:1. 证人名单1份
　　　2. 证据目录1份
　　　3. 主要证据复印件1册

审判长胡铁雷:法警将被告人杜雪艳带出法庭候审。
(2名法警将杜雪艳带出法庭)
审判长胡铁雷:被告人严凯对公诉人宣读的起诉书是否听清楚了?
被告人严凯:听清楚了。
审判长胡铁雷:你对起诉书指控的犯罪事实是否有异议?
被告人严凯:没有异议。
审判长胡铁雷:你可以就起诉书指控的犯罪事实进行陈述。
被告人严凯:没什么要说的。
审判长胡铁雷:公诉人对被告人就起诉书指控的犯罪事实进行讯问。
公诉人罗靖义:被告人严凯,你陈述一下你的犯罪经过及与被告人杜雪艳是怎么商量的。
被告人严凯:2016年11月8日下午,我和杜雪艳在铁岭镇合租的房子内,我提议出去抢劫，不要伤害到对方。在晚上 6 点多，在和平区天华公共汽车站发现一个女的，我就跟着那个女的，杜雪艳在我后面。过了一会儿，杜雪艳劝我不要这样了，回家吧。我没听她的，就跟着那个女的把她的包和手机抢了。

公诉人罗靖义：你是否打被害人了？

被告人严凯：我只是拍了她一下，想分散她的注意力。

公诉人罗靖义：抢到手机和包以后，看到杜雪艳了吗？

被告人严凯：当时没看到，我跑了挺远以后看到了她，我们就一起跑回合租的房子里。

公诉人罗靖义：你手里拎的包杜雪艳看见了吗？

被告人严凯：看到了。

公诉人罗靖义：审判长，公诉人讯问到此。

审判长胡铁雷：被告人严凯的辩护人是否对被告人发问？

辩护人蒲军：是的。被告人严凯，你与杜雪艳去抢劫时身上带凶器了吗？

被告人严凯：没带，只是想抢点钱，不想伤害到对方。

辩护人蒲军：你是不是很用力地打了被害人？

被告人严凯：只是随意地拍了她一下。

辩护人蒲军：那女的是否晕倒？

被告人严凯：没有。

辩护人蒲军：她是否有喊声？

被告人严凯：没有。

辩护人蒲军：审判长，辩护人发问完毕。

审判长胡铁雷：被告人杜雪艳的辩护人是否发问？

辩护人陈仪：没有。

审判长胡铁雷：公诉人是否补充讯问？

公诉人罗靖义：没有。

审判长胡铁雷：法警，将被告人严凯带出法庭，将被告人杜雪艳带上法庭。

（2 名法警将被告人严凯带出法庭，2 名法警将被告人杜雪艳带上法庭）

审判长胡铁雷：被告人杜雪艳对公诉人宣读的起诉书是否听清楚了？

被告人杜雪艳：听清楚了。

审判长胡铁雷：你对起诉书指控的犯罪事实是否有异议？

被告人杜雪艳：没有异议。

审判长胡铁雷：你可以就起诉书中指控的犯罪事实进行陈述。

被告人杜雪艳：没有要说的。

审判长胡铁雷：公诉人可以就起诉书中指控的犯罪事实进行讯问。

公诉人罗靖义：被告人杜雪艳，你和严凯是什么时间商量抢劫的？

被告人杜雪艳：当天下午四五点钟。

公诉人罗靖义：是谁提议的？

被告人杜雪艳：严凯提议的。

公诉人罗靖义：你说一下事情的经过。

被告人杜雪艳：严凯当时说出去抢劫，我没有吱声，到了晚上严凯又说了一遍，我也没出声。到了6点多钟我就跟着严凯出去了，到了和平区天华公共汽车站，看到一个女的下车，严凯就在前面跟着，我在后面跟着。走了一会儿我跟严凯说咱别去了，严凯没出声继续跟着那个女的往前走。我就站在路旁不走了。过了一会儿，看到他回来了，他手里拿着个手机，没看到包。

公诉人罗靖义：抢的手机是怎么处理的？

被告人杜雪艳：自己用。

公诉人罗靖义：审判长，公诉人讯问到此。

审判长胡铁雷：被告人杜雪艳的辩护人是否对被告人发问？

辩护人陈仪：是的。严凯提议说去抢钱，你跟着去了吗？

被告人杜雪艳：去了。

辩护人陈仪：他实施抢劫时，你是否知道？

被告人杜雪艳：不知道。

辩护人陈仪：你去的目的是什么？

被告人杜雪艳：走到半道时我就不想去了，站在路旁不走了，后来他抢完以后，我们相遇，我就跟着他一起往回跑了。

辩护人陈仪：审判长，辩护人的发问完毕。

审判长胡铁雷：被告人严凯的辩护人是否发问？

辩护人蒲军：不发问。

审判长胡铁雷：被告人杜雪艳，当天晚间严凯在抢劫的时候，你在干什么？

被告人杜雪艳：我让他别去了，他不听，我就站在路旁不走了。过了一会儿，见到他回来了，他就让我往回跑，一起到了合租的房子里。

审判长胡铁雷：回去后你们说什么了吗？

被告人杜雪艳：我问他，你抢了？他说抢了，我没吱声。

审判长胡铁雷：他和你说他抢了什么了吗？

被告人杜雪艳：他说抢了一部手机和包，包里没什么东西。

审判长胡铁雷：公诉人是否补充发问？

公诉人罗靖义：没有。

审判长胡铁雷：法警，将被告人严凯带上法庭。

（2名法警将被告人严凯带上法庭）

审判长胡铁雷：严凯，你和杜雪艳在商量抢劫时她怎么表示的？

被告人严凯：她说抢点钱别伤害到对方。

审判长胡铁雷：你在实施抢钱过程中，杜雪艳在干什么？

被告人严凯：我没看到她，她离我挺远。

审判长胡铁雷：在你抢劫的途中，杜雪艳对你说了什么？

被告人严凯：他让我不要抢了，回去吧，我没听她的，我还跟着那个女的，这时杜雪艳去哪儿了我不知道。当我抢完回来时，在路上遇到杜雪艳。

审判长胡铁雷：杜雪艳，是这样吗？

被告人杜雪艳：是。

审判长胡铁雷：现在由公诉人就起诉书指控被告人严凯、杜雪艳犯抢劫罪向法庭提供证据，并说明证据的种类、来源及要证明的事实。

公诉人罗靖义：提请宣读刑事案件破案登记表，见预审卷第3页，用来证明案件的来源和破案的经过。

审判长胡铁雷：可以宣读。

公诉人罗靖义：2016年11月8日晚10点，接到被害人郑英的报案，声称自己被抢劫，于珠溪市和平区公安分局刑侦人员为其做了报案笔录，进行了现场勘查和伤情鉴定。通过对现场的走访、排查和群众举报，确定犯罪嫌疑人是严凯、杜雪艳，于11月18日将二人抓获归案。抓获被告人严凯时从其身上搜出一部手机。宣读完毕。

审判长胡铁雷：被告人严凯，你对此份证据听清楚了吗？

被告人严凯：听清楚了。

审判长胡铁雷：你对此份证据是否有意见？

被告人严凯：没有。

审判长胡铁雷：被告人杜雪艳，你对此份证据听清楚了吗？

被告人杜雪艳：听清楚了。

审判长胡铁雷：你对此份证据是否有意见？

被告人杜雪艳：没有。

审判长胡铁雷：被告人严凯的辩护人是否有意见？

辩护人蒲军：没有。

审判长胡铁雷：被告人杜雪艳的辩护人是否有意见？

辩护人陈仪：没有。

审判长胡铁雷：公诉人可以继续举证。

公诉人罗靖义：提请宣读对被害人郑英的询问笔录，见预审卷第4页至6页，用来证明被害人郑英确实被抢劫。

审判长胡铁雷：可以宣读。

公诉人罗靖义：珠溪市和平区公安分局刑事案件询问笔录：你叫什么名字？郑英。为什么报案？我被抢了。什么时候？就是刚才。在哪儿被抢的？在和平区天华公共汽车站附近。被抢了什么东西？一个手提包和一部手机。受伤了吗？我的后脑被打了一下。看清楚抢你的人了吗？没有。挨打后我就晕了，没看清。宣读完毕。

审判长胡铁雷：被告人严凯，你对此份证据听清楚了吗？

被告人严凯：听清楚了。

审判长胡铁雷：你对此份证据是否有意见？

被告人严凯：没有。

审判长胡铁雷：被告人杜雪艳，你对此份证据听清楚了吗？

被告人杜雪艳：听清楚了。

审判长胡铁雷：你对此份证据是否有意见？

被告人杜雪艳：没有。

审判长胡铁雷：被告人严凯的辩护人是否有意见？

辩护人蒲军：没有。

审判长胡铁雷：被告人杜雪艳的辩护人是否有意见？

辩护人陈仪：没有。

审判长胡铁雷：公诉人可以继续举证。

公诉人罗靖义：提请法庭传唤证人李四海出庭就抢劫案发经过作证。李四海已在庭外等候。

审判长胡铁雷：传证人李四海出庭。

（1名法警到书记员处拿传票，到庭外传证人出庭）

审判员赵益：李四海请向法庭陈述一下基本情况。

证人李四海：我叫李四海，32岁，家住本市和平区十柳街。

审判员赵益：今天，你对所知道的事实必须如实陈述，否则将承担法律责任。你听清楚了吗？

证人李四海：听清楚了。

审判员赵益：请证人在如实作证保证书上签字。

（如实作证保证书已放在证人席上，证人李四海在如实作证保证书签字）

审判员赵益：公诉人可以让证人作证了。

公诉人罗靖义：证人李四海，请你陈述一下案发时你看到的情况。

证人李四海：那是去年11月8日，那天晚上我下夜班往家走。正走到和平区天华公共汽车站附近，就看到一个人从后面打了另一个人，好像还抢了什么东西。后来抢东西的人就往我这边跑，跑得离我近了，我借着路灯才看清了他。

公诉人罗靖义：证人，请你辨认一下，被告席上的两个人，你见过吗？

证人李四海：（辨认）是那个男的，是他。

公诉人罗靖义：询问完毕。

审判员赵益：被告人严凯的辩护人是否对证人发问？

辩护人蒲军：没有。

审判员赵益：被告人杜雪艳的辩护人是否对证人发问？

辩护人陈仪：不发问。

审判员赵益：证人可以退庭。

（1名法警随证人出庭后返回，继续在被告人身后值庭）

审判长胡铁雷：公诉人可以继续举证。

公诉人罗靖义：公诉人最后拟向法庭出示严凯抢劫的手机，是抓获被告人严凯时从其身上搜出的。

审判员王宇：可以出示，请法警将物证向被告人严凯、杜雪艳及被告人的辩护人出示。

（1名法警向二被告人及被告人的辩护人出示）

审判员王宇：被告人严凯，你对该物证是否有异议？

被告人严凯：没有。

审判员王宇：被告人杜雪艳，你对该物证是否有异议？

被告人杜雪艳：没有。

审判员王宇：被告人严凯的辩护人对该物证是否有异议？

辩护人蒲军：没有。

审判员王宇：被告人杜雪艳的辩护人对该物证是否有异议？

辩护人陈仪：没有。

审判长胡铁雷：法警将该物证提交法庭，本庭予以采信。

（出示该物证的法警将物证提交给书记员）

审判员王宇：被告人严凯，你是否有证据证明你无罪或罪轻？

被告人严凯：没有。

审判员王宇：被告人杜雪艳，你是否有证据证明你无罪或罪轻？

被告人杜雪艳：没有。

审判员王宇：被告人严凯的辩护人，你是否有证据证明被告人严凯无罪是或罪轻？

辩护人蒲军：没有。

审判员王宇：被告人杜雪艳的辩护人，你是否有证据证明被告人杜雪艳无罪或罪轻？

辩护人陈仪：没有。

第三节　法庭辩论

一、法庭辩论的概念和目的

法庭辩论是法庭审判的重要环节之一，通过控辩双方的辩论，将进一步揭示案件真相，明确如何适用法律，为案件的正确裁判进一步创造条件。《中华人民共和国刑事诉讼法》第一百九十八条规定："法庭审理过程中，对与定罪、量刑有关的事实、证据都应当进行调查、辩论。经审判长许可，公诉人、当事人和辩护人、诉讼代理人可以对证据和案件情况发表意见并且可以互相辩论。"这一规定表明，法庭辩论不仅集中在法庭调查后专门的法庭辩论阶段，而且在法庭调查阶段，控辩双方都可以对案件事实是否清楚，证据是否确实、充分互相进行辩论。2018年修订前的《中华人民共和国刑事诉讼法》把法庭辩论限制在法庭调查后发表总结意见，并且可以互相辩论。2018年修订后的《中华人民共和国刑事诉讼法》取消了这一限制性规定，加强了法庭辩论程序，强调双方随时都可以对证据或案件情况发表意见并且可以互相辩论，其立法本意是要把双方的辩论贯彻在庭审程序之中，以查清事实为核心，允许双方及时发表不同意见，加强了法庭审理的透明度、民主性，更有利于保证庭审质量。

在法庭调查阶段，控辩双方可以对案件的具体事实、证据随时发表意见并相互辩论。但为了进一步查明案件事实，正确适用法律，刑事诉讼法还在法庭调查之后规定了一个单独的法庭辩论阶段，控辩双方可以对案件进行综合性的辩论。合议庭认为案件事实已查清后，应宣布法庭调查结束，开始进行法庭辩论。

（一）法庭辩论的概念

法庭辩论是在审判长的主持下，控辩双方对案件的事实和证据，以及法律适用等问题，提出论点，发表意见，进行论证和互相辩驳的专门活动。

法庭辩论的内容包括全案事实、证据、定罪和量刑等各种与案件有关的问题。

（二）法庭辩论的目的

法庭辩论的目的是通过辩论双方各自对证据和案件情况发表意见，消除疑问和矛盾，使审判人员兼听则明，公正裁判。在这个过程中，通过辩论使案情更加清楚，为公正裁判打下基础。因此，控辩双方在辩论中必须坚持以事实为根据、以法律为准绳的原则，摆事实，讲道理，不能强词夺理，更不能搞人身攻击。

法庭调查与法庭辩论，这两个阶段的侧重点是不同的。在法庭调查阶段，主要是侧重于弄清案件的事实和具体情节；而在法庭辩论阶段，则侧重于搞清楚认定案件的证据是否达到了证明的要求，被告人是否构成犯罪、应否承担刑事责任、如何适用法律等全案性问题。

二、法庭辩论的程序

（一）法庭辩论的程序规定

《最高人民法院关于适用〈中华人民共和国刑事诉讼法〉的解释》第二百二十九条至二百三十三条规定，法庭辩论应当在审判长的主持下，按照下列顺序依次进行：公诉人发言，被害人及其诉讼代理人发言，被告人自行辩护，辩护人辩护，控辩双方进行辩论。

附带民事诉讼部分的辩论应当在刑事诉讼部分的辩论结束后进行。先由附带民事诉讼原告人及其诉讼代理人发言，然后由被告人及其诉讼代理人答辩。

第一轮法庭辩论先由公诉人首次发言，被害人及其诉讼代理人发言，然后由被告人自行辩护，辩护人进行辩护，之后控辩双方进行辩论。辩护人首次发表辩护词完毕，是第一轮辩论结束的标志。第一轮辩论后还可以进行第二轮、第三轮等的依次发言和辩论，直至合议庭宣布辩论结束。

合议庭认为经过反复辩论，案情已经查明、罪责已经分清或者控辩双方的意见已经充分发表，审判长应及时宣布辩论终结，以进入下一个庭审阶段。从保障被告人权益出发，宣布辩论终结前，审判长应询问被告人和辩护人是否还有新的辩护意见。

(二) 法庭辩论中的公诉词和辩护词

在司法实践中，把法庭辩论第一轮的公诉人的发言称作发表公诉词，辩护人的发言称作发表辩护词。

1. 发表公诉词

公诉人的首轮发言被称作"发表公诉词"。公诉词是公诉人根据其控诉职能，对法庭调查的案件事实、证据和适用法律发表的总结性评价和综合性意见。公诉词的内容一般包括：简要概括法庭调查的结果，分析证据说明起诉书对犯罪事实的指控和罪名的认定，揭露被告人犯罪的动机、目的、方法、手段、性质及社会危害性，分析被告人犯罪的思想根源和社会根源，指出被告人触犯刑法条款和应负的法律责任，提出对被告人依法处理的要求。公诉词不能简单地重复起诉书的内容，而应以法庭调查所查明的案情为依据。公诉人通过对案件事实的认定和适用法律进行论证，能够有力地揭露和证实犯罪，公诉词在总结性的评价后，要阐述犯罪的危害及后果，揭示犯罪的根源和原因，提出有建设性的预防措施和意见，对旁听群众进行有效的法制教育，贯彻综合治理的方针。

2. 发表辩护词

辩护人的首轮发言被称作"发表辩护词"。辩护词是辩护人根据其辩护职责，以法庭调查查明的案情为基础，提出的维护被告人合法权益的综合性意见。辩护词要针对指控的不实之处和证据、事实、法律适用的分歧之点展开论证，说明理由和根据，并在最后提出辩护人对法庭判决无罪、罪轻、从轻或免除被告人刑事责任的请求。辩护人的辩护一定要尊重事实，充分讲理。辩护词一般从以下几个角度提出辩护意见：如果作无罪辩护，则应说明被告人的行为不构成犯罪，或者证明被告人犯罪的证据不确实、不充分，不能认定被告人犯罪。如果作不负刑事责任的辩护，则应说明被告人具有刑法、刑事诉讼法规定的不负刑事责任的情形。如果作罪轻辩护，则应说明被告人的罪行没有起诉书指控的那么严重，被告人具有从轻、减轻或免除处罚的法定情节。辩护人发表辩护词既要敢于仗义执言，又要切中要害。

三、法庭辩论的规则和要求

法庭辩论必须坚持以事实为根据，以法律为准绳的诉讼原则。我国的法庭辩论是以对立统一的辩证唯物主义的科学世界观与方法论为指导，辩论的目的是通过双方不同意见的相互辩驳，使案情越来越明，以达到兼听则明之效果。因此，我国法庭辩论的突出特征就是坚持实事求是的原则，以事实为准绳。辩论双方都要做到有理、有据、有节。

根据我国刑事诉讼法的相关规定，法庭辩论中，还应遵循如下具体要求：

(一) 法庭辩论由审判长主持进行

法庭辩论应在审判长主持下有序进行。审判长及合议庭其他人员认真听取控辩双方的意见。

1. 经审判长许可后开展法庭辩论

经审判长许可，控辩双方围绕案件定罪和量刑问题展开法庭辩论。

2. 辩论的顺序

应先控方后辩方，再互相辩论。有多名被告人的，可针对被告人逐个进行，但应允许其他被告人、辩护人穿插发言，多轮交锋。第一轮辩论中控辩双方意见悬殊较大的，可进行第二轮辩论，但不得重复上一轮意见。如果有必要，审判长对第一轮辩论后的多轮辩论可限定双方发表意见的时间。

3. 法庭辩论可分段进行

合议庭可以将法庭辩论分成对等辩论和互相辩论两段进行，以提高法庭辩论效率。

（1）对等辩论。首先进行对等辩论，指示公诉人、被告人及其辩护人依次进行辩论发言。有被害人和附带民事诉讼当事人出庭参加诉讼的，可以参加对等辩论。一轮辩论结束，法庭可以根据实际情况决定是否进行下一轮辩论。如果进行下一轮辩论，应当强调辩论发言的内容不得重复。

（2）互相辩论。在对等辩论结束后，审判长应当告知控辩双方，要求辩论发言的，可以向法庭举手示意。经法庭许可，方能发言。在互相辩论中，控辩双方未经许可而进行自由、无序的辩论发言或者发言的内容重复的，法庭应予以制止。

4. 审判长应引导辩论不偏离争议焦点和辩论方向

审判长应当善于抓住双方辩论的焦点和分歧点，引导双方就有争议的问题进行辩论，将辩论引向深入，提高辩论质量。对于控辩双方的与定罪量刑无关紧要或细枝末节上的辩论、已经阐述过的重复辩论意见或者互相指责的发言应当予以制止，以防辩论偏离正常轨道。

5. 审判人员应当引导先定罪后量刑的辩论顺序

审判人员应引导控辩双方首先围绕定罪问题进行辩论，待定罪辩论结束后，再告知控辩双方可以围绕量刑问题进行辩论，发表量刑建议或量刑意见，并说明理由和依据。量刑辩论活动按照以下顺序进行：

（1）公诉人、自诉人及其诉讼代理人发表量刑建议或意见。

（2）被害人（或者附带民事诉讼原告人）及其诉讼代理人发表量刑意见。

（3）被告人及其辩护人进行答辩并发表量刑意见。

对被告人认罪，且辩护人做有罪辩护还同意指控罪名的，可不再进行定罪辩论，直接进行量刑辩论。

6. 附带民事诉讼部分可当庭调解

附带民事诉讼部分可以在法庭辩论结束后当庭调解，不能达成协议的，可以同刑事部分一并判决。

（二）被告人或辩护人当庭双方拒绝辩护情形的处理

执行辩护职能的一方中，有时辩护人与被告人意见不一致，法律允许双方当庭拒绝辩护。根据司法解释的规定：

（1）对于辩护人依照有关规定当庭拒绝继续为被告人进行辩护的，合议庭应当准许。在此情况下，如果被告人要求另行委托辩护人，合议庭应当允许，由被告人另行委托辩护人或者由人民法院为其另行指定辩护律师。

（2）被告人拒绝辩护人辩护后，没有辩护人的，应当宣布休庭；仍有辩护人的，庭审可以继续进行。有多名被告人的案件，部分被告人拒绝辩护人辩护后，没有辩护人的，根据案件情况，可针对该被告人另案处理，对其他被告人的庭审继续进行。

（3）重新开庭后，被告人再次当庭拒绝重新委托的辩护人或者人民法院指定的辩护律师为其辩护的，合议庭应当分别对不同情形作出不同处理：①被告人是成年人的，可以准许。但被告人不得再另行委托辩护人，人民法院也不再另行指定律师，被告人可以自行辩护。②被告人是盲、聋、哑人，限制行为能力人，开庭审理时不满18周岁的未成年人以及可能被判处死刑的人，则不予准许。

（三）公诉词与起诉书内容不一致时的处理

在审判实践中，经过法庭调查，可能查证属实的事实与起诉事实不同，控方在公诉词中可能会提出不同的指控意见。对此，对不同情形可作不同处理。

（1）公诉词对起诉书指控的主要犯罪事实和犯罪性质没有变更，只是对一些从重、从轻或不影响整体事实认定的情节提出了新的意见，合议庭评议后可以在裁判文书中将起诉书指控及出庭支持公诉人员变更了的指控内容分别叙明，法官根据法庭审理后所认定的事实做出裁判。

（2）出庭检察人员认为起诉书指控的主要犯罪事实发生了变化，或有遗漏罪行、遗漏的同案犯罪嫌疑人，公诉人不得自行变更或追加起诉。如果公诉人发表了变更性意见，审判长应建议其按2012年《人民检察院刑事诉讼规则（试行）》第四百五十八条、第四百五十九条、第四百六十条和第四百六十一条规定执行。变更、追加、补充或撤回起诉应当报经检察长或检查委员会决定，并以书面形式在人民法院宣告判决前向人民法院提出。

（3）公诉人变更了罪名的处理。①被告人的犯罪事实没有变化，仅改变起诉罪名的，一般可以准许，或辩方提出需要做抗辩准备的，可以延期审理。②因指控被告人的犯罪事实发生变化而要求减少罪名的，可以准许。③因指控被告人的犯罪事实发生变化而要求追加罪名的，不能允许。合议庭可以要求公诉人书面补充起诉，并给辩方准备辩护的时间，但被告人表示同意追加罪名的除外。④因指控被告人的犯罪事实发生变化而要求将重罪名改为轻罪名的，可以准许。⑤因指控被告人的犯罪事实发生变化而要求将轻罪名改为重罪名的，不能允许。合议庭可以要求公诉人书面补充起诉，并给辩方准备辩护的时间，但被告人表示同意追加罪名的除外。⑥起诉书未认定被告人有自首、立功等情节，公诉人口头提出并予以认定的，可以准许。⑦起诉书认定被告人有自首、立功等情节，公诉人在法庭上口头要求撤销的，一般可以允许。若辩方提出需要做抗辩准备的，可以延期审理。

（四）需要恢复法庭调查的情形

在法庭辩论过程中，如果合议庭发现定罪、量刑有关的新的事实，认为有必要进行调查时，审判长可以宣布暂停辩论，恢复法庭调查，待该事实查清后继续法庭辩论。

四、模拟法庭辩论阶段的注意事项

（1）刑事审判中的法庭辩论，包括在法庭调查阶段的法庭辩论和专门的法庭辩论阶段进行的辩论。控辩双方一定要注意区分法庭调查阶段的法庭辩论和专门的法庭辩论阶段的辩论关系：在法庭调查阶段，控辩双方的辩论主要针对单个证据的真实性、关联性和合法性进行，侧重于单个证据本身；而法庭辩论阶段的辩论，则综合地从事实、证据以及法律适用等方面进行辩论。

（2）审判长应当适时、适度地对控辩双方的辩论进行引导。应当善于抓住双方辩论的焦点和分歧点，将辩论引向深入。引导双方遵守辩论规则：禁止控辩双方将自己的观点强加于人；禁止人身攻击性的言论，对此审判长应当予以制止，并且给予必要的批评，情节严重者，应敲击法槌予以警告；禁止设问而无答，对于在法庭上一味滔滔不绝地设问，令对方不知其肯定性意见为何的表现，审判长应当予以禁止，并明确要求直截了当地提出肯定性意见。经过几轮辩论后，如果合议庭认为案情已经查明，控辩双方的意见已经充分发表，审判长应当及时宣布辩论终结。

（3）合议庭要及时合理地裁断争议和请求，制止各种不当行为。例如，辩方提出公诉人发问不当，或要求传唤某某证人，法官应及时合理地作出裁决。

（4）公诉词的重点内容是在总结法庭调查的事实、证据和适用法律的基础上集中阐明人民检察院追究被告人刑事责任的意见。辩护词的重点内容是辩护人以法庭调查情况为基础，针对控方指控的不实或漏洞之处，说明被告人应当无罪、罪轻、从轻、减轻或者免除处罚的根据和理由，并请求合议庭采纳己方的辩护意见。

（5）法庭辩论的目的是说服法官，而非辩论者个人单纯地展现自己的才华和争强斗胜。因此，在法庭辩论时，辩论者应当见好就收，不要抓住对方的漏洞穷追猛打。

（6）附带民事诉讼部分的法庭辩论应当在刑事诉讼部分的辩论结束后进行，先由附带民事诉讼原告人及其诉讼代理人发言，然后由被告人及其诉讼代理人答辩，随后还可以进行多轮辩论。

（7）在法庭辩论过程中发现了新的事实，认为有必要进行调查的，审判长可以宣布暂停辩论，恢复法庭调查，待该事实查清后继续进行法庭辩论。

结合模拟审判被告人严凯、杜雪艳抢劫案脚本进行讲解：

法庭辩论阶段

审判长胡铁雷：法庭调查结束，下面进行法庭辩论。首先由公诉人发表公诉词。

公诉人罗靖义：

审判长、审判员：

根据《中华人民共和国刑事诉讼法》第一百八十九条、第一百九十八条、第二百零九条的规定，我受珠溪市和平区人民检察院检察长的指派，代表本院，以国家公诉人的身份出席今天的法庭，对珠溪市和平区人民法院依法公开审理被告人严凯、杜雪艳抢劫一案出庭支持公诉。现在就本案发表以下公诉意见，请合议庭对被告人定罪量刑予以充分考虑：

1. 关于被告人严凯、杜雪艳定罪问题。抢劫罪是指以暴力、威胁、胁迫或其他方法强行取得公私财物的行为。在本案中，被告人严凯、杜雪艳蓄意谋划，有共同犯罪的故意。在案发当晚，被告人严凯暗中跟踪被害人郑英，趁其不备，击打其后脑，致使其当场昏倒，并强行取得被害人手机一部、手提包一个，侵犯了公民的人身权利与财产权利，符合抢劫罪的犯罪构成，成立共同犯罪。

2. 在本案中，被告人严凯在共同犯罪中起主要作用，积极推动犯罪行为的发生，系本案主犯。被告人杜雪艳只是跟随严凯抢劫，而且在犯罪过程中，仍劝导被告人严凯放弃犯罪，属从犯。

以上意见，请法庭在合议时予以考虑。

审判长胡铁雷：下面由被告人严凯自行辩护。

被告人严凯：我请我的辩护人为我辩护。

审判长胡铁雷：下面由被告人杜雪艳自行辩护。

被告人杜雪艳：我也请我的辩护人为我辩护。

审判长胡铁雷：下面由被告人严凯的辩护人发表辩护词。

辩护人蒲军：

审判长、审判员：

根据《中华人民共和国刑事诉讼法》第三十三条之规定，衡平律师事务所接受被告人严凯的委托，指派我担任被告人严凯的辩护人。庭前我会见了被告人，查阅了案头材料，今天参加了法庭调查。现发表如下辩护意见：

对起诉书指控被告人严凯犯抢劫罪我不持异议，但有以下事实请法庭注意。被告人严凯的犯罪事实较轻，而且被告人严凯只是轻拍了一下被害人的头，并未用力，也未造成伤害。二被告人在抢劫前虽有预谋，但并未带凶器，主观恶性不深。二被告人初次涉案，而且家庭困难，这也是其犯罪的原因。希望法庭在对被告人量刑时注意这一情节。严凯在案发后也非常后悔，而且认罪态度好，请求法庭对被告人严凯从轻量刑。望合议庭考虑。

审判长胡铁雷：下面由被告人杜雪艳的辩护人发表辩护词。

辩护人陈仪：

审判长、审判员：

根据《中华人民共和国刑事诉讼法》第三十二条之规定，跃华律师事务所接受被告人杜雪艳的委托，指派我担任被告人杜雪艳的辩护人，在出庭之前，我详细地查阅了本案的全部材料，会见了被告人，并进行了必要的调查，今天又参加了法庭的审理，使我对本案的事实有了更加全面的了解。现发表如下辩护意见：

对于起诉书指控的被告人杜雪艳犯抢劫罪不持异议。但她有从轻情节请法庭考虑。被告人杜雪艳在整个犯罪过程中，不是策划者，而且也没有直接实施犯罪行为，因而在整个犯罪过程中属于从犯。根据《中华人民共和国刑法》第二十七条第二款规定，对于从犯，应当从轻、减轻或免除处罚。

以上意见，请合议庭考虑。

审判长胡铁雷：对于辩护人的辩护意见，公诉人是否答辩？

公诉人罗靖义：公诉人坚持起诉书中的意见，不答辩。

审判长胡铁雷：法庭辩论结束。

第四节 被告人最后陈述

一、被告人最后陈述的相关法律规定和程序

《中华人民共和国刑事诉讼法》第一百九十八条第三款规定："审判长在宣布辩论终结后，被告人有最后陈述的权利。"据此，被告人最后陈述是法庭审判的一个独立阶段，不能混同于法庭辩论。这是我国法律赋予被告人在法庭审理中的一项重要诉讼权利，其性质主要属于辩护权。我国刑事诉讼法的这一规定充分体现了立法对刑事被告人弱势地位的特别关注。同时，在合议庭评议与判决之前，给被告人以最后陈述的权利，通过被告人最后陈述，让其将经过开庭调查、辩论所形成的对庭审、对案件的态度表达出来，使其还有一次为自己充分辩解的机会，把自己要讲的话讲完，可以使合议庭进一步听取被告人的意见，有利于作出正确的判决，防止发生错判。此外，被告人通过庭审调查和辩论已认罪服法，他在最后陈述说明犯罪原因、认识犯罪危害，还可以扩大审判效果，起到法制宣传教育的效果。

对于被告人的最后陈述权，合议庭应当充分重视。审判长应当明确告知被告人享有此项权利，切实保证被告人充分行使该项权利。由于整个庭审活动都在法庭主导下进行，被告人的陈述发言以及其他诉讼活动均受到法庭的约束，不能够自由、充分地发言。因此，在被告人作最后陈述时，法庭有必要给予其一次自由、充分的发言机会。一般情况下，审判人员不能随意打断被告人的陈述，也不应限制其陈述时间，让被告人把话讲完。

被告人在最后陈述阶段，既可以陈述他对全案的看法，也可以对其是否犯罪、罪行轻重、走向犯罪的原因、对犯罪的悔改认识，以及量刑等方面发表意见。

《最高人民法院关于适用〈中华人民共和国刑事诉讼法〉的解释》第二百三十五条、第二百三十六条对"被告人最后陈述"阶段的组织和开展作出如下具体规定：

（1）审判长宣布法庭辩论终结后，合议庭应当保证被告人充分行使最后陈述的

权利。

（2）被告人在最后陈述中多次重复自己的意见的，审判长可以制止。

（3）陈述内容蔑视法庭、公诉人，损害他人及社会公共利益，或者与本案无关的，应当制止。在公开审理的案件中，被告人最后陈述的内容涉及国家秘密、个人隐私或者商业秘密的，应当制止。

（4）被告人在最后陈述中提出新的事实、证据，合议庭认为可能影响正确裁判的，应当恢复法庭调查；被告人提出新的辩解理由，合议庭认为可能影响正确裁判的，应当恢复法庭辩论。

二、模拟被告人最后陈述阶段的注意事项

（一）被告人最后陈述的重要性

根据《中华人民共和国刑事诉讼法》的规定，被告人的最后陈述不仅是法庭审判的一个独立阶段，而且是法律赋予被告人的一项重要诉讼权利。

（二）合议庭应当保证被告人充分行使最后陈述的权利

模拟实践中注意根据具体情形可作如下处理：

（1）进入被告人最后陈述阶段时，审判长除应告知被告人享有此项权利外，若被告人对此环节不太理解，还应作出简要解释，告知被告人应实事求是地总结归纳自己的诉讼意见，并可就案件的具体处理，向法庭提出最后请求。内容具体包括是否承认指控、是否悔罪、对案件事实和证据是否还有补充或需要强调的、是否有新的证据或事实要提出以及对本次庭审活动有何看法等。

（2）合议庭一般不宜打断被告人陈述，但如果被告人的陈述过于冗长，陈述的内容多次不当重复，陈述的内容蔑视法庭、公诉人或损害他人及社会公共利益，或者陈述与本案无关的，方可适时给予提醒、劝阻和制止。

（3）陈述内容中被告人关于悔罪的倾诉、对犯罪心理的讲述以及对本案所适用法律的评判等都应当认作"与本案有关"。

（4）陈述内容由于被告人心理紧张等因素导致一时思维停滞或者混乱，可能会重复自己在前面程序中已做的陈述，或者会固执地咬定并多次重复自己某一方面的见解，这种情况下合议庭可以予以适当的制止。

（5）如果出现被告人心情过于紧张或者语言口头表达能力欠佳，可能很难准确充分地陈述出自己内心想要表达的东西，这时应当允许辩护人进行一些提示性的引导。在没有辩护人的情况下，也可由主持庭审的法官给以必要的协助与引导。

（三）被告人最后陈述阶段可能出现的审理阶段变化

被告人在最后陈述中提出了新的事实、证据，合议庭认为可能影响正确裁判的，应当恢复法庭调查；如果被告人提出新的辩解理由，合议庭认为确有必要的，应当恢复法

庭辩论。

（四）被告人陈述完毕

在被告人最后陈述完毕，审判长宣布被告人陈述结束并休庭时，审判长应同时说明本案是当庭宣判还是定期宣判。

结合模拟审判被告人严凯、杜雪艳抢劫案脚本进行讲解：

被告人最后陈述阶段

审判长胡铁雷：根据《中华人民共和国刑事诉讼法》第一百九十八条第三款的规定，在法庭辩论结束后，被告人有最后陈述的权利，被告人严凯对本庭处理本案有什么要求？

被告人严凯：我请求法庭能从轻对我处罚，我知道自己错了。

审判长胡铁雷：被告人杜雪艳，你对本庭处理本案有什么要求？

被告人杜雪艳：我自己知道犯了罪，我在看守所里认真地反省，希望法庭给我一次机会，让我重新返回社会。

审判长胡铁雷：被告人最后陈述结束，现在休庭。合议庭进行评议，评议后择期宣判，宣判时间另行通知。

审判长胡铁雷：请控辩双方将当庭质证的证据提交法庭。现在休庭。

法警将被告人带出法庭。

（敲击法槌）

第五节 评议和宣判

被告人最后陈述完毕后，审判长应当宣布休庭，合议庭进行评议，法庭审判即进入评议和宣判阶段。

一、合议庭评议

评议是合议庭组成人员在已进行的法庭审理活动基础上，对案件事实、证据和法律适用进行讨论、分析、判断并依法对案件作出裁判的诉讼活动。

（一）评议的内容

合议庭评议案件，应当根据已经查明的事实、证据和有关法律规定，在充分考虑控辩双方意见的基础上，对案情进行全面的审议、讨论，确定被告人是否有罪、应否追究刑事责任；构成何罪，应否处以刑罚，判处何种刑罚；有无从重、从轻、减轻或者免除处罚情节；附带民事诉讼如何解决；查封、扣押、冻结的财物及其孳息如何处理等，并依法作出判决、裁定。

(二) 评议的规则

合议庭评议由审判长主持，一律秘密进行。在合议庭的评议中，由审判长主持进行，但也要充分发扬民主，坚持实事求是的原则，坚持以事实为根据，以法律为准绳，充分注意法庭审理中出现的各种情况和控辩双方的意见，深入分析研究，切忌先入为主。

根据《中华人民共和国刑事诉讼法》的规定，合议庭评议时应注意如下规则：

(1) 评议时，如果意见有分歧，应当按照多数人的意见作出决定，但是少数人的意见应当写入笔录。

(2) 合议庭成员不得拒绝陈述意见或者仅作同意与否的简单表态。进行评议的时候，合议庭成员应当认真负责，充分陈述意见，独立行使表决权，同意他人意见的，也应当提出事实根据和法律依据，进行分析论证。

(3) 合议庭成员对评议结果的表决，以口头表决的形式进行。

(4) 在评议时，书记员应当制作评议笔录，评议结束由全体合议庭成员确认无误后签名。

(5) 一般情况下，合议庭经过开庭审理并且评议后，应当作出判决，但对于疑难、复杂、重大案件，合议庭成员意见分歧较大，难以对案件作出决定的，由合议庭提请院长决定提交审判委员会讨论，对于审判委员会的决定，合议庭应当执行。

需要说明一点的是，在本教材所涉及的案例模拟审判中，没有设立审判委员会，合议庭必须对模拟审判的案件作出裁决。

(三) 评议的程序

最高人民法院《关于人民法院合议庭工作的若干规定》第十条规定，合议庭评议案件时，先由承办法官对认定案件事实、证据是否确实充分以及适用法律等发表意见，审判长最后发表意见；审判长作为承办法官的，由审判长最后发表意见。审判长应当根据评议情况总结合议庭评议的结论性意见。

二、判决

合议庭经过评议后，应当作出判决或裁定。对于疑难、重大、复杂的案件，合议庭认为难以作出决定的，由合议庭提请院长提交审判委员会讨论决定。院长认为不必要的，可以建议合议庭复议一次。对于审判委员会的决定，合议庭应当执行，如果有不同意见，可以建议院长提交审判委员会复议。

《中华人民共和国刑事诉讼法》第二百条及《最高人民法院关于适用〈中华人民共和国刑事诉讼法〉的解释》第二百九十五条规定，合议庭评议后，或者经审判委员会讨

论后,应分别作出以下裁判:

(1) 起诉指控的事实清楚,证据确实、充分,依据法律认定指控被告人的罪名成立的,应当作出有罪判决。

(2) 起诉指控的事实清楚,证据确实、充分,但指控的罪名不当的,应当依据法律和审理认定的事实作出有罪判决。

(3) 案件事实清楚,证据确实、充分,依据法律认定被告人无罪的,应当判决宣告被告人无罪。

(4) 证据不足,不能认定被告人有罪的,应当以证据不足、指控的犯罪不能成立,判决宣告被告人无罪。

(5) 案件事实部分清楚,证据确实、充分的,应当依法作出有罪或者无罪的判决;事实不清,证据不足部分,不予认定。

(6) 被告人因未达到刑事责任年龄,不予刑事处罚的,应当判决宣告被告人不负刑事责任。

(7) 被告人是精神病病人,在不能辨认或者不能控制自己行为的时候造成危害结果,不予刑事处罚的,应当判决宣告被告人不负刑事责任;被告人符合强制医疗条件的,应当依照《最高人民法院关于适用〈中华人民共和国刑事诉讼法〉的解释》第二十六条的规定进行审理并作出判决。

(8) 犯罪已过追诉时效期限且不是必须追诉,或者经特赦令免除刑罚的,应当裁定终止审理。

(9) 被告人死亡的,应当裁定终止审理;但有证据证明被告人无罪,经缺席审理确认无罪的,应当判决宣告被告人无罪。

三、宣判

合议庭经评议作出裁判后,应当宣判。宣判是人民法院将判决书的内容向当事人和社会公开宣告,使当事人和广大群众知道人民法院对案件的处理决定。在宣告判决前,人民检察院要求撤回起诉的,人民法院应当审查人民检察院撤回起诉的理由,并作出是否准许的裁定。人民法院在审理中发现新的事实,可能影响定罪的,应当建议人民检察院补充或者变更起诉;人民检察院不同意的,人民法院应当就起诉指控的犯罪事实,依法作出裁判。

《中华人民共和国刑事诉讼法》第二百零二条、第二百零三条规定,判决宣告一律公开进行。

宣判方式有当庭宣判和定期宣判两种。

(一) 当庭宣判

当庭宣判是在合议庭经过评议并作出决定后,立即恢复庭审由审判长宣告判决结果。当庭宣告判决的,应当在5日以内将判决书送达当事人和提起公诉的人民检察院、辩护人和诉讼代理人。当庭宣判符合刑事审判的集中审理原则,有利于发挥法庭审判的法治教育作用。

根据我国刑事诉讼法的相关规定,当庭宣告判决应按以下程序依次进行:

(1) 书记员宣布:全体起立,请审判长、审判员入庭。
(2) 待合议庭成员坐定后,书记员宣布:请坐下。
(3) 审判长宣布:现在继续开庭。
(4) 审判长宣布判决内容,包括认证结论、裁判理由、裁判结果。
(5) 在审判长宣告最终的裁判结果前,由书记员宣布:全体起立。
(6) 然后审判长接着宣布最终的判决结果。判决结果宣判完毕,审判长敲击法槌。
(7) 书记员宣布:请坐下(全体坐下)。
(8) 审判长接着告知当事人上诉权并征询当事人意见,即:如不服本案判决,可在送达之日起10日内,向本院递交上诉状,并按对方当事人人数提出副本,上诉至×××人民法院。上述判决,被告人是否听清楚了?
(9) 被告人回答。
(10) 审判长宣布:现在闭庭(敲击法槌)!

(二) 定期宣判

定期宣判是合议庭经休庭评议并作出决定后,或者因案情疑难、复杂、重大,合议庭认为难以作出决定,而由合议庭提请院长决定提交审判委员会讨论决定,而另行确定日期宣告判决书的活动。定期宣告判决的,合议庭应当在宣判前,先期公告宣判的时间和地点,传唤当事人并通知公诉人、法定代理人、诉讼代理人和辩护人;判决宣告后应当立即将判决书送达当事人、提起公诉的人民检察院、辩护人和诉讼代理人。判决生效后还应当送达被告人的所在单位或者原户籍所在地的公安派出所。被告人是单位的,应当送达被告人注册登记机关。

宣告判决结果时,法庭内全体人员应当起立。

宣判时,公诉人、辩护人、诉讼代理人、被害人、自诉人或者附带民事诉讼的原告人未到庭的,不影响宣判的进行。地方各级人民法院在宣告第一审判决时,审判长往往口头告知被告人享有上诉权,以及上诉期限和上诉法院。判决书应当由审判人员和书记员署名,并且写明上诉的期限和上诉的法院。

四、模拟评议和宣判阶段的注意事项

(一) 评议时的注意事项

(1) 评议应在庭审结束后秘密进行,评议过程和内容不对外公开。
(2) 评议由审判长主持,合议庭成员针对评议的每一个问题应充分发表意见。审判长一般最后发表意见,以防止审判长率先定调而其他成员附和的情况出现。
(3) 评议的主要内容是案件事实是否清楚,证据是否确实、充分,根据刑法分则规定对被告人的行为如何正确定性,根据案件事实依照法律如何准确量刑。

(4) 评议时要注意被告人承担刑事责任的前提条件，如被告人是不是限制行为能力人；是否已达到刑事责任年龄；是否有其他法律、法规规定免于追究刑事责任的各种情形，包括案件是否属于本院管辖等。

(5) 评议依据的事实和证据必须是经法庭查证核实的事实和证据，未经法庭调查核实的事实与证据不得作为评议的依据；评议时应当认真考虑被告人、辩护人提出的辩护意见。

(6) 评议结果要有决议和理由，并制作评议笔录，合议庭成员应当在评议笔录上签名。

(7) 评议后的表决实行少数服从多数原则，但少数人的意见应写入笔录，书记员只做记录，不参与讨论与表决。

(8) 案件经过审判委员会讨论的，合议庭必须执行审判委员会的决定。

(9) 合议庭成员应当在判决书、裁定书等法律文书上署名。

（二）宣判时的注意事项

(1) 案件无论是否公开审理，宣判一律公开进行。

(2) 能当庭宣判的尽量当庭宣判。在模拟法庭审判中，建议当庭宣判。

(3) 当庭宣判的，应当在5日以内将判决书送达辩护人、诉讼代理人和提起公诉的人民检察院。

(4) 当庭宣判为口头宣判的，审判长应口头交代被告人的上诉权问题，以及上诉的期限和上诉的法院。

(5) 宣判时，应当由书记员制作宣判笔录。

(6) 地方各级人民法院在宣告第一审判决时，应当明确告知当事人和其法定代理人上诉的期限和上诉的法院。

(7) 宣判时，在宣读判决书前不需要起立，只有在审判长宣布"判决结果"时，才需要全体起立。

结合模拟审判被告人严凯、杜雪艳抢劫案脚本进行讲解：

评议、宣告判决阶段

（合议庭休庭后对本案的事实、证据及适用法律进行了评议，3天后在珠溪市和平区人民法院第一法庭内继续开庭）

（书记员就位）

书记员伍彦霖：请肃静。请公诉人、辩护人入庭（公诉人、辩护人入庭）。

（各人员就位）

书记员伍彦霖：请全体起立（起立完毕）。请审判长、审判员入庭（审判长和2名审判员入庭，坐定）。请全体坐下。

书记员伍彦霖：报告审判长，本案的公诉人、辩护人已到庭，被告人已提到候审，开庭工作已经准备就绪，可以开庭。

审判长胡铁雷：珠溪市和平区人民法院刑事审判庭现在开庭（敲法槌）。传被告人严凯、杜雪艳到庭。

（4名法警带二被告人入庭）

审判长胡铁雷：严凯、杜雪艳抢劫一案本院于2017年2月8日开庭审理，经过合议庭评议，现在宣布判决：

珠溪市和平区人民法院
刑事判决书

（2017）珠和刑初字第8号

公诉机关珠溪市和平区人民检察院。

被告人严凯，男，1984年9月13日出生，汉族，小学文化程度，珠溪市人，无业，住珠溪市和平太平镇瓦子村153号。2016年11月18日因涉嫌抢劫被珠溪市和平区公安分局刑事拘留。同年11月24日经珠溪市和平区人民检察院以涉嫌犯抢劫罪批准逮捕，次日由珠溪市和平区公安分局执行逮捕。现羁押于和平区看守所。

辩护人蒲军，珠溪市衡平律师事务所律师。

被告人杜雪艳，女，1985年2月13日出生，汉族，小学文化程度，珠溪市人，无业，住珠溪市和平太平镇瓦子村38号。2016年11月18日因涉嫌抢劫被珠溪市和平区公安分局刑事拘留。同年11月24日经珠溪市和平区人民检察院以涉嫌犯抢劫罪批准逮捕，次日由珠溪市和平区公安分局执行逮捕。现羁押于和平区看守所。

辩护人陈仪，珠溪市和平区跃华律师事务所律师。

珠溪市和平区人民检察院以珠和检刑诉〔2017〕第11号起诉书指控被告人严凯、杜雪艳犯抢劫罪一案，于2017年1月17日向本院提起公诉。本院依法组成合议庭，公开审理了本案。珠溪市和平区人民检察院指派检察官罗靖义出庭支持公诉，被告人严凯及其辩护人蒲军、被告人杜雪艳及其辩护人陈仪到庭参加诉讼。现已审理终结。

公诉机关指控：2016年11月8日，被告人严凯、杜雪艳在珠溪市和平区合租的房子里商议抢钱。二被告当晚6时30分许在珠溪市和平区天华公共汽车站附近寻找目标，被告人严凯发现一女子（被害人郑英）手拎着包，便跟踪至纺织厂家属楼下，朝被害人郑英头后击打了一下，抢走了价值人民币2400元的手机一部和手提包一个。被告人杜雪艳见被告人严凯抢到物品后，与他一起逃离现场。案发后手机被追回返还被害人，其他财物被挥霍。

为支持上述指控的犯罪事实，公诉机关当庭宣读了被害人陈述和报案笔录，传唤证人提供了证言，出示了物证。据此，公诉机关认为，被告人严凯、杜雪艳的行为已触犯《中华人民共和国刑法》第二百六十三条之规定，应以抢劫罪追究其刑事责任。

被告人严凯对公诉机关指控的作案事实供认不讳，其辩护人提出，被告人严凯只是轻拍了一下被害人的头，未造成伤害，且二被告人主观恶性不深、系初次涉案，严凯认罪态度较好，请求法庭对严凯从轻量刑。被告人杜雪艳对公诉机关指控的作案事实供认不讳，其辩护人提出被告人杜雪艳并没有直接参与实施犯罪行为，属于从犯，请求法庭对杜雪艳从轻处罚。

经审理查明：2016年11月8日晚，被告人严凯、杜雪艳在本市和平区合租房内商量抢钱。当晚6时30分许，二被告人在本市和平区天华公共汽车站附近寻找目标，被告人严凯发现一女子从公交车上下来，手拎一包，尔后跟踪至水泥厂家属楼处，朝被害人郑英头后部击了一拳，抢走手提包一个及手机一部。在严凯跟踪被害人时，杜雪艳曾劝严凯不要抢劫了，见严凯继续跟踪该被害人，杜雪艳就站在路旁不走了。当杜雪艳见被告人严凯往回跑时，也跟着他逃离了现场，案发后手机被追回返还被害人，其他财物被挥霍。

上述事实，被告人严凯、杜雪艳在开庭审理过程中亦无异议，且有物证、证人证言、被害人陈述及报案笔录为证，足以认定。

本院认为，被告人严凯、杜雪艳采用暴力手段劫取公民财物的行为均已构成抢劫罪，应予以刑罚处罚。被告人严凯的辩护人提出被告人严凯只是在犯罪实施过程中拍了被害人头部一下，其目的是转移被害人的注意力，并没有对其实施暴力的辩护意见，与庭审查明的事实不符，故此辩护意见不予采纳。被告人杜雪艳的辩护人提出杜雪艳在本案实施过程中属于从犯，应从轻、减轻处罚的辩护意见，符合本案实际，有法可依，故予以采纳。鉴于二被告人系初犯，且认罪态度好，故可从轻处罚。依照《中华人民共和国刑法》第二百六十三条、第二十五条第一款、第二十七条、第四十七条之规定，判决如下：

一、被告人严凯犯抢劫罪，判处有期徒刑三年（刑期从判决执行之日起计算。判决执行以前先行羁押的，羁押1日折抵刑期1日，即自2016年11月18日起至2019年11月18日止）。

二、被告人杜雪艳犯抢劫罪，减轻判处有期徒刑一年零六个月（刑期从判决执行之日起计算。判决执行以前先羁押的，羁押1日折抵刑期1日，即自2016年11月18日起至2018年5月18日止）。

如不服本判决，可在接到判决书的第2日起10日内，通过本院或者直接向珠溪市中级人民法院提出上诉。书面上诉的，应当提交上诉状正本1份、副本2份。

审判长　胡铁雷
审判员　赵　益
审判员　王　宇

二〇一七年二月十日

书记员　伍彦霖

审判长胡铁雷：被告人严凯，你对本院的判决是否有意见，你是否上诉？
被告人严凯：我不上诉。
审判长胡铁雷：被告人杜雪艳，你对本院的判决是否有意见，你是否上诉？
被告人杜雪艳：我不上诉。

审判长胡铁雷：宣判完毕，现在闭庭，旁听人员退庭，被告人到书记员处核对笔录（敲法槌）。

书记员伍彦霖：全体起立（目送合议庭成员退庭）。

书记员伍彦霖：现在散庭，诉讼参加人和旁听人员退庭。

五、被告人、辩护人、代理人等审阅庭审笔录及签字

在每一次休庭后，书记员应要求当事人等核对庭审笔录，并在庭审笔录上签字。具体操作如下：

（1）散庭后，书记员向诉讼参加人交代阅读笔录的时间和地点，让能够当庭阅读庭审笔录的诉讼参加人阅读并签名。

（2）被告人、辩护人、代理人、当事人、证人、鉴定人审阅笔录，确认无误后在笔录上签名。

（3）在笔录上签名时，除刑事被告人需在笔录上捺指印外，其他人员只需手写签名。

第六节 刑事模拟法庭审判组织、过程评价及材料提交

一、模拟法庭审判组织过程中的注意事项

（一）模拟小组的确定及参与模拟人员、角色分配

（1）模拟法庭审判以小组为单位进行模拟。

选修模拟刑事庭审课程的每一位学生都要以担任庭审中某个诉讼角色的身份参与模拟法庭审判。根据刑事公诉案件第一审普通程序庭审中的出庭人数情形，任课教师按照10~15人为一个小组将所有学生分成若干模拟法庭审判小组，分组时可采取教师安排或学生自愿组队的方式来进行。同时，为方便小组模拟法庭审判各项任务的开展，每个小组推选一名本组内同学为小组长，由小组长负责召集、安排和推进本小组模拟法庭审判的相关各项事宜。

（2）角色分配体现机会均等原则，做到程序公正。

分组后，参与本小组模拟的学生根据所选案例，其角色可以通过抽签或者自愿报名等方式确定，或者也可以先抽签决定角色再收集、确定选模拟案例。在后一种情况下，允许在模拟法庭审判的排练过程中各小组内角色根据需要可自愿微调，以使本小组取得更好的模拟法庭审判效果。

(3) 各小组模拟法庭审判演练顺序可通过抽签决定。

(4) 关于证人出庭。就模拟法庭审判而言，是否所有的证人和鉴定人都必须有人扮演，取决于控辩双方是否要求该证人和鉴定人出庭。在模拟法庭审判中，在证人和鉴定人人数较多时，可以考虑控辩双方各自安排1~2名证人或鉴定人出庭。

（二）分析、讨论案情

每个模拟法庭审判小组学生确定模拟案例和自己拟担任的角色后，应开始研读案卷材料和查阅相关法律、法规及司法解释。在此基础上，各小组内的法官方（法官和书记员）、控诉方（公诉人、被害人及代理人）、辩护方（被告人及辩护人）集体讨论案情，并就该案例中的重点、疑难问题进行讨论，以决定诉讼对策。扮演证人角色的学生只需熟悉和了解该案中证人需要作证的内容。扮演鉴定人的学生除了要熟悉鉴定书上的内容外，还应尽可能地了解一些与该鉴定相关的背景知识，使自己在法庭上面对控辩双方的询问时能体现出"专业性"。

阅卷是办案人员在案件侦查终结以后掌握案情的基本方法，分析、讨论案件的前提就是阅卷，阅卷的目的就是要了解案情、核对证据、发现问题。阅卷阶段应注意以下要点：

(1) 阅卷至少得两遍，第一遍是仔细通读全部案卷材料，第二遍是有重点地阅读相关证据材料。当然，阅卷的次数不宜硬性确定，取决于案件的复杂程度、阅卷人的记忆及理解能力，原则上应达到对案卷材料烂熟于心的程度。

(2) 此阶段阅卷的切入点是审阅侦查机关制作的起诉意见书。阅读起诉意见书，有助于从宏观上很快地把握案件的关键，然后在此基础上阅读相关证据材料。

(3) 阅卷后，需要明确以下问题：①本案的犯罪行为人是谁。②本案中证明犯罪嫌疑人有罪、罪重的证据有哪些。③本案中证明犯罪嫌疑人无罪、罪轻的证据有哪些。④有罪证据能否形成完整的证据链，得出排他性的唯一结论。⑤本案犯罪嫌疑人先后作过多少次供述，其前后是否一致，不一致的原因是什么。⑥本案其他证据之间有无矛盾，该矛盾的存在如何解释。⑦如果犯罪嫌疑人构成犯罪，本案中影响对其量刑的情节有哪些。⑧控方证据有哪些问题。

(4) 阅卷完毕，控辩双方还应当讯问、会见被告人，了解被告人口供情况。

（三）公诉方学生向本小组法官方提起公诉

公诉方学生向本小组法官方提起公诉的具体操作步骤如下：

1. 审查起诉材料

依据《中华人民共和国刑事诉讼法》《人民检察院刑事诉讼规则》有关规定，公诉人审查移送起诉的案件，应当查明：

(1) 犯罪嫌疑人的身份状况是否清楚；犯罪事实、情节是否清楚，起诉意见书认定的犯罪性质和罪名是否正确；有无法定的从重、从轻、减轻或者免除处罚的情节；共同犯罪案件的犯罪嫌疑人在犯罪活动中的责任认定否恰当。

(2) 证据是否随案移送，不宜移送的证据的清单、复制件、照片或者其他证明文性是否随案移送。

(3) 证据是否确实、充分。

(4) 有无遗漏罪行和其他应当追究刑事责任的人。

(5) 是否有属于不应当追究刑事责任的情形。

(6) 有无附带民事诉讼，对于国家财产、集体财产遭受损失的，是否需要由人民检察院提起附带民事诉讼。

(7) 侦查机关采取的强制措施是否适当，侦查活动是否合法。

(8) 与犯罪有关的财物及孳息是否被扣押、冻结并妥善保管，以供核查。

2. 制作刑事起诉书

参见本教材第二章第三节关于刑事起诉书的制作部分。

3. 向本小组法官方提起诉讼

根据《中华人民共和国刑事诉讼法》的规定，人民检察院按照普通程序向人民法院提起公诉，应当向人民法院移送起诉书和案卷材料及证据。在模拟法庭审判中，考虑到整个案卷材料已经为控辩审三方所知悉，因此公诉方向合议庭起诉时，只需移送起诉书、拟举证证据目录和拟申请出庭的证人名单。

模拟法庭审判中提起诉讼要注意以下几点：

(1) 根据《中华人民共和国刑事诉讼法》规定，提起公诉的条件是：犯罪嫌疑人的犯罪事实已经查清，证据确实、充分；对犯罪嫌疑人依法应当追究刑事责任；向有管辖权的人民法院提起公诉，在模拟法庭审判中，要求公诉方的学生根据案件材料选择恰当的受理法院，并在起诉书中体现。

(2) 人民检察院向人民法院移送起诉书时，还应当按照被告人的人数提交起诉状副本。

(3) 根据《中华人民共和国刑事诉讼法》规定，人民检察院在审查起诉阶段必须讯问被告人。因此，公诉方学生在此阶段还应当讯问被告人，以进一步了解案情，特别是了解被告人在侦查阶段供述的真实性以及评估被告人在法庭审判时将会作何种陈述，从而为出庭支持公诉做好准备。

(四) 法官方对起诉进行审查和处理

1. 法官方审查材料

法官方在收到公诉方的起诉材料后，应当进行审查。审查的内容包括：

(1) 案件是否属于本院管辖。

(2) 起诉书指控的被告人的身份，实施犯罪的时间、地点、手段，犯罪事实、危害后果、罪名，以及其他可能影响定罪量刑的情节等是否明确。

(3) 起诉书是否载明被告人被采取强制措施的种类、羁押地点，是否在案以及是否扣押、冻结在案被告人的财物及财物存放地点，是否列明被害人的姓名、住址、通信地址，为保护被害人不宜列明的，应当单独送被害人名单。

(4) 是否附有起诉前收集的证据目录。

(5) 是否附有能够证明指控犯罪行为性质、情节等内容的主要证据复印件或者照片。

(6) 是否附有起诉前提供了证言的证人名单，证人名单是否列明出庭作证和拟不出庭作证的证人的姓名、性别、年龄、职业、住址和通信地址。

(7) 已委托辩护人、代理人的，是否附有辩护人、代理人的姓名、住址等。

(8) 提起附带民事诉讼的，是否附有相关证据材料。

(9) 侦查、起诉程序的各种法律手续和诉讼文书复印件是否完备。

(10) 有无《中华人民共和国刑事诉讼法》规定的不追究刑事责任的情形。

2. 法官方作出处理

法官方审查后，应当根据案件的不同情况分别处理：

(1) 不属于本院管辖或者被告人不在案的，决定退回公诉方。

(2) 起诉书中有明确的犯罪事实并附有证据材料，且符合管辖规定的，应当决定开庭审判。

(3) 符合《中华人民共和国刑事诉讼法》规定的不追究刑事责任的情形以及法官方裁定准予公诉方撤诉的案件，没有新的事实、证据，公诉组重新起诉的，法官方应当裁定终止审理或者不予受理。

提醒注意：基于培养学生能力的需要，在模拟法庭审判中，建议法官方的学生在正式模拟开庭审判之前，熟悉整个案件材料，明确案件的关键点和主要的争议点。

（五）法官方审前准备

根据《中华人民共和国刑事诉讼法》的规定，法官方或合议庭在决定开庭审判前应当进行下列准备工作。

1. 草拟庭审提纲

合议庭组成人员在开庭审判前应当草拟出法庭庭审提纲。该提纲一般包括以下内容：

(1) 合议庭成员在庭审中的具体分工。

(2) 起诉书指控犯罪事实部分的重点和认定案件性质方面的要点。

(3) 讯问被告人时需了解的案情要点。

(4) 控辩双方拟出庭作证的证人、鉴定人和勘验、检查笔录制作人名单。

(5) 控辩双方拟当庭宣读、出示的证人证言、物证和其他证据目录。

(6) 庭审中可能出现的问题及采取的措施。

2. 送达起诉书副本

将公诉方的起诉书副本至迟在开庭 10 日以前送达被告人及其辩护人。

3. 通知公诉方开庭时间、地点

将开庭的时间、地点在开庭 3 日以前通知公诉方。

4. 传唤当事人、送达传票

传唤当事人和通知辩护人、诉讼代理人、证人、鉴定人、勘验检查笔录制作人、翻译人员的传票和通知书，至迟在开庭 3 日以前送达。

5. 公告开庭时间、地点

公开审判的案件，在开庭 3 日以前先期公布案由、被告人姓名、开庭时间和地点。

提醒注意：上述有关庭前准备的期间和送达要求，来源于《中华人民共和国刑事诉讼法》的规定。在模拟法庭审判中，学生可以根据任课教师的意见和相关教学安排进行灵活处理，如送达的方式可以要求发送到本课程指定的公共邮箱后即视为送达。

二、刑事模拟法庭审判的过程评价

作为一门法学实践课程，模拟法庭审判完毕后需要对整个模拟法庭审判过程进行评价，并由任课教师给出课程成绩。

模拟法庭审判过程评价包括自评、小组互评和教师总评三部分。

（一）自评

参与模拟法庭审判的学生对自己在庭审中的表现、优点及不足进行总结。这部分评价可在后续应提交的个人庭审心得中体现。

（二）小组互评

各模拟法庭审判小组之间对非本小组的庭审表现做出评价。这部分评价可在庭审结束后现场评价，也可在庭审结束后提交的材料中进行体现。

（三）教师总评

任课教师的评价包括对整个庭审过程的成绩性评价、各小组庭审结束后现场点评以及课后提交的诉讼文书等材料成绩性评价。具体而言：①分小组进行案例模拟审判，也以小组为单位提交庭审结束后诉讼文书材料。②课程成绩采用结构评分，总分 100 分。由每位学生在模拟法庭审判过程中的综合表现和法庭审判材料两部分构成，其中模拟法庭审判过程中的综合表现评分 50 分，由教师根据各位学生庭审综合表现给分；庭审材料评分 50 分，其中庭审诉讼文书 30 分，庭审后自评、小组互评以及个人庭审心得体会 20 分。

三、模拟法庭审判后诉讼文书及作业材料的整理及提交

司法实践中，检察官、律师及法官每办结一起案件，都应对案卷材料进行整理归档。公诉意见书、代理词、辩护词一般会在开庭前起草好。在法庭辩论时，再根据法庭调查和法庭辩论情况作适当调整。由于绝大多数案件都不会当庭宣判，因此公诉意见书、代理词、辩护词都是在开庭完毕后再经适当修改才被提交。当然，在一些简单的案件中，如果对开庭前就起草的代理词等法律文书无需再作修改，也可以在开庭完毕后当场提交。

在模拟法庭审判课程安排中，开庭审理完毕，参与模拟法庭审判的诉讼各方应完成相关诉讼文书的写作和归档。为避免模拟法庭审判中的材料浪费，各小组模拟法庭审判的各方诉讼文书及其他案件材料在庭审结束后由各小组的书记员统一收取整理后交由审判长审核，最后由各小组组长将本小组装订成册的庭审材料提交给任课教师存档。具体包括：

（1）扮演公诉人的学生应当将修改后的公诉意见书提交给法官方或合议庭。公诉意见书的制作方法见本教材第二章第三节。

（2）扮演辩护人的学生应当修改完善辩护词，并提交给法官方或合议庭。辩护词的制作方法参见本教材第二章第三节。

（3）法官方或合议庭的学生应当制作第一审刑事判决书。判决书的制作方法参见本教材第二章第三节。

（4）扮演书记员的学生，按照以下内容将本小组法庭审判案件的主要材料装订成册，归档备查：①卷宗封面。②卷内目录。③刑事起诉书。④公诉词。⑤代理词。⑥辩护词。⑦被告人最后陈述。⑧评议笔录。⑨审判笔录。⑩判决书。⑪证据材料。⑫卷底。

（5）经审判长签字确认后，书记员将整理好的案例卷宗材料交本小组组长。

（6）小组长按照课程提交作业的要求将本小组模拟法庭审判所有材料装订成册后提交任课教师。提交材料具体包括：封面（包括课程名称、第几组、小组成员姓名、学号），目录，本小组角色分配和本人对应名单，案情介绍，本小组案件卷宗材料装订册，模拟法庭审判图片及文字说明，本小组所有学生庭审自评、小组互评、个人庭审心得体会。整份材料装订成册后以模拟法庭审判小组为单位向任课教师提交。

第五章 案例实训

本章选取了四个来自法院的真实案例[①]，改编成模拟法庭审判的案例脚本供学生选取使用，改编后的案件尽可能地保留了案情发展详细过程，便于学生对所选案例再次创作处理。在模拟法庭审判时，学生根据所扮演角色的需要可以对所选案件的庭审具体内容进行取舍或者进行适当改编，以获取更好的庭审效果。本教材在每个案例脚本的开头先简要介绍案情，再详细列出本案例参与模拟法庭审判的人数、角色以及所需的道具，并提供庭审所需的部分证据材料以及供参考的本案例争议焦点和思考问题。任课教师组织学生分小组进行模拟刑事案件法庭审判，讲解并指导学生进行模拟法庭审判各个阶段的具体操作程序及注意事项，学生模拟审判案例结束后，由教师进行讲评，同时也可由学生进行小组互评。

第一节 杨怀南故意伤害案第一审程序模拟审判脚本

一、案情简介

因边界纠纷，被告人杨怀南与被害人严立富、赵菊英长期存在矛盾。2021年2月13日11时许，杨怀南在位于长溪县西宁镇福来村8组的家中，听见被害人赵菊英在骂人，认为赵菊英在骂他，遂用脚和锄头推倒赵菊英家砌在两家边界上的砖头。赵菊英、严立富上前阻止，与杨怀南发生争吵和抓扯。在抓扯过程中，杨怀南先用锄把戳打赵菊英身体右侧和腰部，再用锄把戳打严立富身体两侧，造成严立富脾脏破裂，赵菊英右侧5、6肋骨骨折，腰1椎右侧横突骨折。经长溪县公安局物证鉴定室鉴定，严立富之损伤程度为重伤二级，赵菊英之损伤程度为轻伤二级。

案发后，被告人家属向被害人垫付了29000元医药费。

[①] 本章所涉四个案例均来自司法实务中的真实案例，但都经过了改编，改编后案例中出现的人名、地名、文书编号、日期均属虚构，如有雷同，纯属巧合。

二、模拟法庭审判参与人员表

本案模拟法庭审判共有 11 人参加，其角色如下：
审判长：张玉珉
审判员：林莉
审判员：白雨婷
书记员：李青
公诉人：林敏
被告人：杨怀南
辩护人：吴霞
证人：杨仲
证人：杨兰
法警：李文彬
法警：王广军

三、模拟法庭审判法服、法物及道具

法官袍：3 套
检察官服：1 套
书记员服：1 套
被告人：正装或便装 1 套
律师袍：1 件
法警服：2 套
法槌：1 套
仿真手枪：2 支
仿真警棍：2 根
证人如实作证保证书：2 份

四、证据材料

（1）物证：锄把 1 根。
（2）鉴定意见书。
（3）勘验笔录。
（4）证人证言。
（5）视听资料。
（6）其他证据材料。

五、案件争议焦点和问题思考（包括但不限于以下争议焦点及问题思考）

（1）本案是否属于被害人过错在先而引发的故意伤害，被告人的行为是否构成防卫过当。

（2）被告人杨怀南是否属于主动投案，是否应认定自首。

（3）结合本案思考认罪认罚从宽制度适用的依据、程序、内容及司法效果。

六、本案模拟法庭审判脚本

案由：杨怀南故意伤害案
开庭时间：2021年9月3日14：00
开庭地点：长溪县人民法院第二审判庭
是否公开审理：公开
合议庭人员：审判长：张玉珉　审判员：林莉　白雨亭
公诉人：林敏
书记员：李青

开庭前准备阶段

（书记员就位）

书记员李青：请肃静。请公诉人、辩护人入庭。

（公诉人、辩护人入庭就座）

（各人员就位）

书记员李青：（站立）请旁听人员安静，现在宣布法庭规则：

1. 诉讼参与人应当遵守法庭规则，维护法庭秩序，不得喧哗、吵闹。
2. 诉讼参与人在开庭审判期间的发言、陈述和辩论，须经审判长许可。
3. 未经许可，不得录音、录像、拍照和摄影，不得使用移动通信工具等传播庭审活动。
4. 法庭内不得吸烟，不得随意走动和进入审判区。
5. 法庭内禁止拨打或接听电话，手机一律关闭。
6. 法庭审理过程中，旁听群众不得发言、提问，不得鼓掌、喧哗、吵闹和进行其他妨碍审判活动的行为。
7. 审判人员进入法庭以及审判长宣告判决、裁定、决定时，全体人员应当起立。
8. 未经许可，未成年人不得进入法庭。

对于违反法庭纪律的旁听人员，审判长可以口头警告、训诫、责令退出法庭或者经院长批准予以罚款、拘留，对严重扰乱法庭秩序的人，依法追究刑事责任。

书记员李青：请全体起立（起立完毕）。请审判长、审判员入庭（审判长和两名审判员入庭）。

审判长张玉珉：（审判长坐下后）全体坐下。

书记员李青：（转身面向审判长）报告审判长，本案的公诉人、辩护人已到庭，被告人杨怀南已提到候审，开庭工作经准备就绪，请主持开庭。

开庭阶段

审判长张玉珉：（敲击法槌后宣布）长溪县人民法院现在开庭。审理由长溪县人民检察院提起公诉的指控被告人杨怀南犯故意伤害罪一案。传被告人杨怀南到庭（两名法警押解被告人入庭，待被告人在其席位上站定后，打开被告人手铐，站在被告人身后值庭）。

审判长张玉珉：根据《最高人民法院关于适用〈中华人民共和国刑事诉讼法〉的解释》第二百三十五条的规定，法庭现在对被告人的基本情况进行核实。

审判长张玉珉：被告人，你的姓名？

被告人杨怀南：杨怀南。

审判长张玉珉：还有没有其他名字？

被告人杨怀南：没有。

审判长张玉珉：你的出生年月日？

被告人杨怀南：我出生于1958年3月7日。

审判长张玉珉：民族？

被告人杨怀南：汉族。

审判长张玉珉：出生地？

被告人杨怀南：云中省长溪县。

审判长张玉珉：文化程度？

被告人杨怀南：初中肄业。

审判长张玉珉：你的职业？

被告人杨怀南：务工。

审判长张玉珉：你的住址？

被告人杨怀南：住云中省北阳市兴园社区丽景小苑11栋1单元103号（子女的房屋）。

审判长张玉珉：你以前是否受过法律处分？何种处分？什么时间处分的？

被告人杨怀南：没有受过法律处分。

审判长张玉珉：你是什么时间因为什么被刑事拘留的？什么时间被逮捕的？

被告人杨怀南：因涉嫌故意伤害，2021年5月7日被刑事拘留，2021年5月20日被逮捕。

审判长张玉珉：你是否在开庭前10日收到了本院送达的长溪县人民检察院的起诉书副本？

被告人杨怀南：是，收到了。

审判长张玉珉：你是否在开庭3日前收到了本院开庭传票？

被告人杨怀南：是，收到了。

审判长张玉珉：根据《中华人民共和国刑事诉讼法》第一百八十八条、第一百九十条的规定，长溪县人民法院今天在本院第二审判庭依法公开开庭审理由长溪县人民检察院提起公诉的、指控被告人杨怀南犯有故意伤害罪一案。

审判长张玉珉：现在宣布合议庭组成人员、书记员、法官助理、公诉人的名单。本庭由长溪县人民法院审判员张玉珉担任审判长，与审判员林莉、白雨亭组成合议庭，法官助理赵梓宁到庭辅助庭审工作，由书记员李青担任法庭记录。公诉机关长溪县人民检察院指派检察官林敏出庭支持公诉。

审判长张玉珉：依照《中华人民共和国刑事诉讼法》第二十九条、第三十一条、第三十二条的规定，被告人享有申请回避的权利。申请回避的理由包括几种情形：以上人员是本案的当事人或者是当事人的近亲属的；本人或者他的近亲属和本案有利害关系的；担任过本案的证人、鉴定人、辩护人、诉讼代理人的；与本案当事人有其他关系，可能影响公正处理案件的。

审判长张玉珉：被告人杨怀南，你享有申请回避的权利，是否听清楚？

被告人杨怀南：听清楚了。

审判长张玉珉：你是否申请审判人员、书记员、法官助理、检察官回避？如果申请回避，指明申请何人回避，并说明理由。

被告人杨怀南：不申请。

审判长张玉珉：依照《中华人民共和国刑事诉讼法》第三十三条、第三十四条的规定，被告人享有辩护权，除自行辩护外，被告人有权委托辩护人。被告人杨怀南家属杨桦委托长溪县云正律师事务所律师吴霞为其辩护人。被告人是否同意辩护人为你辩护？有无异议？

被告人杨怀南：同意，无异议。

审判长张玉珉：辩护人是否申请回避？如果申请回避，指明申请何人回避，并说明理由。

辩护人吴霞：不申请。

审判长张玉珉：依照《中华人民共和国刑事诉讼法》第一百九十七条、第一百九十八条的规定，被告人在法庭审理过程中依法享有提出证据，申请通知新的证人到庭、调取新的证据、申请重新鉴定或者勘验、检查的权利；被告人有权对证据和案件情况发表意见和相互辩论；被告人在法庭辩论终结后享有最后陈述的权利。

审判长张玉珉：被告人杨怀南，上述权利你是否听清楚了？

被告人杨怀南：听清楚了。

法庭调查阶段

审判长张玉珉：法庭调查的准备工作已就绪，现在开始法庭调查。首先由公诉人宣读起诉书。

公诉人林敏：（站立）

云中省长溪县人民检察院
起诉书

长检刑诉〔2021〕112 号

被告人杨怀南，男，1958年3月7日出生，公民身份号码510××××××××××××××，汉族，初中肄业，务工，户籍所在地云中省北阳市长溪县西宁镇福来村8组38号，现住云中省北阳市兴园社区丽景小苑11栋1单元103号。因涉嫌故意伤害罪，于2021年5月7日被长溪县公安局刑事拘留。2021年5月20日，经本院批准，于同日被长溪县公安局执行逮捕。

本案由长溪县公安局侦查终结，以被告人杨怀南涉嫌故意伤害罪，于2021年7月6日向本院移送审查起诉。本院受理后，于次日已告知被告人有权委托辩护人和认罪认罚可能导致的法律后果，依法讯问了被告人，听取了被告人及其辩护人的意见，询问了被害人，审查了全部案卷材料。

经依法审查查明：

因边界纠纷，被告人杨怀南与被害人严立富、赵菊英长期存在矛盾。2021年2月13日11时许，杨怀南在位于长溪县西宁镇福来村8组的家中，听见被害人赵菊英在骂人，认为赵菊英在骂他，遂用脚和锄头推倒赵菊英家砌在两家边界上的砖头。赵菊英、严立富上前阻止，与杨怀南发生争吵和抓扯。在抓扯过程中，杨怀南先用锄把戳打赵菊英身体右侧和腰部，再用锄把戳打严立富身体两侧，造成严立富脾脏破裂，赵菊英右侧5、6肋骨骨折，腰1椎右侧横突骨折。经长溪县公安局物证鉴定室鉴定，严立富之损伤程度为重伤二级，赵菊英之损伤程度为轻伤二级。

案发后，被告人家属向被害人垫付了29000元医药费。

认定上述事实的证据如下：

1. 物证：锄把一根；2. 书证：立案决定书、病历资料等；3. 证人证言：证人李小明、徐德秀、杨仲等人的证言；4. 被害人陈述：被害人严立富、赵菊英的陈述；5. 被告人供述和辩解：被告人杨怀南的供述和辩解；6. 鉴定意见：长公物鉴（法临）字〔2020〕24号、长公物鉴（法临）字〔2020〕25号；7. 勘验、检查、辨认笔录：现场勘验笔录；8. 视听资料：监控视频。

本院认为，被告人杨怀南故意伤害他人身体，致一人重伤、一人轻伤，其行为触犯了《中华人民共和国刑法》第二百三十四条第二款，犯罪事实清楚，证据确实、充分，应当以故意伤害罪追究其刑事责任。被告人杨怀南到案后，如实供述自己罪行，系坦白，根据《中华人民共和国刑法》第六十七条第三款，可以从轻处罚。本院依照《中华人民共和国刑事诉讼法》第一百七十六条的规定，特提起公诉，请依法判处。

此致

云中省长溪县人民法院

检 察 官　林　敏
检察官助理　蒲　雄

2021 年 8 月 6 日
（院印）

附件：1. 被告人现被羁押于长溪县看守所
　　　2. 案卷材料和证据三册

公诉人林敏：审判长，起诉书宣读完毕。

审判长张玉珉：被告人杨怀南，公诉人宣读的起诉书你听清楚没有？

被告人杨怀南：听清楚了。

审判长张玉珉：被告人杨怀南，刚才你所听到的内容和你收到的起诉书副本是一致的吗？

被告人杨怀南：是一致的。

审判长张玉珉：被告人对公诉人指控的犯罪事实及罪名有无异议？

被告人杨怀南：事实有异议，我们双方多次因边界问题吵架，事实方面是对方先动手打我的，我才还手。罪名无异议。

审判长张玉珉：鉴于被告人对指控的犯罪事实有异议，本庭采用普通程序审理。在法庭调查过程中，本庭将先调查本案的犯罪事实，再调查量刑事实。在犯罪事实调查过程中，应当围绕本案犯罪事实中影响定性的定罪事实以及与犯罪有关的量刑事实比如被害人是否有重大过错、犯罪手段等。在量刑事实的调查过程中，应当围绕被告人所具有的其他罪前、罪后量刑情节展开调查，比如坦白、自首等情节。

审判长张玉珉：下面先进行犯罪事实的调查。

审判长张玉珉：被告人杨怀南，你可以坐下（两名值庭法警也坐下）。你是否需要对被指控的犯罪事实进行陈述？

被告人杨怀南：我只强调一点，事实方面是对方先动手打我，我才还手的。

审判长张玉珉：公诉人就起诉书指控的事实可对被告人进行讯问。公诉人有无问题向被告人发问？

公诉人林敏：有。

审判长张玉珉：可以发问。

公诉人林敏：被告人杨怀南，公诉人现就本案的犯罪事实对你进行讯问，你应当如实回答，听清楚了吗？

被告人杨怀南：听清楚了。

公诉人林敏：你对起诉书指控的犯罪事实有无异议？

被告人杨怀南：对事实有异议。是对方先动手打我，我才还手的，不是我先打对方。

公诉人林敏：你以前在公安机关的交代是否属实？

被告人杨怀南：我在公安机关的交代属实。是我用锄头把打伤了严立富和赵菊英。

公诉人林敏：被告人杨怀南，起诉以后是否自愿认罪认罚？

被告人杨怀南：我认罪认罚。

公诉人林敏：签署认罪认罚具结书是不是你本人真实意思表示？

被告人杨怀南：是我本人意思。

公诉人林敏：签署认罪认罚具结书时，你的辩护人是否在场并全程参与你的认罪认罚过程？

被告人杨怀南：我承认了认罪认罚。是我律师全程在场。

公诉人林敏：案发当天公安机关是否调取监控视频？你是否认可监控视频内容？

被告人杨怀南：是调取了的。我认可监控视频内容。

公诉人林敏：审判长，我的发问完毕。

审判长张玉珉：公诉人是否需要继续讯问？

公诉人林敏：不需要。

审判员白雨亭：被告人杨怀南，案发当天公安机关是否调取了监控视频？

被告人杨怀南：是，调取了监控视频。

审判员白雨亭：监控视频里是不是你们打架事件的全过程？

被告人杨怀南：是。

审判员白雨亭：你是否认可监控视频的内容？

被告人杨怀南：认可。

审判长张玉珉：被告人的辩护人是否需要发问？

辩护人吴霞：需要。

审判长张玉珉：可以发问。

辩护人吴霞：杨怀南，2021年2月13日打架中你有没有受伤？受伤的原因是什么？

被告人杨怀南：我右手大拇指关节部位受伤，是赵菊英用铁架给我打的。

辩护人吴霞：你第一次被派出所问话的时间是什么时候？你当时说过什么？打架事件发生后与被派出所询问之间这段时间你在做什么？

被告人杨怀南：我记不清第一次问话时间了。我向派出所陈述了打架事件的整个过程。打架事件后与被派出所询问这段时间，我一直在云阳县打工。

辩护人吴霞：这次打架事件之后你们的调解情况怎样？你是否有道歉或赔偿医药费等行为？

被告人杨怀南：我有这个想法，因矛盾太深，我不好去。

辩护人吴霞：有没有让家属代你进行道歉或赔偿医药费用？

被告人杨怀南：家属代我赔偿了2.9万元医药费。

审判长张玉珉：现在由控辩双方举证说明犯罪事实。首先由公诉方向法庭出示证据，鉴于被告人认罪，对事实未提出异议，公诉人出示这部分证据可以适当简化，出示证据时，应指明证据名称、来源及拟证明的事实。

公诉人林敏：鉴于被告人认罪认罚，简化出示证据。

书证：受案登记表、受案回执、立案决定书见证据册第一册第2~5页。强制措施情况、户籍证明、到案经过、补充说明见证据册第一册第6~18页，证明案件的来源和破案的经过。宣读（略）

审判长张玉珉：被告人，你听清楚了吗？

被告人杨怀南：听清楚了。

审判长张玉珉：你对公诉人宣读的这份证据有何意见？

被告人杨怀南：没有。

审判长张玉珉：被告人杨怀南的辩护人对此有何意见？

辩护人吴霞：对书证无异议，但请合议庭注意本案先是以行政案件办理，之后才转为刑事案件。公诉人出示的补充说明显示被告人2021年3月8日主动到派出所说明经过并如实供述犯罪事实。

审判长张玉珉：公诉人，你可以继续举证。

公诉人林敏：严立富、赵菊英的住院病情证明；调查通知书及清单，调取医院门诊病历，调取120出车情况；证实被害人的受伤情况。支付医疗费的收据、被害人具名的收条、证实被告人杨怀南家属垫付医疗费的票据。宣读（略）

审判长张玉珉：被告人，你听清楚了吗？

被告人杨怀南：听清楚了。

审判长张玉珉：你对公诉人宣读的这份证据有何意见？

被告人杨怀南：没有。

审判长张玉珉：被告人杨怀南的辩护人对此有何意见？

辩护人吴霞：没有。

审判长张玉珉：公诉人，你可以继续举证。

公诉人林敏：被告人实施犯罪行为使用的锄把的照片及被告人辨认工具笔录，证实被告人杨怀南实施故意伤害行为使用的犯罪工具。

（法警将锄把照片向被告人、辩护人出示）

审判长张玉珉：被告人，你看清楚了吗？

被告人杨怀南：看清楚了。

审判长张玉珉：你对公诉人出示的这份证据有何意见？

被告人杨怀南：没有。

审判长张玉珉：被告人杨怀南的辩护人对此有何意见？

辩护人吴霞：没有。

审判长张玉珉：公诉人，你可以继续举证。

公诉人林敏：出示调解书及调解照片、出警现场照片、提讯证、传唤证、被害人权利义务告知书、被告人权利义务告知书等，证实案件办理合法。

（法警将上述证据一一向被告人、辩护人出示）

审判长张玉珉：被告人，你看清楚了吗？

被告人杨怀南：看清楚了。

审判长张玉珉：你对公诉人出示的这份证据有何意见？

被告人杨怀南：没有。

审判长张玉珉：被告人杨怀南的辩护人对此有何意见？

辩护人吴霞：没有。

审判长张玉珉：公诉人，你可以继续举证。

公诉人林敏：被害人严立富、赵菊英的陈述见证据第二册第4~10页。宣读（略）

审判长张玉珉：被告人，你听清楚了吗？

被告人杨怀南：听清楚了。

审判长张玉珉：你对公诉人宣读的这份证据有何意见？

被告人杨怀南：是赵菊英先动手打我的，用铁架打伤我的手。

审判长张玉珉：被告人杨怀南的辩护人对此有何意见？

辩护人吴霞：对被害人的陈述有异议。赵菊英陈述杨怀南先用锄把打赵菊英的腰部，事实是赵菊英先动手；严立富的陈述前后存在矛盾；二人陈述砌砖是否属于自己家里有异议，根据现场照片显示砖砌在靠近杨怀南家一边。

审判长张玉珉：公诉人，你可以继续举证。

公诉人林敏：证人证言：证人李小明、杨仲、王英、杜媛、曾明、李琪、蒋坤、翟平等的证言，证实案件的发生原因、犯罪过程以及其他犯罪事实。宣读（略）

审判长张玉珉：被告人，你听清楚了吗？

被告人杨怀南：听清楚了。

审判长张玉珉：你对公诉人宣读的这份证据有何意见？

被告人杨怀南：我还是坚持我没有先动手。

审判长张玉珉：被告人杨怀南的辩护人对此有何意见？

辩护人吴霞：证人证言中李小明、王英证言有异议，二人陈述杨怀南先打赵菊英的陈述不认可。

审判长张玉珉：公诉人，你可以继续举证。

公诉人林敏：被告人杨怀南的供述（四次），来源于被告人杨怀南在侦查阶段向公安机关侦查人员所作的供述，证实案件发生具体经过，见证据二册第23~48页。宣读（略）

审判长张玉珉：被告人，你听清楚了吗？

被告人杨怀南：听清楚了。

审判长张玉珉：你对公诉人出示的这份证据有何意见？

被告人杨怀南：没有。

审判长张玉珉：被告人杨怀南的辩护人对此有何意见？

辩护人吴霞：没有。

审判长张玉珉：公诉人，你可以继续举证。

公诉人林敏：严立富、赵菊英的伤情鉴定意见及鉴定意见通知书，证实被害人严立富的伤情为重伤二级，被害人赵菊英的伤情为轻伤二级。宣读（略）

审判长张玉珉：被告人，你听清楚了吗？

被告人杨怀南：听清楚了。

审判长张玉珉：你对公诉人出示的这份证据有何意见？

被告人杨怀南：没有。

审判长张玉珉：被告人杨怀南的辩护人对此有何意见？

辩护人吴霞：没有。

审判长张玉珉：公诉人，你可以继续举证。

公诉人林敏：杨怀南辨认工具的笔录，杨怀南辨认现场笔录及照片，现场勘验笔录、现场图及现场照片。

（法警将上述证据——向被告人、辩护人出示）

审判长张玉珉：被告人，你看清楚了吗？

被告人杨怀南：看清楚了。

审判长张玉珉：你对公诉人出示的这份证据有何意见？

被告人杨怀南：没有。

审判长张玉珉：被告人杨怀南的辩护人对此有何意见？

辩护人吴霞：没有。

审判长张玉珉：公诉人，你可以继续举证。

公诉人林敏：下面播放案发当天监控视频。证实被告人杨怀南对被害人严立富、赵菊英实施故意伤害行为的过程（播放视频）。

审判长张玉珉：被告人，你看清楚了吗？

被告人杨怀南：看清楚了。

审判长张玉珉：你对公诉人出示的这份证据有何意见？

被告人杨怀南：视频不太清晰。

审判长张玉珉：被告人杨怀南的辩护人对此有何意见？

辩护人吴霞：对监控视频有异议：监控视频因自身质量问题，记录不完整，没有记录刚开始打架的实际情况。另说明：双方因为矛盾无法协商一致，暂以房屋水沟为中心，双方不得实施硬化。从监控视频可以看出，严立富、赵菊英将砖砌在靠近杨怀南房屋处。其余无异议。

审判长张玉珉：公诉人，你可以继续举证。

公诉人林敏：审判长，举证完毕。

审判长张玉珉：被告人，公诉机关出示的证据是否听清？在审查起诉阶段公诉机关是否向你出示过以上证据？

被告人杨怀南：听清。出示过。

审判长张玉珉：被告人对以上证据有无异议？

被告人杨怀南：无异议。

审判长张玉珉：针对辩护人提出的证据方面的异议，公诉人有什么回应的？

公诉人林敏：关于监控视频问题：公诉机关在询问时向被告人核实过，监控视频是依法在杨怀南家里调取的；对于辩护人所说赵菊英先动手没有证据证实。关于证人证言方面，请辩护人出示其质证依据的证据。

审判长张玉珉：被告人及辩护人是否有证据出示？

被告人杨怀南：他们在水沟砌墙就是证据。其他的请我辩护人发言。

辩护人吴霞：2021年2月1日—2021年2月28日通话记录详单，证实2021年2月1日4下午3时左右杨怀南家属代杨怀南向公安机关询问是否需要配合调查情况，说明杨怀南具有主动投案情节（机主是杨仲）。

审判长张玉珉：公诉人回应？

公诉人林敏：第一，机主信息没有具体体现。第二，通话详单证明力度不足，杨仲不能代表杨怀南的真实意思。我认为这与杨怀南主动投案性之间没有关联性。

审判长张玉珉：辩护人有什么回应的？

辩护人吴霞：机主信息和投案关联性以证人杨仲出庭作证进行说明。

审判长张玉珉：还有无其他证据出示？

辩护人吴霞：申请证人杨仲出庭作证，杨仲说明在2021年2月14日下午3时与西旧派出所民警通话内容，以此证明杨怀南具有投案的主动性。

审判长张玉珉：法警，带证人杨仲到庭。

（一名法警出庭带证人杨仲到庭后）

审判长张玉珉：证人，说明你的姓名、年龄、文化程度、家庭住址和工作单位、与当事人关系。

证人杨仲：我叫杨仲，男，汉族，出生于1987年10月20日，居民身份证号码：510××××××××××××××，户籍所在地长溪县成荣乡平沟村七组41号，住云中省北阳市平州区武庙二巷104号。系被告人杨怀南之子，与被害人系邻居关系。

审判长张玉珉：今天公开开庭审理案件，被告人杨怀南辩护人申请你出庭作证，根据相关法律规定，你应当如实地提供证言，有意作伪证或隐匿罪证要承担法律责任。听清楚了吗？

证人杨仲：听清楚了。我保证如实作证。

审判长张玉珉：证人，在你面前有一份《如实作证保证书》，请你向法庭宣读保证书的内容，宣读后在保证书上签名、捺指印。由法警将保证书交予法庭。

（《如实作证保证书》已放在证人席上，证人杨仲阅读后在《如实作证保证书》上签名，捺指印）

审判长张玉珉：对证人发问时，控辩双方不得有如下行为：

1. 发问的内容与案件无关；
2. 诱导方式发问；
3. 威胁证人；
4. 损害证人的人格尊严。

如果出现上述情形之一，对方可以提出异议。

审判长张玉珉：下面由申请方即辩护方首先向证人发问。

辩护人吴霞：2021年2月14日下午3时左右你在做什么？

证人杨仲：我在县医院给派出所打电话。

辩护人吴霞：130尾号2633是不是你本人电话？你问了什么？

证人杨仲：是我本人的电话，我问警官是否需要去到派出所配合询问材料，警官说不需要去，到时候通知我们就是了。

辩护人吴霞：为什么你会主动通话？

证人杨仲：我听说主动打电话可以算自首之类的。

辩护人吴霞：主动打电话时，杨怀南在哪里？

证人杨仲：杨怀南在我旁边，跟我姐姐站旁边，我电话开的免提。

辩护人吴霞：审判长，我的发问完毕。

审判长张玉珉：公诉人是否需要向证人发问？
公诉人林敏：需要。
审判长张玉珉：公诉人可以向证人发问。
公诉人林敏：证人杨仲，你在打电话时，杨怀南是什么状态？相隔多远？
证人杨仲：他在我旁边，在树下躲荫，与我相隔几米远。
公诉人林敏：杨怀南是否能听到你们通话？
证人杨仲：他可能听不到对话，外面很吵。
公诉人林敏：你在打电话之前，杨怀南有没有跟你说什么？
证人杨仲：打电话之前，杨怀南什么也没有跟我说。
公诉人林敏：审判长，我的发问完毕。
审判长张玉珉：请证人核对作证笔录是否有误，确认无误后签字。
（证人核对笔录后签名捺印）
审判长张玉珉：法律规定，证人不得旁听对本案的审理。法警带证人退庭。
（一名法警引导证人出庭后返庭，继续在被告人身后值庭）
审判长张玉珉：法警，带第二证人到庭。
（一名法警出庭带第二证人到庭后。）
审判长张玉珉：证人，说明你的姓名、年龄、文化程度、家庭住址和工作单位、与当事人关系。
证人杨兰：我叫杨兰，女，汉族，出生于1982年11月8日，居民身份证号码：510×××××××××××××××，户籍地及住址是云中省北阳市丰城区东西正街7号1栋2单元13楼1号。系杨怀南之女，与被害人是邻居。
审判长张玉珉：今天公开开庭审理案件，被告人杨怀南辩护人申请你作证，根据相关法律规定，你应当如实地提供证言，有意作伪证或隐匿罪证要承担法律责任。听清楚了吗？
证人杨兰：听清楚了。我保证如实作证。
审判长张玉珉：证人，在你面前有一份《如实作证保证书》，请你向法庭宣读保证书的内容，宣读后在保证书上签名、捺指印。由法警将保证书交予法庭。
（《如实作证保证书》已放在证人席上，证人杨兰阅读后在《如实作证保证书》上签名，捺指印）
审判长张玉珉：对证人发问时，控辩双方不得有如下行为：
1. 发问的内容与案件无关；
2. 诱导方式发问；
3. 威胁证人；
4. 损害证人的人格尊严。
如果出现上述情形之一，对方可以提出异议。
审判长张玉珉：下面由申请方即辩护方首先向证人发问。
辩护人吴霞：杨兰，你与杨仲是什么关系？
证人杨兰：杨仲是我弟弟。

辩护人吴霞：2021年2月14日下午3时你在做什么？你是否听到杨仲给派出所打电话？

证人杨兰：我陪我父亲做检查，在县医院外面等报告。我听到弟弟开免提给派出所打电话询问是否需要去派出所配合调查。

辩护人吴霞：你弟弟杨仲电话的通话内容是什么？

证人杨兰：内容一是检查身体报告是否需要提交派出所，二是落实是否需要配合公安调查，公安告知我们等通知。

辩护人吴霞：审判长，我的发问完毕。

审判长张玉珉：公诉人是否需要向证人发问？

公诉人林敏：需要。

审判长张玉珉：公诉人可以向证人发问。

公诉人林敏：证人杨兰，杨仲拨打电话前是否跟杨怀南在一起？

证人杨兰：不记得了，但就这个事情我们家都是积极配合的。

公诉人林敏：打电话时杨怀南在哪里？距离你有多远？

证人杨兰：不记得了，大概在旁边哪里喝茶。多远也不记得了。

公诉人林敏：审判长，我的发问完毕。

审判长张玉珉：被告人有无发问？

被告人杨怀南：没有。

审判长张玉珉：请证人核对作证笔录是否有误，确认无误后签字。

（证人核对笔录后签名捺印）

审判长张玉珉：法律规定，证人不得旁听对本案的审理。法警带证人退庭。

（一名法警引导证人出庭后返庭，继续在被告人身后值庭）

审判长张玉珉：控辩双方对于刚才证人出庭作证发表意见。

辩护人吴霞：证人杨仲、杨兰作为被告人子女，主动到县医院看望被害人并垫付医药费，随后又主动与西旧派出所民警取得联系，主动询问办案民警是否需要杨怀南到派出所配合案件调查，虽然不是杨怀南本人主动拨打的电话，但杨怀南本人没有主动拨打电话实属情有可原：1. 杨怀南作为初中肄业没有多少文化的老年人，没有经历过类似案件处理情况，在案件发生后，不知道办案流程及自己将采取哪些做法，只有将情况告知子女，寻求子女帮助，让子女代为主动联系办案警官和积极赔偿；2. 杨怀南深知与被害人一家矛盾深厚，认识到自身错误，担心不被对方一家原谅，所以请求子女代为道歉，不能因为杨怀南本人没有主动拨打电话及主动道歉而否定其主动投案的主动性。

公诉人林敏：控方认为：1. 两位证人的出庭作证证言证实杨仲在拨打电话时，杨怀南不知情，杨仲拨打的电话无法体现杨怀南投案的主动性；2. 杨怀南之子杨仲拨打电话不能代表杨怀南本人的主动性；3. 辩护人所说第二点即杨怀南深知与被害人一家矛盾深厚，认识到自身错误，担心不被对方一家原谅，所以请求子女代为道歉，这一点，没有任何证据可以证明。

审判长张玉珉：控辩双方还有无证据向本庭出示？

公诉人林敏：没有了。

辩护人吴霞：没有了。

法庭辩论阶段

审判长张玉珉：控辩双方的证据经过法庭质证，庭后合议庭综合评议是否采信，法庭调查结束。现在进行法庭辩论。先由公诉人发表公诉意见和量刑建议。

公诉人林敏：

审判长、审判员：

根据《中华人民共和国刑事诉讼法》第一百八十九条、第一百九十八条、第二百零九条的规定，我受检察长的指派，代表本院，以国家公诉人的身份，出席法庭支持公诉，并依法履行法律监督职责，现对本案证据和案件情况发表以下公诉意见和量刑建议：

本案证据来源合法，内容客观真实，准确、全面、有效地证实了被告人杨怀南的故意伤害事实。通过刚才的法庭调查，公诉人依法讯问了被告人，当庭宣读了被害人陈述、被告人供述，出示了相关物证、书证、搜查笔录、辨认笔录、视听资料等，并向证人出庭证人进行询问。公诉人所出示的证据都由长溪县公安局刑警队侦查人员依法收集，证据与证据之间形成一个完整的证据锁链。

被告人杨怀南故意伤害他人身体，致一人重伤、一人轻伤，其行为触犯了《中华人民共和国刑法》第二百三十四条第二款，犯罪事实清楚，证据确实、充分，应当以故意伤害罪追究其刑事责任。被告人杨怀南到案后，如实供述自己罪行，系坦白；被告人杨怀南认罪认罚。被告人杨怀南不属于主动投案，不属于自首。主动投案是在犯罪行为未被发现或未被询问，被告主动到案并如实交代犯罪事实，方可认定自首。根据长溪县公安局的出警记录，本案在出警时，严小明（严立富之子）已经告知办案民警严立富、赵菊英的伤是由杨怀南造成，办案民警到现场已经调取相关视频，已经确定犯罪嫌疑人，所以杨怀南不符合投案自首条件，不认定自首情节。量刑建议：建议判处有期徒刑三年二个月。

审判长张玉珉：被告人对事实、定罪、量刑部分有无辩解、辩护意见？

被告人杨怀南：以事实为依据，我相信法律，我没有要说的。让我的辩护人为我辩护。

审判长张玉珉：下面由辩护人发表辩护意见。

辩护人吴霞：

尊敬的审判长、审判员、公诉人：

四川云正律师事务所接受本案被告人杨怀南次女杨桦的委托，指派我担任杨怀南的辩护人。通过多次会见杨怀南并听取其辩解，依法查阅了全部案卷，参加庭审，我对本案事实有了更充分的了解，现就本案发表以下辩护意见，供合议庭参考并采纳：

（一）在定性方面

1. 在案件定性上，辩护人对被告人杨怀南的行为构成故意伤害罪不存有异议，但辩护人认为被告人杨怀南的行为属于防卫过当情形下的故意伤害，应当减轻或者免除处罚。

本案的发生确因村民之间的邻里纠纷引起的，但导致杨怀南用锄把击打赵菊英右侧腰部、严立富左侧腰部的直接原因却并非邻里琐事，而是因为杨怀南遭受到了赵菊英用长约 50 公分的铁制火钳对其进行殴打，严立富、赵桂英、严小明等人用火砖砸向其身体的具有相当危害性的现实不法侵害时采取的还击动作，杨怀南被赵菊英、严立富、赵桂英、严小明等人群起而攻之，被打急眼了，遂采用手上现有的锄把打伤了赵菊英、严立富。证实这一事实的证据不仅有被告人杨怀南前后稳定的在案供述，还有他身上客观存在的伤痕，以及张德秀、杨仲等人的证人证言，严立富、赵菊英等人的被害人陈述和监控视频。

2. 杨怀南对遭到赵菊英、严立富、赵桂英、严小明等人殴打的事实供述稳定：

杨怀南自始至终都供述称，赵菊英在案发当天，先用火钳击打其手臂，他才用锄把还击赵菊英，严立富捡起地上的火砖砸向其身体，他才用锄把进行还击。

3. 被告人杨怀南身上存在多处伤情，这些伤情有以下证据证实：

（1）杨怀南的就诊病历，证实其被人殴打导致其双侧前臂、右手等全身多处软组织伤。

（2）长溪县公安局西旧派出所于 2021 年 2 月 13 日拍摄的杨怀南受伤的处警现场照片。

由这些证据足以证实，被告人杨怀南在与被害人赵菊英、严立富发生冲突后，身体上有多处伤痕。

4. 被害人赵菊英、严立富的陈述不合常理，明显撒谎。

（1）被害人赵菊英在《询问笔录》称是杨怀南先动手用锄把打她，明显不符合常理。在视频中我们可以看到，被告人杨怀南在发生打架事件前一直在用锄把推砖，可以得知他的怒气发作对象一直在那堆砖上，而不是在某个人身上，是什么行为使得一直在用锄把推砖的人转而用锄把打人呢？势必是有人先做出殴打人的行为，点燃了这场邻里之间打架事件的导火索，这才导致打架事件的发生，这个先动手打人的人就是赵菊英。如果赵菊英事先没有对杨怀南进行殴打，杨怀南是否可能从用锄把推砖突然转而一棒打在赵菊英身上？这显然不合常理。

（2）严立富的《询问笔录》前后矛盾。严立富在第一次讯问笔录里称："当时人比较乱，我就没注意看他们是如何打的。"后办案警官问其到底是谁动的手，严立富又非常肯定地回答："是杨怀南先用锄把打的赵菊英。"试问，没有注意看是如何发生打架的人，又怎么可以肯定地说出打架是谁先动的手呢？严立富的前后陈述矛盾，不排除事先与赵菊英、严小明、赵桂英统一口径的嫌疑。

5. 证人张德秀、杨仲也证实是赵菊英先用手中的火钳殴打杨怀南，杨怀南才还手的。另外，赵菊英在《询问笔录》里也承认用火钳打了杨怀南，严立富、严小明在《询问笔录》里也承认自己从地上捡了砖块砸杨怀南。

6. 监控记录中也显示赵菊英用火钳殴打杨怀南，严立富、严小明、赵桂英从地上捡起砖块砸向杨怀南。

7. 杨怀南事先遭到了赵菊英、蒋光明、严小明、赵桂英等人的猛烈殴打的事实足以认定：即便赵菊英不承认事先殴打了杨怀南，根据现有证据也是可以形成心证的，且其作为被告人的抗辩事由,并不需要达到指控事实那样严格的证明标准。

综上所述,杨怀南用锄把打伤了赵菊英、严立富属实,但事出有因,被害人赵菊英、严立富长期侵犯被告人杨怀南的相邻权,且未经被告人杨怀南同意,私自在靠近杨怀南房屋边界一方修砌围墙,在争吵过程中,被害人赵菊英先行用长约50公分的铁制火钳殴打杨怀南,严立富、赵桂英、严小明等人用砖块砸打杨怀南,从而引发被告人杨怀南的反击,被害人赵菊英、严立富自身过错严重。虽然被告人杨怀南的防卫行为超过正当防卫的必要限度,并造成了不应有的损害结果,应当负刑事责任,但是应当减轻或者免除处罚。

(二)在量刑方面

在量刑上,辩护人恳请合议庭能够考虑到以下客观事实,对被告人杨怀南作出从轻、减轻处罚。

1. 被告人主动投案并如实供述自己的罪行,具有自首情节。

第一,主动投案。2021年2月14日,也即案件发生后第二天,被告人因年龄较大使用手机不便,则让其儿子杨仲主动联系西旧派出所,并向西旧派出所表示随时配合办案警官询问材料及相关调查,派出所民警告知其在家等候通知,以上事实有证人杨仲、杨兰作证,并有辩护人提交的通话记录清单予以佐证。在2021年8月4日长溪县公安局西旧派出所出具的《关于犯罪嫌疑人杨怀南到案经过的补充说明》显示,该案因案发时伤情不明,于2021年2月13日受理为行政案件查处,西旧派出所于2021年3月8日第一次将杨怀南传唤到案,经询问杨怀南如实供述了犯罪事实,后在办案过程中发现伤者病情可能构成轻伤以上伤情,于2021年3月15日转为刑事案件立案侦查。根据《最高人民法院关于处理自首和立功具体应用法律若干问题的解释》(以下简称《解释》)第一条的规定,自动投案,是指犯罪事实或者犯罪嫌疑人尚未被司法机关发觉,或者虽被发觉,但犯罪嫌疑人尚未受到讯问、未被采取强制措施时,主动向司法机关投案。犯罪嫌疑人经公安机关口头传唤到案的情况,符合上述《解释》的规定,应视为自动投案。本案是经行政案件转为刑事案件立案,在刑事案件尚未立案侦查之前,杨怀南就主动联系办案警官表示愿意配合案件调查,并且在2021年3月8日接到西旧派出所电话传唤后以行政案件当事人的身份到派出所接受询问,而非讯问。即使被告人是被电话传唤到派出所接受询问的,但是传唤不属于强制措施。被传唤后归案符合《解释》第一条第(一)项规定的"在未受到讯问、未被采取强制措施之前"的时间范围。传唤和拘传不同,首先,传唤是办案机关以电话或使用传票的形式通知犯罪嫌疑人在指定时间自行到指定的地点接受讯问的诉讼行为,它强调被传唤人到案的自觉性,且传唤不得使用械具。而拘传则是强调犯罪嫌疑人依法到案接受讯问的一种强制措施。通常情况下,拘传适用于经过依法传唤,无正当理由拒不到案的犯罪嫌疑人。可见,传唤与拘传有着本质的不同,法律并未将传唤包括在强制措施之内。其次,经传唤归案的犯罪嫌疑人具有归案的自动性和主动性。犯罪嫌疑人经传唤后,自主选择的余地还是很大的,其可以选择归案,也可拒不到案甚至逃离,而其能主动归案,就表明其有认罪悔改、接受惩罚的主观目的,即具有归案的自动性和主动性。《解释》中尚有"犯罪后逃跑,在通缉、追捕过程中,主动投案的"视为自动投案的规定,而仅仅受到传唤便直接归案的,反而不视为自动投案，于法于理都不通，也不符合立法本意。

第二，如实供述自己的罪行。在2021年3月8日，也就是本案还未被刑事立案之前，被告人杨怀南就以行政案件当事人的身份到西旧派出所接受询问，并如实供述了自己的犯罪事实。

综上所述，犯罪嫌疑人杨怀南主动投案并如实供述自己的罪行，应对其认定为自首，对其从轻或减轻处罚。

2. 被告人自愿认罪认罚。

被告人杨怀南到案后积极配合公安机关的侦查，态度较好，且如实供述自己的行为，具有坦白情节，并对自己的行为表示后悔并真诚认罪，自愿签署了《认罪认罚具结书》，依照规定可以从轻或者减轻处罚。

3. 被告人积极赔偿，认错态度良好。

2021年2月14日，也即案件发生后第二天，被告人让其长女杨兰及妻子张德秀等亲属主动到长溪县人民医院看望被害人并垫付医药费2.9万元。2021年5月9日，被告人让其女儿杨兰前往被害人家中代为进行道歉和赔偿，但未能达成和解。2021年5月13日，在村里退休教师徐方的陪同下，被告人家属前往被害人家中进行道歉并希望达成和解协议，但均被拒绝。被告人杨怀南表示本案的民事赔偿部分经过法院判决后，愿意积极主动向被害人赔偿民事判决书认定的被害人损失。

4. 被告人为退伍军人，对社会具有一定贡献，且平时一贯表现良好，无任何犯罪前科，系初犯、偶犯，主观恶性较小，在羁押期间内表现良好，可以减轻处罚。

综合以上几个方面的意见，辩护人认为，本案中被告人杨怀南虽然存在犯罪的事实，但是因本案系民间纠纷引发的刑事案件，被害人赵菊英、严立富存在明显过错，被告人属于构成防卫过当的故意伤害，并且被告人一贯表现良好又系初犯、偶犯，有自首、坦白情节，且已经积极赔偿被害人部分损失，自愿签署了认罪认罚具结书，确有悔罪表现。综合以上因素，辩护人认为，即便将来双方不能达成谅解，依照最高人民法院、最高人民检察院发布的《常见犯罪的量刑指导意见》的规定，对其也应当可以给予三年以下的量刑处理，并考虑对其适用缓刑。

以上辩护意见，望合议庭予以充分考虑并采纳。

审判长，我的辩护意见发表完毕。

审判长张玉珉：本庭认为，本案的争议焦点主要是：1. 是否属于被害人过错发生的纠纷；2. 被告人杨怀南是否属于主动投案，是否认定自首。下面控辩双方主要围绕争议焦点进行法庭辩论。

审判长张玉珉：下面由公诉人进行答辩。

公诉人林敏：审判长，公诉人坚持前面发表的公诉意见。现针对辩护意见答辩如下：1. 根据视频监控资料及证人严小明及被害人陈述证实被害人没有重大过错，本案是因常年纠纷引起的；2. 关于主动投案方面坚持之前公诉意见；3. 防卫过当不存在，在整个事件发生中杨怀南一直处于上风，并不属于辩护人所说被告人被被害人围攻采取的防卫行为的性质，所以不属于防卫过当。

审判长张玉珉：被告人进行答辩。

被告人杨怀南：没有，我请我的辩护人进行辩护。

审判长张玉珉：辩护人对公诉人的答辩意见进行答辩。

辩护人吴霞：1. 辩护人坚持第一轮辩护意见；2. 关于是否防卫过当，在监控视频中看出，在发生打架事件时，赵菊英用火钳殴打被告人杨怀南，其余三人同时手持火砖殴打杨怀南，杨怀南遭遇突发侵害具有现实危害性，在此情况下，杨怀南不得不用手中锄把予以还击，杨怀南行为构成防卫过当。

审判长张玉珉：公诉人、辩护人还有无新的辩护意见？

公诉人林敏：没有了。

被告人杨怀南：没有了。

辩护人吴霞：没有了。

审判长张玉珉：经过两轮法庭辩论，控辩双方就本案适用法律、量刑情节充分发表了各自的意见，阐明了自己的观点，法庭已经充分听取、清楚并记录在案，合议庭庭后进行综合评议。现在法庭辩论结束。

被告人最后陈述阶段

审判长张玉珉：依据《中华人民共和国刑事诉讼法》第一百九十八条的规定，审判长在宣布辩论终结后，被告人有最后陈述的权利。被告人杨怀南起立，关于本案，你还有什么向法庭陈述的？

被告人杨怀南：（站立）我已经认识到自己的错误，请法院依法判决，希望法院对我从轻处理。

评议和宣判阶段

审判长张玉珉：今天庭审活动到此结束。下面合议庭将休庭进行评议，评议大约需要30分钟。控辩双方将当庭质证的证据提交法庭。法警将被告人杨怀南带回监室继续羁押。现在休庭（轻敲法槌一次）。

书记员李青：请全体起立！请审判人员退庭评议。

（审判长率合议庭成员从法官通道纵队退出法庭）

书记员李青：现在休庭。

……

（以下进入宣判程序）

书记员李青：请公诉人、辩护人入庭，各就各位。

书记员李青：请全体起立。（稍停顿后）请审判长、审判员入庭。

（审判长率合议庭成员从法官通道纵队步入审判台就座）

审判长张玉珉：请坐下。法警带被告人杨怀南到庭。

（两名法警带被告人入庭，并站在被告人身后值庭）

审判长张玉珉：（轻敲法槌一次后宣布）现在继续开庭。由云中省长溪县人民检察院提起公诉的被告人杨怀南故意伤害一案，经过刚才的法庭调查、法庭辩论及被告人最后陈述，合议庭认真听取了控辩双方的意见，审阅了本案的全部证据材料，庭审后合议

庭认真进行了评议,现在宣布判决:

云中省长溪县人民法院
刑事判决书

(2021)云 0123 刑初 127 号

公诉机关长溪县人民检察院。

被告人杨怀南,男,生于 1958 年 3 月 7 日,公民身份号码 510××××××××××××××××,汉族,云中省长溪县人,初中肄业,务工,户籍地云中省北阳市长溪县西宁镇福来村 8 组 38 号,住云中省北阳市兴园社区丽景小苑 11 栋 1 单元 103 号。因涉嫌犯故意伤害罪,2021 年 5 月 7 日被长溪县公安局刑事拘留;2021 年 5 月 20 日经长溪县人民检察院批准,同日由长溪县公安局执行逮捕。现羁押于长溪县看守所。

辩护人吴霞,四川云正律师事务所律师。

长溪县人民检察院以长检刑诉〔2021〕112 号起诉书指控被告人杨怀南犯故意伤害罪,于 2021 年 8 月 6 日向本院提起公诉。本院依法组成合议庭,适用普通程序,于 2021 年 9 月 3 日公开开庭合并审理了本案。长溪县人民检察院指派检察官林敏出庭支持公诉,被告人杨怀南及其辩护人吴霞到庭参加诉讼。本案现已审理终结。

公诉机关指控:因边界纠纷,被告人杨怀南与被害人严立富、赵菊英长期存在矛盾。2021 年 2 月 13 日 11 时许,杨怀南在位于长溪县西宁镇福来村 8 组的家中,听见被害人赵菊英在骂人,认为赵菊英在骂他,遂用脚和锄头推倒赵菊英家砌在两家边界上的砖头。赵菊英、严立富上前阻止,与杨怀南发生争吵和抓扯。在抓扯过程中,杨怀南先用锄把戳打赵菊英身体右侧和腰部,再用锄把戳打严立富身体两侧,造成严立富脾脏破裂,赵菊英右侧 5、6 肋骨骨折,腰 1 椎右侧横突骨折。经长溪县公安局物证室鉴定,严立富之损伤程度为重伤二级,赵菊英之损伤程度为轻伤二级。案发后,被告人家属向被害人垫付了 29000 元医药费。

公诉机关认为,被告人杨怀南故意伤害他人身体,致一人重伤、一人轻伤,其行为触犯了《中华人民共和国刑法》第二百三十四条第二款,应当以故意伤害罪追究其刑事责任。被告人到案后,如实供述自己罪行,系坦白,自愿认罪认罚,可以从轻处罚。建议判处有期徒刑三年二个月。

被告人杨怀南对公诉机关指控的事实、罪名及量刑建议无异议,同意适用普通程序,且签字具结,在开庭审理过程中亦无异议。被告人杨怀南的辩护人对指控的事实及罪名无异议,提出如下辩护意见:被害人存在明显过错,杨怀南构成防卫过当的故意伤害;被告人系初犯、偶犯,有自首、坦白情节且积极赔偿被害人部分损失,确有悔罪表现。据此,请求法院对被告人从轻处罚。

经审理查明:因边界纠纷,被告人杨怀南与被害人严立富、赵菊英长期存在矛盾。2021 年 2 月 13 日 11 时许,杨怀南在自己家中听见被害人赵菊英在骂人,认为赵菊英在骂他,遂用脚和锄头推倒赵菊英家砌在两家边界上的砖头。赵菊英、严立富上前阻止,与杨怀南发生争吵和抓扯。在抓扯过程中,杨怀南先用锄把戳打赵菊英身体右侧和腰部,再用锄把戳打严立富身体两侧,造成严立富脾脏破裂,赵菊英右侧 5、6 肋骨骨折，腰 1 椎右侧横突骨折。经长溪县公安局物证室鉴定，严立富之损伤程度为重伤二级，赵菊英之损伤程度为轻伤二级。案发后，被告人家属向被害人垫付了 29000 元医药费。

另查明，严立富受伤后长溪县公安局西旧派出所办案人员拨打 120 通知了医护人员到达现场救治，产生治疗、救护费用共计 371.99 元，严立富当日被送至长溪县人民医院住院治疗至 2021 年 3 月 13 日出院，出院医嘱建议休息 3 个月，产生住院医疗费 32004.05 元、门诊检查费 2133.8 元，购买人血清白蛋白费用 6960 元，购买护垫等费用 83 元，共计 41552.84 元。2021 年 6 月 15 日，云中省潼州司法鉴定所受严小明的委托对严立富进行了伤残等级鉴定，鉴定严立富脾切除术后之伤残等级为八级、严立富肋骨骨折之伤残等级为十级，用去鉴定费 1003 元。赵菊英受伤后当日被送至长溪县人民医院住院治疗至 2021 年 3 月 8 日出院，出院医嘱建议全休 3 个月，住院用去医疗费 12512.77 元、检查费 975.32 元，共计 13488.09 元。

上述事实有经庭审质证、确认的受案登记表、立案告知书、到案经过、到案经过补充说明，现场勘验笔录、现场图、现场照片，辨认笔录，调取证据清单、接收证据清单、入库清单，鉴定委托书、长溪县公安局物证鉴定室鉴定意见书，监控视频光碟、制作说明，证人严小明、杨仲、张德秀、赵桂英、白永华、杜媛、杨兰、李琪、曾明、李坤、翟平的证言，被害人严立富、赵菊英的陈述，被告人杨怀南的供述与辩解，户籍证明、村委会证明、收入证明、建筑施工特种作业操作资格证书、工资表，医药费票据、病历、出入院证明、云中潼州司法鉴定所司法鉴定书，电话详单等证据证实，足以认定。

关于本案争议事项，本院评判如下：（一）关于被害人严立富、赵菊英是否存在过错，被告人杨怀南是否系防卫过当的问题：刑法意义上的被害人过错是指被害人实施了违反法律法规、道德规范或公序良俗，损害被告人正当法益，并且达到一定严重程度的行为，且需结合具体案情综合判断。本案中，被害人的行为均未达到严重损害被告人正当法益的程度，不能认定为刑法意义上的被害人过错；现有证据未证实杨怀南是在制止严立富、赵菊英对其的不法侵害时致严立富重伤、赵菊英轻伤，杨怀南的行为不属于防卫过当。（二）关于杨怀南是否具有自首情节的问题：受案登记表，证人杨仲、杨兰、严小明的证言、被告人杨怀南的供述与辩解及长溪县公安局西旧派出所对杨怀南的到案经过的说明相互印证，杨怀南没有自动投案的行为，不符合自首条件，不能认定杨怀南具有自首情节。

本院认为，被告人杨怀南故意伤害他人身体，致一人重伤、一人轻伤，其行为已构成故意伤害罪。公诉机关指控成立。被告人杨怀南到案后，如实供述自己罪行，系坦白，自愿认罪认罚，可依法从宽处理。被告人杨怀南赔付部分医疗费用，可以酌定从轻处罚。供犯罪所用的被告人杨怀南本人财物，应当予以没收。辩护人的其他相关辩护意见予以采纳。公诉机关的量刑建议适当，予以采纳。综上所述，依照《中华人民共和国刑法》第二百三十四条第一款和第二款、第六十四条、第六十七条第三款、第三十六条第一款，《最高人民法院关于适用〈中华人民共和国刑事诉讼法〉的解释》第一百七十五条、第一百八十八条、第一百九十二条第一款、第二款，《中华人民共和国刑事诉讼法》第十五条之规定，判决如下：

书记员李青：全体起立。

审判长张玉珉：

一、被告人杨怀南犯故意伤害罪，判处有期徒刑三年二个月。

（刑期从判决执行之日起计算；判决执行之前先行羁押的，羁押一日折抵刑期一日，即自 2021 年 5 月 7 日起至 2024 年 7 月 6 日止）

二、扣押在案的被告人杨怀南犯罪所用的锄把一根，予以没收。

如不服本判决，可在接到判决书的第二日起十日内，通过本院或者直接向云中省北阳市中级人民法院提出上诉。书面上诉的，应当提交上诉状正本一份、副本二份。

审 判 长　张玉珉

审 判 员　林　莉

审 判 员　白雨亭

二〇二一年十月十八日

法官助理　王梓滕

书 记 员　李　青

审判长张玉珉：（轻敲法槌一次）宣判完毕。请坐下。

审判长张玉珉：被告人杨怀南，你是否上诉？

被告人杨怀南：不上诉。

审判长张玉珉：各位诉讼参与人，应当阅看核对庭审笔录或向其宣读。庭后控辩双方核对笔录认为有遗漏或者差错的，可以请求补充或者改正；确认无误后，应当签名并捺印。拒绝签名的应当记录在案，要求改变庭审中陈述的，不予准许。

审判长张玉珉：云中省北阳市长溪县人民法院刑事审判庭，今天对云中省北阳市长溪县人民检察院提起公诉的被告人杨怀南犯故意伤害罪一案的开庭审理到此结束，现在闭庭（轻敲法槌一次）。法警将被告人杨怀南带出法庭。

书记员李青：请全体起立！请审判人员退庭。

（审判长率合议庭人员从法官通道纵队退出法庭，两名法警将被告人带出法庭）

书记员李青：请公诉人、辩护人退庭。

书记员李青：现在散庭。

第二节 闵伟军抢劫案第一审程序模拟审判脚本

一、案情简介

2022年6月27日9时许，被告人闵伟军驾驶两轮摩托车从平安镇石桥场镇来到秋山县平安镇响水沟村三组被害人林云峰家，趁林云峰家中无人，撞门进入林云峰家中，盗窃放在卧室床边的人民币200元。随后闵伟军在离开林云峰家中时被路过的村民雷富安发现。为阻止闵伟军逃跑，雷富安拔下闵伟军摩托车钥匙并与其发生肢体冲突。闵伟军为尽快离开，用放在摩托车内的铁棍击打雷富安头部，致雷富安受伤倒地。之后闵伟军驾车逃离现场。

2022年7月6日，被告人闵伟军经电话通知后主动到案，如实供述了自己的犯罪事实。

经鉴定，雷富安所受损伤程度为轻伤二级。

二、模拟法庭审判参与人员表

本案模拟法庭审判共有9人参加，其角色如下：
审判长：吴君
审判员：王紫云
审判员：肖丽梅
书记员：韩青
公诉人：赵坤
被告人：闵伟军
辩护人：徐薇
法警：谢显辉
法警：胡泽元

三、模拟法庭审判法服、法物及道具

法官袍：3套
检察官服：1套
书记员服：1套
被告人：正装或便装1套

律师袍：1件

法警服：2套

法槌：1套

仿真手枪：2支

仿真警棍：2根

四、证据材料

(1) 物证：铁棍1根。

(2) 证人证言。

(3) 鉴定意见书。

(4) 勘验笔录。

(5) 视听资料。

(6) 其他证据材料。

五、案件争议焦点和问题思考（包括但不限于以下争议焦点及问题思考）

(1) 本案是否属于转化型抢劫罪，被告人是否属于累犯。

(2) 被告人闵伟军是否属于自首，是否属于坦白。

(3) 思考庭前会议的召开依据、召开目的、召开程序以及庭前会议的内容范围。

六、本案模拟法庭审判脚本

案由：闵伟军抢劫罪

开庭时间：2022年10月21日 10：00

开庭地点：秋山县人民法院第一审判庭

是否公开审理：公开

合议庭人员：审判长：吴君　审判员：王紫云　肖丽梅

公诉人：赵坤

书记员：韩青

开庭前准备阶段

（书记员就位）

书记员韩青：请肃静。请公诉人、辩护人入庭。

（公诉人、辩护人入庭就座）

（各人员就位）

书记员韩青：（站立）请旁听人员安静，现在宣布法庭规则：

1. 诉讼参与人应当遵守法庭规则，维护法庭秩序，不得喧哗、吵闹。
2. 诉讼参与人在开庭审判期间的发言、陈述和辩论，必须经审判长许可。
3. 未经许可，不得录音、录像、拍照和摄影，不得使用移动通信工具等传播庭审活动。
4. 法庭内不得吸烟，不得随意走动和进入审判区。
5. 法庭内禁止拨打或接听电话，手机一律关闭。
6. 法庭审理过程中，旁听群众不得发言、提问，不得鼓掌、喧哗、吵闹和进行其他妨碍审判活动的行为。
7. 审判人员进入法庭以及审判长宣告判决、裁定、决定时，全体人员应当起立。
8. 未经许可，未成年人不得进入法庭。

对于违反法庭纪律的旁听人员，审判长可以口头警告、训诫、责令退出法庭或者经院长批准予以罚款、拘留，对严重扰乱法庭秩序的人，依法追究刑事责任。

书记员韩青：请全体起立（起立完毕）。请审判长、审判员入庭（审判长和两名审判员入庭）。

审判长吴君：（审判长坐下后）全体坐下。

书记员韩青：（转身面向审判长）报告审判长，本案的公诉人、辩护人已到庭，被告人闵伟军已提到候审，开庭工作经准备就绪，请主持开庭。

开庭阶段

审判长吴君：（敲击法槌后宣布）秋山县人民法院现在开庭。审理由秋山县人民检察院提起公诉的指控被告人闵伟军犯抢劫罪一案。传被告人闵伟军到庭（两名法警押解被告人入庭，待被告人在其席位上站定后，打开被告人手铐，站在被告人身后值庭）。

审判长吴君：根据《最高人民法院关于适用〈中华人民共和国刑事诉讼法〉的解释》第二百三十五条的规定，法庭现在对被告人的基本情况进行核实。

审判长吴君：被告人，你的姓名？

被告人闵伟军：闵伟军。

审判长吴君：还有没有其他名字？

被告人闵伟军：没有。

审判长吴君：你的出生年月日？

被告人闵伟军：我出生于1976年10月5日。

审判长吴君：民族？

被告人闵伟军：汉族。

审判长吴君：出生地？

被告人闵伟军：北江省秋山县。

审判长吴君：文化程度？

被告人闵伟军：文盲。

审判长吴君：你的职业？

被告人闵伟军：务农。

审判长吴君：你的住址？

被告人闵伟军：住北江省秋山县平安镇南坡村7组22号。

审判长吴君：你以前是否受过法律处分？何种处分？什么时间处分的？

被告人闵伟军：我以前因犯盗窃罪、抢夺罪，于2015年2月15日被中阳市中级人民法院判处有期徒刑两年，并处罚金14000元，于2016年10月2日刑满释放。

审判长吴君：你是什么时间因为什么被刑事拘留的？什么时间被逮捕的？

被告人闵伟军：因犯抢劫罪，于2022年7月7日被秋山县公安局刑事拘留，于2022年7月19日经秋山县人民检察院批准，第二天由秋山县公安局执行逮捕。

审判长吴君：被告人闵伟军你是否在开庭前10日收到了本院送达的秋山县人民检察院的起诉书副本？

被告人闵伟军：是，收到了。2022年9月2日收到起诉书副本。

审判长吴君：你是否在开庭3日前收到了本院开庭传票？

被告人闵伟军：是，收到了。2022年10月14日收到法院传票。

审判长吴君：根据《中华人民共和国刑事诉讼法》第二十条、第二十五条、第一百八十八条规定，秋山县人民法院今天依法公开开庭审理秋山县人民检察院提起公诉的指控被告人闵伟军犯抢劫罪一案。根据《中华人民共和国刑事诉讼法》第一百八十三条规定，本案适用普通程序，由秋山县人民法院审判员吴君担任审判长，审判员王紫云、肖丽梅组成合议庭进行审理，石青云担任法官助理，由书记员韩青担任法庭记录，秋山县人民检察院指派检察官赵坤出庭支持公诉。被告人闵伟军是否委托辩护人？

被告人闵伟军：没有。

审判长吴君：根据刑事辩护全覆盖原则，受本院委托，秋山县法律援助中心指派北江宏正律师事务所徐薇律师担任被告人闵伟军的辩护人为其辩护，被告人是否同意辩护人为你辩护？

被告人闵伟军：同意。

审判长吴君：依照《中华人民共和国刑事诉讼法》第二十九条、第三十一条、第三十二条、第三十三条、第一百九十七条、第一百九十八条等规定，被告人、辩护人在法庭审理过程中依法享有下列诉讼权利：

1. 申请审判组成人员、法官助理、书记员、公诉人、鉴定人和翻译人员回避，申请回避的理由有以下几种情形：以上人员是本案的当事人或者当事人的近亲属的；本人或者他的近亲属和本案有利害关系的；担任过本案的证人、鉴定人、辩护人、诉讼代理人的；与本案当事人有其他关系，可能影响公正处理案件的。

2. 提出证据，申请通知新的证人到庭、调取新的证据，申请重新鉴定或者勘验、检查。

3. 被告人自行辩护或委托他人辩护（本案未委托辩护人则由被告人自行辩护）。

4. 被告人在法庭辩论终结后作最后陈述。

审判长吴君：被告人闵伟军及辩护人，以上权利你们听清楚了吗？

被告人闵伟军：听清楚了。

辩护人徐薇：听清楚了。

审判长吴君：被告人是否申请审判人员、书记员、公诉人、法官助理回避？如果申请回避，指明申请何人回避，并说明理由。

被告人闵伟军：不申请回避。

审判长吴君：辩护人是否申请审判人员、书记员、公诉人、法官助理回避？如果申请回避，指明申请何人回避，并说明理由。

辩护人徐薇：不申请回避。

审判长吴君：依照《中华人民共和国刑事诉讼法》第一百九十七条、第一百九十八条的规定，被告人在法庭审理过程中依法享有提出证据、申请通知新的证人到庭、调取新的证据，以及申请重新鉴定或者勘验、检查的权利；被告人有权对证据和案件情况发表意见和相互辩论；被告人在法庭辩论终结后享有最后陈述的权利。

审判长吴君：被告人闵伟军，上述权利你是否听清楚了？

被告人闵伟军：听清楚了。

审判长吴君：依照《中华人民共和国刑事诉讼法》第十五条的规定，被告人自愿如实供述自己的罪行，承认指控的犯罪事实，愿意接受处罚的，可以依法从宽处理，以上是认罪认罚法律后果，被告人闵伟军是否听清？

被告人闵伟军：听清楚了。

审判长吴君：你是否自愿认罪认罚？

被告人闵伟军：是自愿认罪认罚。

审判长吴君：被告人闵伟军，签署自愿认罪认罚具结书是不是你真实意思表示？签署时是否有律师在场？

被告人闵伟军：签署认罪认罚具结书是我真实意思表示。签署时是否有律师在场我不记得了。

审判长吴君：请你仔细回忆下，你在签署认罪认罚具结书时除了公诉人在场外还有无律师在场？

被告人闵伟军：有律师在场。

审判长吴君：被告人闵伟军，你是否清楚公诉机关提出的量刑建议具体内容？陈述下。

被告人闵伟军：清楚。有期徒刑三年六个月，并处罚金人民币2000元。

审判长吴君：被告人闵伟军，你是否同意公诉机关提出的量刑建议？

被告人闵伟军：我同意。

法庭调查阶段

审判长吴君：今天的庭审分为三个阶段，即法庭调查、法庭辩论、被告人最后陈述。法庭调查的准备工作已就绪，现在开始法庭调查。首先由公诉人宣读起诉书。

公诉人赵坤：（站立）

北江省秋山县人民检察院
起诉书

秋检刑诉〔2022〕109号

被告人闵伟军，男，1976年10月5日出生，公民身份号码510××××××××××××××××，汉族，文盲，无业，户籍所在地北江省秋山县，住秋山县平安镇南坡村7组22号。因犯盗窃罪、抢夺罪，于2015年2月15日被中阳市中级人民法院判处有期徒刑两年，并处罚金14000元，于2016年10月2日刑满释放。因涉嫌抢劫罪，于2022年7月7日被秋山县公安局刑事拘留，于2022年7月19日经本院批准，次日被秋山县公安局执行逮捕。

本案由秋山县公安局侦查终结，以被告人闵伟军涉嫌抢劫罪一案，于2022年8月15日向本院移送起诉。本院受理后，于2022年8月17日已分别告知被告人有权委托辩护人和认罪认罚可能导致的法律后果，已告知被害人有权委托诉讼代理人，依法讯问了被告人，听取了值班律师、被害人的意见，审查了全部案件材料。被告人同意本案适用普通程序审理。

经依法审查查明：

2022年6月27日9时许，被告人闵伟军驾驶两轮摩托车从平安镇石桥场镇来到秋山县平安镇响水沟村三组被害人林云峰家，趁林云峰家中无人，撞门进入林云峰家中，盗窃放在卧室床边的人民币200元。后闵伟军在离开林云峰家中时被路过的村民雷富安发现。雷富安为阻止闵伟军逃跑，拔下闵伟军摩托车钥匙并与其发生肢体冲突。闵伟军为尽快离开，用放在摩托车内的铁棍朝雷富安头部击打两下，致雷富安受伤倒地。之后闵伟军驾车逃离现场。

2022年7月6日，被告人闵伟军经电话通知后主动到案，如实供述了自己的犯罪事实。

经鉴定，雷富安所受损伤程度为轻伤二级。

认定上述事实的证据如下：

1. 书证：户籍信息、到案经过等；2. 被害人陈述：被害人林云峰、雷富安的陈述；3. 被告人的供述与辩解：被告人闵伟军的供述与辩解；4. 鉴定意见；5. 勘验现场、辨认笔录；6. 其他材料：受案登记表、立案决定书等。

上述证据收集程序合法，内容客观真实，足以认定指控事实。被告人闵伟军对指控的犯罪事实和证据没有异议，并自愿认罪认罚。

本院认为，被告人闵伟军以非法占有为目的，入户盗窃他人财物后，为抗拒抓捕当场使用暴力，其行为触犯了《中华人民共和国刑法》第二百六十九条、第二百六十三条，犯罪事实清楚，证据确实、充分，应当以抢劫罪追究其刑事责任。被告人闵伟军主动到案，并如实供述了自己的犯罪事实，系自首，适用《中华人民共和国刑法》第六十七条的规定。被告人闵伟军自愿认罪认罚，依据《中华人民共和国刑事诉讼法》第十五条的规定，可以从宽处理。根据《中华人民共和国刑事诉讼法》第一百七十六条的规定，提起公诉，请依法判处。

此致

北江省秋山县人民法院

检察官　赵　坤

2022 年 9 月 1 日

附件：1. 被告人闵伟军现羁押于秋山县看守所
　　　2. 案卷材料和证据 2 册
　　　3.《认罪认罚具结书》一份
　　　4.《量刑建议书》三份

公诉人赵坤： 审判长，起诉书宣读完毕。

审判长吴君： 根据《中华人民共和国刑事诉讼法》《最高人民法院关于适用〈中华人民共和国刑事诉讼法〉的解释》相关规定，本案在开庭前召开了庭前会议，现由本人宣读庭前会议报告：

北江省秋山县人民法院
关于被告人闵伟军抢劫罪一案
庭前会议报告

（2022）北 0123 刑初 098 号

本庭于 2022 年 10 月 12 日，由审判员吴君主持，在秋山县人民法院第二审判庭组织召开了庭前会议，公诉人赵坤、被告人闵伟军及其辩护人北江宏正律师事务所律师徐薇到庭参加庭前会议。

在庭前会议上，本庭组织控辩双方进行了证据展示，充分听取控辩双方的意见，明确了以下几点：

被告人及其辩护人均未对案件管辖权提出异议；未申请相关人员回避；未申请非法证据的排除；未申请调取在侦查、审查起诉期间公安机关、人民检察院收集但未随案移送的证明被告人无罪或者罪轻的证据材料；未申请向证人或者有关单位、个人收集、调取证据材料；未申请重新鉴定、检查或勘验；未申请证人、侦查人员、专门知识的人出庭作证；未申请新的证人到庭；同意简要出示相关证据；被告人闵伟军表示认罪认罚，辩护人不作无罪辩护。

公诉机关因工作冲突，申请延期审理此案，被告人及辩护人对此无异议，本院予以准许；控辩双方对开庭时间、地点、方式均无异议。

二〇二二年十月十二日

审判长吴君：庭前会议报告宣读完毕，控辩双方对于相关事项有无异议？

公诉人赵坤：无异议。

被告人闵伟军：无异议。

辩护人徐薇：无异议。

审判长吴君：被告人闵伟军，你对起诉书指控的事实听清楚了吗？

被告人闵伟军：听清了。

审判长吴君：被告人闵伟军，刚才你所听到的内容和你收到的起诉书副本是一致的吗？

被告人闵伟军：是一致的。

审判长吴君：被告人闵伟军，你对起诉书指控的事实及罪名有无异议？可以进行陈述。

被告人闵伟军：有异议。

审判长吴君：在法庭调查过程中，本庭将先调查本案的犯罪事实，再调查量刑事实。在犯罪事实调查过程中，应当围绕本案犯罪事实中影响定性的定罪事实以及与犯罪有关的量刑事实比如是否当场使用了暴力等。在量刑事实的调查过程中，应当围绕被告人所具有的其他罪前、罪后量刑情节展开调查，比如坦白、自首等情节。

审判长吴君：下面先进行犯罪事实的调查。

审判长吴君：被告人闵伟军，你可以坐下（两名值庭法警也坐下）。你可以对被指控的犯罪事实进行陈述。

被告人闵伟军：我对指控我抢劫的事实及罪名有异议。我只盗窃了200元，是被害人抢我钥匙和手机，并主动先殴打我，我才使用工具击打他的。我打了他之后，当时他在打电话并没有倒在地上，我担心他打电话叫人来打我，我就骑车离开了，我没有逃离。我只是构成盗窃罪，不构成抢劫罪。

审判长吴君：下面，公诉人就起诉书指控的事实可对被告人进行讯问。公诉人有无问题向被告人发问？

公诉人赵坤：审判长，公诉人需要向被告人发问。

审判长吴君：可以发问。

公诉人赵坤：被告人闵伟军，公诉人现就本案的犯罪事实对你进行讯问，你应当如实回答，听清楚了吗？

被告人闵伟军：听清楚了。

公诉人赵坤：你对起诉书指控的犯罪事实有无异议？

被告人闵伟军：有异议。我是盗窃，没有抢劫。

公诉人赵坤：闵伟军，你在公安机关和检察机关的供述是否属实？

被告人闵伟军：供述属实。

公诉人赵坤：你是如何进入房间盗窃的？盗窃完之后出来看见什么？你停车的地方与被害人的家是否有一段距离？

被告人闵伟军：我是撞门进入房间的，盗窃了200元。盗窃完之后出来什么也没看见。我停的车距离被害人的家有一段距离。

公诉人赵坤：当时被害人有没有问你什么话？

被告人闵伟军：被害人问我干什么，我说我偷了200元，没多大的事，他就喊我把钱拿出来。

公诉人赵坤：你是怎么回答被害人的？

被告人闵伟军：我说我偷了200元，没多大的事，他就和我纠缠，抢我手机，并来我手上抢车钥匙。

公诉人赵坤：你为什么担心被害人打电话叫人？

被告人闵伟军：因我盗窃，我担心他打电话叫人来打我，我就骑车离开了。

公诉人赵坤：审判长，我的发问完毕。

审判长吴君：辩护人有无发问？

辩护人徐薇：无发问。

审判长吴君：本庭问你问题，请你如实回答。被害人为什么要抢你手机和车钥匙？

被告人闵伟军：是因我盗窃了200元钱，所以他不让我走，我认为他无权殴打我，我是基于他殴打我才被迫还手打他，我打他后看他在打电话，以为他叫人，就骑车离开了现场。

审判长吴君：现在由控辩双方举证说明犯罪事实。在法庭调查阶段，控辩双方应当围绕案件事实进行举证、质证。对无争议事实的证据可以简化出示，对有争议的证据应重点出示。首先由公诉方向法庭出示证据，公诉人出示证据时，应指明证据名称、来源及拟证明的事实。

公诉人赵坤：鉴于被告人对事实部分异议，对该部分证据将详细出示。

公诉人赵坤：现在出示的证据是书证，具体如下：1. 接处警登记表、受案登记表、立案决定书、受案回执，证实本案的案件受理和立案情况；2. 拘留证、拘留通知书、变更羁押期限通知书、逮捕证、逮捕通知书，证实被告人闵伟军的羁押情况；3. 闵伟军基本信息，证实被告人本人的基本情况；4. 闵伟军到案经过，证实被告人闵伟军；5. 被害人林云峰户籍证明情况，证实财产受损人林云峰；6. 调取被害人雷富安病历材料，证实被害人雷富安受轻伤二级；7. 闵伟军判决书、释放证明，证实被告人闵伟军前科情况。

审判长吴君：被告人闵伟军，你在签署认罪认罚具结书时公诉机关是否向你出示过以上证据？是否需要法庭向你宣读出示以上证据？

被告人闵伟军：出示过证据。不需要。

审判长吴君：公诉人继续举证。

公诉人赵坤：现在出示证人证言：1. 村主任证言（宣读）；2. 被害人雷富安两次陈述（详细宣读）；3. 被告人闵伟军的供述（详细宣读）；4. 鉴定意见：雷富安伤情鉴定意见书；5. 现场勘验笔录、现场照片及现场图、雷富安伤情现场检查笔录；6. 闵伟军现场辨认笔录、闵伟军辨认被害人笔录、雷富安辨认被告人笔录。

公诉人赵坤：审判长，举证完毕。

审判长吴君：被告人闵伟军，你在签署认罪认罚具结书时公诉机关是否向你出示过以上证据？是否需要法庭向你宣读出示以上证据？

被告人闵伟军：出示过证据。不需要。

审判长吴君：被告人闵伟军，你对公诉人出示的证据有无异议？

被告人闵伟军：没有异议。

审判长吴君：被告人闵伟军的辩护人，你是否提前阅卷？

辩护人徐薇：已提前阅卷。

审判长吴君：被告人闵伟军的辩护人，你是否需要当庭再次阅卷？

辩护人徐薇：不需要当庭阅卷。

审判长吴君：被告人闵伟军的辩护人，你对公诉人出示的证据有无异议？

辩护人徐薇：对出示的证据无异议。

审判长吴君：被告人闵伟军是否有证据向法庭出示？

被告人闵伟军：没有。

审判长吴君：被告人闵伟军的辩护人是否有证据向法庭出示？

辩护人徐薇：没有。

审判长吴君：公诉机关出示的证据已经法庭质证，是否采信，本庭需综合全案证据，待休庭经合议庭认真评议后再行确认。

审判长吴君：鉴于被告人对公诉机关起诉书指控的犯罪事实有异议，本庭在法庭调查阶段补充问下被告人。被告人闵伟军，你是否理解认罪认罚从宽制度的含义？认罪是指如实供述，并承认指控的事实及罪名。你刚才在庭审中表示对指控事实及罪名有异议，现问下你是否认罪？

被告人闵伟军：我认罪，但我认为我不是抢劫罪。

审判长吴君：若本案通过庭审，综合评议后，认为你构成抢劫罪，你是否接受法庭认定？

被告人闵伟军：我接受。

审判长吴君：认罚是认可指控事实并接受处罚，若合议庭认定你构成抢劫罪，你是否接受检察机关提出的量刑建议？

被告人闵伟军：接受量刑建议。

审判长吴君：被告人闵伟军，本庭现向你释明如下内容。本案为你指定辩护人，辩护人已在开庭前会见你并向你释明相关法律规定，你可以如实陈述但不能推翻对案件罪名及事实的认定，若你当庭推翻公诉机关指控的事实及罪名，但经审理，本院作出与公诉机关相同的认定，你就不能再适用认罪认罚从宽制度，是否听清？

被告人闵伟军：听清。

法庭辩论阶段

审判长吴君：控辩双方的证据经过法庭质证，庭审后合议庭综合评议是否采信，法庭调查结束。现在由控辩双方围绕本案定罪事实、量刑事实及证据情况进行辩论，并说明理由和依据。首先由公诉方发表公诉意见。

公诉人赵坤：

审判长、审判员：

根据《中华人民共和国刑事诉讼法》第一百八十九条、第一百九十八条、第二百零九条的规定，我受检察长的指派，代表本院，以国家公诉人的身份，出席法庭支持公诉，并依法履行法律监督职责，现对本案证据和案件情况发表以下公诉意见和量刑建议：

本案证据来源合法，内容客观真实，准确、全面、有效地证实了被告人闵伟军的抢劫事实。通过刚才的法庭调查，公诉人依法讯问了被告人，当庭宣读了被害人陈述、被告人供述，出示了相关物证、书证、搜查笔录、辨认笔录、视听资料等。

1. 庭审中出示的全部证据均是公安机关依法收集，具有合法性、关联性，证据与证据之间相互印证，形成的证据链足以指控被告人闵伟军抢劫的事实。

2. 被告人闵伟军以非法占有为目的，入户盗窃他人财物后，盗窃中被发现，为抗拒抓捕当场使用暴力，致人轻伤，其行为触犯了《中华人民共和国刑法》第二百六十九条、第二百六十三条，犯罪事实清楚，证据确实充分，应当以抢劫罪追究其刑事责任。

3. 被告人闵伟军当庭否认检察机关指控的事实，现当庭撤回认罪认罚从宽制度，建议判处被告人闵伟军有期徒刑四年，并处罚金人民币2000元。

审判长吴君：被告人对事实、定罪、量刑部分有无辩解、辩护意见？被告人闵伟军发表自行辩护意见。

被告人闵伟军：我有自首、认罪认罚的情节，请对我从轻处罚。我文化水平低，不懂法律的规定。

审判长吴君：公诉机关现当庭撤回认罪认罚从宽制度，你说你文化水平低，不懂，所以对指控的事实和罪名有异议。现再次告知你，刑法规定盗窃中被发现，为抗拒抓捕当场使用暴力致人受伤的应当认定为抢劫罪。被告人闵伟军，现问你对于指控罪名有无异议？

被告人闵伟军：没有异议。

审判长吴君：对于公诉机关指控的事实有没有异议？

被告人闵伟军：没有异议。

审判长吴君：你对于公诉机关之前对你的量刑三年六个月，并处罚金人民币2000元有没有异议。

被告人闵伟军：没有异议。

审判长吴君：下面由被告人闵伟军的辩护人发表辩护意见。

辩护人徐薇：

尊敬的审判长、审判员、公诉人：

北江宏正律师事务所受秋山县法律援助中心指定，指派我担任被告人闵伟军涉嫌抢劫罪一案的第一审辩护人，今天依法出席本案的审判活动。开庭之前，我依法会见了被告人，查阅了卷宗，并结合今天的法庭调查，现根据事实与法律，发表辩护意见如下：

辩护人对公诉机关指控被告人闵伟军犯抢劫罪的定性及犯罪事实不持异议，但被告人具有诸多法定从轻、酌定从轻的量刑情节，请法庭予以从轻处罚。

1. 被告人具有自首情节，依法可以从轻、减轻处罚。

被告人闵伟军作案后，经公安机关电话通知后，主动到公安机关投案，并如实供述自己的犯罪事实，系自首。根据《中华人民共和国刑法》第六十七条第一款的规定，被告人闵伟军具有自首情节，依法可以从轻或者减轻处罚。

2. 被告人闵伟军构成自愿认罪认罚，依法可以从宽处理。

被告人闵伟军在归案后，自愿如实供述了自己的全部罪行，其在侦查阶段就表示"对自己做的事感觉很后悔"。在审查起诉阶段，签署了《认罪认罚具结书》，认罪认罚态度好。虽然在今天的法庭上，被告人对部分犯罪事实提出异议，认为自己不构成抢劫罪，但其对公诉机关所举证据无异议，承认了主要的犯罪事实，对罪名的辩解系其法律意识淡薄导致，不影响其承认转化型抢劫的犯罪事实，仍可认定其构成"认罪"。被告人表示愿意接受刑事处罚。故根据两高三部《关于适用认罪认罚从宽制度的指导意见》的相关规定，辩护人认为，被告人构成自愿认罪认罚。根据《中华人民共和国刑事诉讼法》第十五条的规定，对被告人依法可以从宽处理。

3. 相较于直接暴力抢劫而言，被告人闵伟军的主观恶性较小。

从犯罪起因来看，被告人起初只想盗窃一些财物，一时糊涂心生贪念导致，并没有抢劫的主观故意，与谋划抢劫的罪犯有着本质区别。从犯罪的实施过程来看，被害人发现并阻止被告人离开时，被告人心生恐惧、急于逃走才使用暴力，属于临时犯意，相较于直接暴力抢劫而言，主观恶性较小。

综上所述，相较于直接暴力抢劫而言，被告人闵伟军的主观恶性较小，且其主动投案自首、自愿认罪认罚，悔罪表现良好，教育改造可能性大，辩护人恳请法庭在量刑时对被告人从轻处罚，给予被告人一个改过自新的机会。

以上辩护意见，请法庭予以采纳。

辩护人　徐　薇

北江宏正律师事务所

2022 年 10 月 21 日

审判长吴君：公诉人对于被告人在第一轮辩论中表示认可指控的事实、罪名及量刑建议的意见有无什么要说的？

公诉人赵坤：鉴于被告人在第一轮辩论意见中，认可抢劫罪的罪名及指控的事实，接受量刑建议，符合认罪认罚条件，可以不撤回认罪认罚从宽制度，适用之前的量刑建议。若被告人对于指控的事实及罪名存在异议，依然会撤回。

审判长吴君：现在由被告人发表辩论意见。

被告人闵伟军：审判长，我再说下我的情况，请充分考虑。1. 我是主动到案的，公安局给我打电话我就主动到公安局并如实供述我的犯罪事实。2. 我认罪认罚，请对我从轻处罚。3. 我家里有小孩，还有债务需要偿还，所以经济困难。

审判长吴君：现在由被告人的辩护人发表意见。

辩护人徐薇：没有。

审判长吴君：控辩双方还有无新的意见？

公诉人赵坤：无。

辩护人徐薇：无。

审判长吴君：刚才控辩双方已经进行了两轮辩论，控辩双方就本案适用法律、量刑情节充分发表了各自的意见，本庭已经清楚并记录在案，合议庭在评议时会依法充分考虑。现在法庭辩论结束。

被告人最后陈述阶段

审判长吴君：依据《中华人民共和国刑事诉讼法》第一百九十八条的规定，审判长在宣布辩论终结后，被告人有最后陈述的权利。被告人闵伟军起立，现在由你向法庭作最后陈述。

被告人闵伟军（站立）：我没文化，我认罪认罚，我是自首投案；我家里经济困难，有债务需要偿还，还有小孩需要我照顾，请法庭对我从轻处罚。

评议和宣判阶段

审判长张玉珉：今天庭审活动到此结束。本庭将在休庭以后对本案的事实、证据及适用法律进行全面合议，并充分考虑控辩双方的意见及被告人的辩解。下面合议庭将休庭进行评议，评议大约需要30分钟。控辩双方将当庭质证的证据提交法庭。法警将被告人闵伟军带回监室继续羁押。现在休庭。（轻敲法槌一次）。

书记员韩青：请全体起立！请审判人员退庭评议。

（审判长率合议庭成员从法官通道纵队退出法庭）

书记员韩青：现在休庭。

……

（以下进入宣判程序）

书记员韩青：请公诉人、辩护人入庭，各就各位。

书记员韩青：请全体起立。（稍停顿后）请审判长、审判员入庭。

（审判长率合议庭成员从法官通道纵队步入审判台就座）

审判长吴君：请坐下。法警带被告人闵伟军到庭。

（两名法警带被告人入庭，并站在被告人身后值庭）

审判长吴君：（轻敲法槌一次后宣布）现在继续开庭。由北江省秋山县人民检察院提起公诉的被告人闵伟军抢劫一案，经过刚才的法庭调查、法庭辩论及被告人最后陈述，合议庭认真听取了控辩双方的意见，审阅了本案的全部证据材料，庭审后合议庭认真进行了评议，现在宣布判决：

北江省秋山县人民法院
刑事判决书

(2022)秋 0123 刑初 098 号

公诉机关秋山县人民检察院。

被告人闵伟军，男，生于 1976 年 10 月 5 日，公民身份号码 510×××××××××××××××，汉族，北江省秋山县人，文盲，务农，户籍及居住地北江省秋山县平安镇南坡村 7 组 22 号。因犯盗窃罪、抢夺罪，2015 年 2 月 15 日被中阳市中级人民法院判处有期徒刑二年，并处罚金人民币 14000 元，2016 年 10 月 2 日刑满释放。因涉嫌犯抢劫罪，2022 年 7 月 7 日被秋山县公安局刑事拘留；2022 年 7 月 19 日经秋山县人民检察院批准，次日由秋山县公安局执行逮捕。现羁押于秋山县看守所。

指定辩护人徐薇，北江宏正律师事务所律师。

秋山县人民检察院以秋检刑诉〔2022〕109 号起诉书指控被告人闵伟军犯抢劫罪，于 2022 年 9 月 1 日向本院提起公诉。本院受理后，依法组成合议庭，适用普通程序公开开庭进行了审理。秋山县人民检察院指派检察官赵坤出庭支持公诉，被告人闵伟军及其辩护人徐薇到庭参加诉讼。现已审理终结。

公诉机关指控，2022 年 6 月 27 日 9 时许，被告人闵伟军驾驶两轮摩托车从平安镇石桥场镇来到秋山县平安镇五根松村三组被害人林云峰家，趁林云峰家中无人，撞门进入林云峰家中，盗窃放在卧室床边的人民币 200 元。后闵伟军在离开林云峰家中时被路过的村民雷富安发现。雷富安为阻止闵伟军逃跑，便拔下闵伟军摩托车钥匙并与其发生肢体冲突。闵伟军为尽快离开，用放在摩托车内的铁棍朝雷富安头部击打两下，致雷富安受伤倒地。之后闵伟军驾车逃离现场。

2022 年 7 月 6 日，被告人闵伟军经电话通知后主动到案，如实供述了自己的犯罪事实。

经鉴定，雷富安所受损伤程度为轻伤二级。

公诉机关认为，被告人闵伟军以非法占有为目的，入户盗窃他人财物后，为抗拒抓捕当场使用暴力，应当以抢劫罪追究其刑事责任。被告人闵伟军主动到案，并如实供述自己的犯罪事实，系自首；其自愿认罪认罚，可以从宽处理。建议判处被告人闵伟军有期徒刑三年六个月，并处罚金人民币 2000 元。

为证实上述指控，公诉机关当庭宣读、出示了受案登记表、立案决定书、户籍信息、到案经过，现场勘验、辨认笔录，被害人林云峰、雷富安的陈述，被告人闵伟军的供述与辩解等证据。

被告人闵伟军对公诉机关指控事实、罪名及量刑建议没有异议，其当庭表示自己因为文化程度低，不理解为何盗窃了他人财物就构成抢劫罪，所以自己认为自己构成的是盗窃罪，并且其是在雷富安主动殴打自己后一时冲动打了他，如果法院最终认定其构成抢劫罪，其愿意认罪认罚，但希望法庭考虑其具有自首等情节从轻判处。其辩护人提出的辩护意见是：1. 对公诉机关指控的事实和罪名无异议；2. 被告人具有自首情节；

3. 被告人自愿认罪认罚，虽然其当庭对罪名提出异议，但其并没有改变在公安机关的陈述，只是对案件性质的辩解，不影响其适用认罪认罚从宽制度；4. 相较于直接抢劫其主观恶性小；5. 其认罪悔罪态度好。综上所述，建议法庭对其从轻处罚。

经审理查明，2022年6月27日9时许，被告人闵伟军驾驶两轮摩托车从平安镇石桥场镇来到秋山县平安镇五根松村三组被害人林云峰家，趁林云峰家中无人，撞门进入林云峰家中，盗走其放在卧室床边的人民币200元。随后闵伟军在离开林云峰家中时被路过的村民雷富安发现。为阻止闵伟军逃跑，雷富安拔下闵伟军摩托车钥匙并与其发生肢体冲突。闵伟军为尽快离开，用放在摩托车内的铁棍击打雷富安头部致使雷富安受伤。闵伟军从雷富安处取回钥匙后驾车逃离现场。

经秋山县公安局物证鉴定室鉴定，雷富安头皮开裂之损伤程度为轻伤二级。

2022年7月6日，被告人闵伟军经公安机关电话通知后主动到案，并如实供述了自己的犯罪事实。

上述事实，有经庭审举证、质证的下列证据证实：

1. 受案登记表、立案决定书、到案经过，证实：案件来源及被告人闵伟军经电话通知到案，到案后如实供述其犯罪事实的情况。

2. 拘留证、逮捕证等，证实：被告人闵伟军被采取强制措施的情况。

3. 户籍证明，证实：被告人、被害人等人的基本身份情况，系成年人。

4. 监控照片截图，证实：被告人实施犯罪当天的驾驶路线等情况。

5. 辨认笔录及照片，证实：被告人闵伟军辨认现场的情况，被告人闵伟军辨认确认被其打伤的男子系雷富安，被害人雷富安辨认被告人闵伟军就是在林云峰家实施盗窃并在逃跑过程中将其打伤的人。

6. 扣押决定书、扣押清单及照片，证实：公安机关依法从被告人闵伟军处扣押摩托车一辆。

7. 摩托车车主信息查询结果，证实：本案依法扣押在案的摩托车登记在吴玉芬名下。

8. 检查笔录，证实：公安机关依法对被害人雷富安的伤情进行检查的情况。

9. 调取证据通知书、雷富安的病例，秋公物鉴（法临）字〔2022〕52号法医学人体损伤程度鉴定意见书，证实：被害人雷富安受伤的情况以及鉴定情况，经鉴定，雷富安头皮裂伤之损伤程度为轻伤二级。

10. 现场勘验笔录及现场照片，证实：公安机关现场勘验情况。

11. 刑事判决书、释放证明书，证实：被告人闵伟军因犯盗窃罪、抢夺罪，2015年2月15日被中阳市中级人民法院判处有期徒刑二年，并处罚金人民币14000元，2016年10月2日刑满释放。

12. 证人高守云的证言：2022年6月27日上午9点过，村上干部在村委会开会，林云峰接到雷富安的电话称，雷富安在制止小偷偷林云峰家的过程中被小偷打伤了，小偷骑摩托车朝着石坪方向跑了，接到电话后村上兵分两路，一路由自己走大路开车带着林云峰等人向石坪方向追，另一路由廖一民他们到林云峰家去看情况。自己搭乘林云峰、王强伟追到石坪和水磨交接处没有看到人就往林云峰家中赶，当赶到林云峰家岔路口时就看到雷富安坐在路上，头上在流血。雷富安将其制止小偷的情况给大家说了。雷富安额头上有条口子，后脑袋有条口子。

13. 证人吴玉芬的证言：自己知道丈夫闵伟军于2022年6月27日驾驶摩托车偷东西被发现将别人打伤后跑了，这辆被公安机关扣押的车牌号为北A87F26的摩托车是自己于2015年3月在红平镇平安车行花7000元购买的，2015年4月15日自己办理登记，所以行驶证上是自己的名字，自己购买车辆时闵伟军因为抢夺在监狱服刑，所以闵伟军对购买摩托车根本不知情。

14. 被害人林云峰的陈述：2022年6月27日上午8点40左右，自己在村办公室开会。9点过，同队邻居雷富安打电话给自己说自己家门被撬了，他和小偷搏斗过程中被打伤了。村干部廖一民骑车往自己家走，自己与王强伟搭乘高守云的车往石坪方向追小偷，追到水磨交界处没有发现小偷就返回了，等自己到家时看到雷富安坐在自家前面路边的地上，前额头和后脑袋都在流血，而且有很长的口子。雷富安告诉自己他早上去赶场路过自己家门口时看见小偷刚从自己家出来，就去问小偷在干啥，小偷让他莫管闲事。在制止的过程中，小偷用铁棍将他打伤，后小偷骑摩托车跑了。自己家只能通过堂屋的门进去，离开家时自己将堂屋门锁了的，自己放在右边卧室的200元被盗了，是用一个本子压在卧室床上的两张100元，自己回家时看到堂屋门开了有20多公分的门缝，门锁位置有明显的撬痕。

15. 被害人雷富安的陈述：2022年6月27日上午8点40的样子，自己在家中看到林云峰门前岔路上有个男子将摩托车停在那里后到处东走西瞅的，当时自己没有太在意。后来自己将牛拴到家中后就骑着摩托车去赶集，走到堰塘旁边的路中间段时看到这个男子从林云峰堂屋门前出来，门都没有关严，径直走向林云峰房屋后面。自己就骑着摩托车来到林云峰家外的三岔路口，看见那个小偷从林云峰房屋后面刚刚走到公路上来，因为自己根本不认识这个人，就问他"你搞啥子的"。那个人就说"你莫管，我们和气生财"。自己就说"哪个和你和气生财哦"。那个人看到自己不买他的账就往他的摩托车面前走，自己又问他"进屋偷了好多钱"。他坐在他的摩托车上说"偷了200元钱"，边说边摸出车钥匙往摩托车锁里插，想骑摩托车跑。自己顺手在公路边拔了一棵花树走到他摩托车面前不让他走，他就来抢自己手上的花树，自己就把他的摩托车钥匙拔掉揣在自己裤包里，然后将他的摩托车推倒在地。这时他就生气了并和自己抓扯起来，在抓扯的过程中自己将他推倒在靠山坡一侧的山水沟边，这个男子从地上爬起来的时候不知道从身上什么地方拿出一根铁棍，有40～50厘米长，直径1厘米多，第一下他朝自己头上打，自己用左手挡开了，但是后面几下自己就没有挡开。接着那个男子用铁棍朝自己头上、左手、背上、左边屁股、左边膝盖连打了十来下，自己头受伤流血了，头也很昏，不知道摩托车钥匙怎么到他手里的，然后坐在地上听见那个小偷骑摩托车跑了。等自己稍微缓过神来后就给林云峰打电话，告诉了他家被撬开，自己同小偷搏斗过程中被小偷打伤，村上的人赶来后报了警。那个男子大概1.6米，面部较黑、微胖、短平头、40～50岁，摩托车是红色的，坐垫是烂的。自己前额头和后脑袋上面分别被铁棍打了条口子，左手手肘、腰部、左边屁股和左边膝盖都被男子用铁棍打伤了。

16. 被告人闵伟军的供述与辩解：2022年6月27日早上8点左右，自己驾驶一辆红色雅马哈摩托车从平安镇南坡村家中出发到石桥场镇茶馆坐了15分钟左右后驾车离开茶馆，想到处转一下看看有哪些人有钱，想去搞点钱（偷钱）。自己经过水磨场镇往石坪方向行驶，在灵前路行驶十来分钟后到了五根松村一个路口，拐进去顺着小路行驶了十多分钟，大概9点来到一个三岔路口后将摩托车停在路边上厕所，然后看见距离路边40米处有一间关了门的平房，房里没有人。自己将摩托车停在距离那间房子20米左右的位置，来到房子后用身体将门强行撞开，进了堂屋旁边的卧室，看到卧室床上一本书下面压了200元钱（两张100元）。自己将200元现金放在包里后从屋内出来，走到水泥路上时看见有一个50多岁的老大爷在围着自己摩托车转。老大爷看到自己过来后就问自己"你在搞啥子，你是不是偷东西来的"，自己说没有干什么，就偷了200元钱。老大爷不让自己走，还将摩托车推倒，自己第三次将摩托车扶起来后给老大爷说和气生财，都是一些小事。老大爷不理自己并将摩托车钥匙取走，自己和老大爷互相拉扯想抢回钥匙，然后自己从摩托车底摸了一根铁棍往老大爷头上打了两下，打了之后自己喊他把钥匙还给自己，他就把钥匙给自己了。自己没有注意去看他的伤势就骑摩托车离开了，走的时候看到他在打电话，估计在报警。之后自己从三中路青杠段上了三中路，后绕到红星双狮子路口回了家。老大爷手中开始拿了一棵花树，但是没有打到自己，自己强调一点是别人先动手打自己。摩托车是自己老婆在自己服刑期间购买的，登记在自己老婆名下，为了躲避交通违章电子眼，自己很早就将车牌取了。两天后自己为了避免此事暴露就将摩托车车牌挂上了。打人的铁棍大约40厘米长，是小拇指粗的螺纹钢，自己将铁棍丢在路边的一条河里了，不记得具体位置。偷的钱当天就被自己用完了。

本院认为，被告人闵伟军以非法占有为目的，入户盗窃他人财物后，为抗拒抓捕而当场使用暴力，致一人轻伤二级，其行为已构成抢劫罪。公诉机关指控的事实、罪名成立。被告人关于其构成盗窃罪的辩解意见，本院不予采纳。被告人闵伟军有犯罪前科，酌情从重处罚。被告人闵伟军犯罪以后自动投案，如实供述自己的罪行，系自首，可以从轻处罚；被告人对事实性质的辩解不影响对其适用认罪认罚制度，其虽对罪名提出异议，但也明确表示接受审理认定结果，并自愿认罪认罚，可依法从宽处理，辩护人的相关辩护意见予以采纳。公诉机关的量刑建议适当。扣押在案的摩托车虽系作案工具，但不属于被告人本人财物，由扣押机关依法予以处理。责令被告人闵伟军退赔被害人林云峰经济损失。依照《中华人民共和国刑法》第二百六十九条、第二百六十三条、第四十五条、第六十七条第一款、第五十二条、第五十三条、第六十四条，《中华人民共和国刑事诉讼法》第十五条之规定，判决如下：

书记员韩青：全体起立。

审判长吴君：

一、被告人闵伟军犯抢劫罪，判处有期徒刑三年六个月，并处罚金人民币二千元。

（刑期从判决执行之日起计算；判决执行以前先行羁押的，羁押一日折抵刑期一日，即自2022年7月7日起至2026年1月6日止。罚金限判决生效之日起十日内缴清）

二、责令被告人闵伟军退赔被害人林云峰经济损失人民币二百元。

如不服本判决，可在接到判决书的第二日起十日内，通过本院或者直接向北江省中阳市中级人民法院提出上诉。书面上诉的，应当提交上诉状正本一份、副本二份。

审 判 长　吴　君

审 判 员　王紫云

审 判 员　肖丽梅

二〇二二年十月二十四日

法官助理　石青云

书 记 员　韩　青

审判长吴君：（轻敲法槌一次）宣判完毕。请坐下。

审判长吴君：被告人闵伟军，你是否上诉？

被告人闵伟军：不上诉。

审判长吴君：各位诉讼参与人，庭审结束应当阅看核对庭审笔录或向其宣读。庭后控辩双方核对笔录认为有遗漏或者差错的，可以请求补充或者改正；确认无误后，应当签名并捺印。拒绝签名的应当记录在案，要求改变庭审中陈述的，不予准许。

审判长吴君：北江省中阳市秋山县人民法院刑事审判庭，今天对北江省中阳市秋山县人民检察院提起公诉的被告人闵伟军犯抢劫罪一案的开庭审理到此结束，现在闭庭（轻敲法槌一次）。核对笔录签名后，法警将被告人闵伟军带出法庭。

书记员韩青：请全体起立！请审判人员退庭。

（审判长率合议庭人员从法官通道纵队退出法庭，两名法警将被告人带出法庭）

书记员韩青：请公诉人、辩护人退庭。

书记员韩青：现在散庭。

第三节　吉颜峰等人贩卖毒品案第一审程序模拟审判脚本

一、案情简介

2022年8月29日，被告人吉颜峰在东远市百川区南河酒店门口以2000元的价格将约0.2克甲基苯丙胺（俗称冰毒）出售给被告人石正。同年9月22日，被告人吉颜峰以4000元的价格将约0.4克冰毒出售给被告人石正。同年10月13日，被告人吉颜峰在东远市百川区南河酒店门口又以 2000 元的价格将约 0.2 克冰毒出售给被告人石正。2023 年 5 月 14 日，吸毒人员张家阳联系被告人吉颜峰欲购入 2000 元冰毒，并约定两天后到东远交易。2023 年 5 月 16 日，吉颜峰以 1800 元从李阳处购入 0.54 克冰毒，在东远市百川区南河坝将毒品交付给张家阳时被公安机关挡获。

2022 年 8 月 29 日，吸毒人员王平出资 2200 元请托石正购买冰毒约 0.2 克、吸毒工具等，后石正到东远市百川区三江绿岛将其从吉颜峰处购入的毒品转交给王平。同年 9 月 22 日，王平出资 4500 元请托石正购买冰毒约 0.4 克、吸毒工具等，后石正到东远市百川区三江绿岛将其从吉颜峰处购入的毒品转交给王平。同年 10 月 13 日，王平出资 2500 元请托石正购买冰毒约 0.2 克、吸毒工具等，后石正到东远市百川区三江绿岛将其从吉颜峰处购入的毒品转交给王平，石正从中牟利约 200 元。同年 10 月 21 日，被告人石正自行到公安机关投案，到案后如实供述其犯罪事实。

二、模拟法庭审判参与人员表

本案模拟法庭审判共有 13 人参加，其角色如下：
审判长：金允棋
审判员：徐悦寒
人民陪审员：陈景逸
法官助理：金翊楷
书记员：黎姿
公诉人：张露
公诉人：李海
刑事辩护人：吴目
刑事辩护人：唐萍
法警：宿子峰
法警：吉中源
被告人：吉颜峰
被告人：石正

三、模拟法庭审判法服、法物及道具

法官袍：1 套
检察官服：1 套
书记员服：1 套
被告人：正装或便装 2 套
律师袍：2 件
法警服：2 套

法槌：1 套
仿真手枪：2 支
仿真警棍：2 根

四、证据材料

（1）书证。
（2）证人证言。
（3）被告人供述和辩解。
（4）鉴定意见书。
（5）检查、辨认笔录。
（6）视听资料（光盘）等证据。

五、案件争议焦点和问题思考（包括但不限于以下争议焦点及问题思考）

（1）公诉机关指控被告人吉颜峰前三次是否构成贩卖毒品罪，以及被告人吉颜峰是否应当认定为坦白。
（2）针对被告人石正是否构成贩卖毒品罪，以及对于被告人石正代购毒品数量的认定。
（3）被告人石正是否适用缓刑的问题。
（4）被告人对公诉机关指控的罪名无异议，但对于公诉机关所提出的量刑建议有异议，应如何给予判决。

六、本案模拟法庭审判脚本

案由：吉颜峰、石正贩毒品罪
开庭时间：2024 年 4 月 29 日 14：00
开庭地点：东远市百川区人民法院第一审判庭
是否公开审理：公开
合议庭人员：审判长：金允棋　审判员：徐悦寒　陈景逸
公诉人：张露　李海
书记员：黎姿

开庭前准备阶段

（书记员就位）
书记员黎姿：请肃静。请公诉人、辩护人入庭。

（公诉人、辩护人入庭就座）

（各人员就位）

书记员检查到庭人员情况，宣布法庭纪律。

书记员黎姿（站立）：请旁听人员安静，现在宣布法庭规则：

1. 诉讼参与人应当遵守法庭规则，维护法庭秩序，不得喧哗、吵闹。

2. 诉讼参与人在开庭审理期间的发言、陈述和辩论，须经审判长许可。

3. 未经许可，不得录音、录像、拍照和摄影，不得使用移动通信工具等传播庭审活动。

4. 法庭内不得吸烟，不得随意走动和进入审判区。

5. 法庭内禁止拨打或接听电话，手机一律关闭。

6. 法庭审理过程中，旁听群众不得发言、提问，不得鼓掌、喧哗、吵闹和进行其他妨碍审判活动的行为。

7. 审判人员进入法庭以及审判长宣告判决、裁定、决定时，全体人员应当起立。

8. 未经许可，未成年人不得进入法庭。

对于违反法庭纪律的旁听人员，审判长可以口头警告、训诫、责令退出法庭或者经院长批准予以罚款、拘留，对严重扰乱法庭秩序的人，依法追究刑事责任。

书记员黎姿：全体起立。请审判长、人民陪审员入庭。

审判长金允棋：请坐下。

书记员黎姿：报告审判长，被告人吉颜峰、石正已提到候审，庭前准备工作已经就绪。请主持开庭。

开庭阶段

审判长金允棋：（敲击法槌）东远市百川区人民法院现在开庭。法警！传被告人到庭。将被告人械具解除，并实施看守。

审判长金允棋：根据《最高人民法院关于适用〈中华人民共和国刑事诉讼法〉的解释》第二百三十五条的规定，法庭现在对被告人的基本情况进行核实。

审判长金允棋：被告人吉颜峰，下面我简要陈述你的身份情况，请你一一确认。被告人吉颜峰，男，1998年11月17日出生，公民身份号码513××××××××××0414，辉春省东远市人，高中文化，无业，住辉春省东远市百川区信义镇铧厂村三组。上述身份情况是否准确？

被告人吉颜峰：准确，没有问题。

审判长金允棋：被告人吉颜峰，下面对你在本案之前受过的法律处分进行核实。2019年11月19日到2021年11月19日被强制戒毒。情况是否属实？

被告人吉颜峰：属实。

审判长金允棋：被告人吉颜峰，下面对你因本案是否被采取强制措施、何时被采取何种强制措施进行核实。因涉嫌贩卖毒品罪，于2023年5月17日被东远市公安局刑事拘留，2023年6月22日由东远市公安局取保候审，2023年9月5日由东远市百川区人民检察院决定取保候审，2023年9月25日由东远市百川区人民检察院决定，同日被东远市公安局依法执行逮捕。上述情况是否属实？

被告人吉颜峰：属实。

审判长金允棋：被告人吉颜峰，你是不是中共党员、人大代表或政协委员、退伍军人或企事业单位工作人员等？

被告人吉颜峰：均不是。

审判长金允棋：被告人吉颜峰是否委托辩护人？

被告人吉颜峰：没有。

审判长金允棋：鉴于被告人吉颜峰没有委托辩护人，在开庭前本院为被告人吉颜峰依法指派了辉春风行律师事务所吴目律师担任其辩护人，被告人是否同意上述辩护人为你辩护？

被告人吉颜峰：同意。

审判长金允棋：吴目律师，是否到庭？

辩护人吴目：到庭。

审判长金允棋：被告人石正，下面我简要陈述你的身份情况，请你一一确认。被告人石正，男，2002年8月5日出生，居民身份证号码511××××××××××0621，汉族，辉春省东远市人，大专文化，务工，辉春省东远市高新区阳光西雅图5栋。上述身份情况是否准确？

被告人石正：准确，没有问题。

审判长金允棋：被告人石正，下面对你在本案之前受过的法律处分进行核实。因吸毒，2022年10月21日被东远市公安局直属分局行政拘留12日。情况是否属实？

被告人石正：属实。

审判长金允棋：被告人石正，下面对你因本案是否被采取强制措施、何时被采取何种强制措施进行核实。因涉嫌贩卖毒品罪，于2022年10月21日被东远市公安局刑事拘留，2022年11月21日由东远市公安局取保候审，2023年9月5日由东远市百川区人民检察院决定取保候审，2023年9月25日由东远市百川区人民检察院决定，同日被东远市公安局依法执行逮捕。上述情况是否属实？

被告人石正：属实。

审判长金允棋：被告人石正，你是不是中共党员、人大代表或政协委员、退伍军人或企事业单位工作人员等？

被告人石正：均不是。

审判长金允棋：被告人石正是否委托辩护人？

被告人石正：是。

审判长金允棋：根据辉春铎邦律师事务所递交的所函，受石正的委托，辉春铎邦律师事务所的唐萍律师担任你的辩护人，被告人石正是否同意上述辩护人为你辩护？

被告人石正：同意。

审判长金允棋：唐萍律师，是否到庭？

辩护人唐萍：到庭。

审判长金允棋：被告人吉颜峰、石正是否在开庭10日前收到了本院向你们送达的东远市百川区人民检察院的起诉书副本、当事人权利义务及不履行生效刑事裁判财产刑风险告知书？

被告人吉颜峰：收到了。

被告人石正：收到了。

审判长金允棋：是否在开庭3日前收到了开庭传票？

被告人吉颜峰：收到了。

被告人石正：收到了。

审判长金允棋：两位辩护人有没有在3日前收到出庭通知书？

辩护人吴目：收到了。

辩护人唐萍：收到了。

审判长金允棋：根据《中华人民共和国刑事诉讼法》第二十条、第二十五条、第一百八十八条之规定，东远市百川区人民法院现在依法公开审理东远市百川区人民检察院指控被告人吉颜峰、石正犯贩卖毒品罪一案。本案由审判员金允棋（也就是我本人）担任审判长，与人民陪审员徐悦寒、陈景逸组成合议庭，由金翊楷担任法官助理，由书记员黎姿担任法庭记录。东远市百川区人民检察院指派了检查官张露、检察官助理李海出庭支持公诉。

审判长金允棋：根据《中华人民共和国刑事诉讼法》第十五条、第二十九条、第三十一条、第三十二条、第三十三条、第一百九十七条、第一百九十八条之规定，被告人自愿如实供述自己的罪行，承认指控的犯罪事实，愿意接受处罚的，可以依法从宽处理。被告人在法庭审理过程中依法享有申请审判人员、书记员、公诉人、鉴定人员、翻译人员回避的权利，申请回避的理由有包括几种情形：以上人员是本案的当事人或者是当事人的近亲属的；本人或他的近亲属和本案有利害关系的；担任过本案的证人、鉴定人、辩护人、诉讼代理人的；与本案当事人有其他关系，可能影响公正处理案件的。享有提出证据，申请通知新的证人到庭、调取新的证据，申请重新鉴定或者勘验、检查的权利；被告人有获得辩护、包括自行辩护的权利，在法庭辩论终结后有最后陈述的权利。

审判长金允棋：对于法庭告知的上述权利，被告人吉颜峰、石正是否听清楚？是否申请回避？

被告人吉颜峰：听清楚了，不申请。

被告人石正：听清楚了，不申请。

审判长金允棋：辩护人是否申请回避？

辩护人吴目：不申请。

辩护人唐萍：不申请。

审判长金允棋：现在开始法庭调查，两位被告人，在公诉人宣读起诉书，公诉人以及合议庭对两位被告人进行讯问的时候应当起立，其他的时候可以坐下，听清楚没有？

被告人吉颜峰：清楚了。

被告人石正：清楚了。

法庭调查阶段

审判长金允棋：首先由公诉人宣读起诉书。

公诉人张露（站立）：审判长、人民陪审员，我代表东远市百川区人民检察院对被告人吉颜峰、石正依法提起公诉。

辉春省东远市百川区人民检察院
起诉书

百检刑诉〔2023〕527号

被告人吉颜峰，男，1998年11月17日出生，公民身份证号码513××××××××××0414，彝族，辉春省东远市人，高中文化，无业，住辉春省东远市百川区信义镇铧厂村三组。因涉嫌贩卖毒品罪，于2023年5月17日被东远市公安局刑事拘留，2023年6月22日由东远市公安局取保候审，2023年9月5日由东远市百川区人民检察院决定取保候审，2023年9月25日由东远市百川区人民检察院决定，同日被东远市公安局依法执行逮捕。

被告人石正，男，2002年8月5日出生，公民身份证号码511×××××××××××0621，汉族，辉春省东远市人，大专文化，务工，住辉春省东远市高新区阳光西雅图5栋。因吸毒，2022年10月21日被东远市公安局直属分局行政拘留十二日。因涉嫌贩卖毒品罪，于2022年10月21日被东远市公安局刑事拘留，2022年11月21日由东远市公安局取保候审，2023年9月5日由东远市百川区人民检察院决定取保候审，2023年9月25日由东远市百川区人民检察院决定，同日被东远市公安局依法执行逮捕。

本案由东远市公安局侦查终结，东远市公安局直属分局以被告人吉颜峰、石正贩卖毒品案，于2023年9月5日向本院移送起诉。本院受理后，于2023年9月5日已告知被告人有权委托辩护人，依法讯问了被告人，审查了全部案件材料。

经依法审查查明2022年8月29日18时许，被告人吉颜峰在东远市百川区南河酒店门口以2000元的价格将约0.2克甲基苯丙胺出售给被告人石正。

2022年9月22日14时许，被告人吉颜峰在东远市百川区南河酒店门口以4000元的价格将约0.4克甲基苯丙胺出售给被告人石正。

2022年10月13日13时许，被告人吉颜峰在东远市百川区南河酒店门口以2000元的价格将约0.2克甲基苯丙胺出售给被告人石正。

2023年5月14日，吸毒人员张家阳联系被告人吉颜峰欲购入2000元甲基苯丙胺，并约定两天后到东远交易。2023年5月16日，吉颜峰以1800元从李阳处购入0.54克甲基苯丙胺，在东远市百川区南河坝将毒品交付给张家阳时被公安机关挡获。

2022年8月29日15时许，吸毒人员王平出资2200元请托石正购买甲基苯丙胺约0.2克、吸毒工具等，后石正到东远市百川区三江绿岛将其从吉颜峰处购入的毒品转交给王平。

2022年9月22日14时许，吸毒人员王平出资4500元请托石正购买甲基苯丙胺约0.4克、吸毒工具等，后石正到东远市百川区三江绿岛将其从吉颜峰处购入的毒品转交给王平。

2022年10月13日13时许，吸毒人员王平出资2500元请托石正购买甲基苯丙胺约0.2克、吸毒工具等，后石正到东远市百川区三江绿岛将其从吉颜峰处购入的毒品转交给王平，石正从中牟利约1200元。

2022年10月21日，被告人石正自行到公安机关投案，到案后如实供述其犯罪事实。

认定上述事实的证据如下：

1. 到案经过、户口信息、扣押决定书、毒品称量、取样记录、吸毒现场检测报告、行政处罚决定书等书证；
2. 证人张家阳、王平的证言；
3. 被告人吉颜峰、石正的供述和辩解；
4. 鉴定意见书；
5. 检查、辨认笔录；
6. 视听资料（光盘）等证据。

本院认为，被告人吉颜峰违反毒品管理法规，非法贩卖毒品甲基苯丙胺，情节严重，被告人石正违反毒品管理法规，非法贩卖毒品甲基苯丙胺，其行为均已触犯《中华人民共和国刑法》第三百四十七条之规定，犯罪事实清楚，证据确实、充分，应当以贩卖毒品罪追究其刑事责任。被告人石正犯罪后自动投案，如实供述自己的罪行，系自首，适用《中华人民共和国刑法》第六十七条，可以从轻或者减轻处罚。根据《中华人民共和国刑事诉讼法》第一百七十六条的规定，提起公诉，请依法判处。

此致
辉春省东远市百川区人民法院

检察官 张　露
检察官助理 李　海

2023年9月26日
（院印）

附件：1. 被告人吉颜峰、石正现押于东远市看守所
　　　2. 案卷材料、证据3册（光盘13张）

审判长，起诉书宣读完毕。

审判长金允棋：被告人对起诉书的内容听清楚没有？对公诉机关指控的事实和罪名有无异议？

被告人吉颜峰：听清楚了，石正在我这里买是我帮忙拿，我没有从中间获利，我就是一个跑腿的。8月29日、9月22日、10月13日，我是向石正出售了毒品，但是我是代购，而且也没有牟利。对罪名没有异议。

被告人石正：听清楚了，没有异议。

审判长金允棋：根据《中华人民共和国刑事诉讼法》第十五条的规定，被告人自愿如实供述自己的罪行，愿意接受处罚，依法可以从宽处理，这是自愿认罪认罚的法律后果。两位被告人是否清楚？两位被告人是否自愿认罪认罚？

被告人吉颜峰：我认罪认罚。

被告人石正：我认罪认罚。

审判长金允棋：被告人吉颜峰你刚刚说的是有异议的，你是否还是认罪认罚？

被告人吉颜峰：愿意。

审判长金允棋：公诉人是否需要分开讯问被告人？

公诉人张露：不需要。

审判长金允棋：被告人吉颜峰的辩护人是否需要分开发问？

辩护人吴目：需要发问。被告人吉颜峰你说你跟石正前三次的交易都是打麻将的钱，你当庭又说这个钱是毒资，就是2000元、4000元、2000元这三笔钱到底是什么钱？

被告人吉颜峰：就是买毒品的钱。

辩护人吴目：审判长，发问完毕。

审判长金允棋：被告人石正的辩护人是否需要分开发问？

辩护人唐萍：需要发问。被告人石正你帮王平购买毒品后剩余的1200元，这1200元你们当时是怎么说的？

被告人石正：当时剩了1200元，我说退给他，他说不存在，不要了，我们之间本来关系就好。

辩护人唐萍：审判长，发问完毕。

审判长金允棋：被告人吉颜峰，你在侦查机关前3次的供述都说是打麻将的钱，现在又说是毒资？为什么当庭改变？

被告人吉颜峰：我承认了，就是我帮他买的毒品。

审判长金允棋：为什么当庭改变？

被告人吉颜峰：我想从轻处罚。

审判长金允棋：你说你是帮石正代购的，你找谁买的？

被告人吉颜峰：在李阳那里购买的。

审判长金允棋：怎么联系的？

被告人吉颜峰：微信联系。

审判长金允棋：转款是怎么转的？

被告人吉颜峰：款是我给的，我身上的现金。

审判长金允棋：现金哪里来的？

被告人吉颜峰：我本来身上就有现金，在南河宾馆对面的超市换的现金。

审判长金允棋：超市叫什么名字？

被告人吉颜峰：记不清了。

审判长金允棋：控辩双方有无补充发问？

公诉人张露：不需要。

辩护人吴目：不需要。

辩护人唐萍：不需要。

审判长金允棋：下面进行举质证，首先由公诉人向法庭出示证据。

公诉人张露：第一组证据：到案经过、户口信息、扣押决定书、毒品称量、取样记录、吸毒现场检测报告、行政处罚决定书等书证，受案登记表，立案决定书，拘留证，拘留通知书，变更羁押期限通知书，检察院不批准逮捕决定书，释放通知书，取保候审决定书，取保候审保证书，被取保候审人义务告知书，移送起诉告知书，吉颜峰、石正的起诉意见书，户籍证明，到案经过/抓获说明，扣押决定书、清单，检查、扣押、称量笔录，调取证据通知书，吸毒现场检测报告书，行政处罚决定书（张家阳、王平、石正），前科查询记录、无刑事犯罪前科，情况说明，调取证据通知书，接收证据材料清单、王平微信交易明细，调取证据通知书、石正微信账单。第二组证据：证人张家阳、王平的证言，张家阳证人诉讼权利义务告知书，证人张家阳的询问笔录，证人张家阳辨认笔录，证人王平的询问笔录，证人王平辨认笔录。第三组证据：被告人吉颜峰、石正的供述和辩解，吉颜峰第一至四次讯问笔录，吉颜峰第五至七次讯问笔录，吉颜峰辨认笔录，石正讯问笔录，石正辨认笔录。第四组证据：鉴定意见书，鉴定委托书。第五组证据：检查、辨认笔录，电子数据检查笔录。第六组证据：视听资料（光盘）等证据，随卷光盘清单。

公诉人张露：审判长，全案证据出示完毕，请组织质证。

审判长金允棋：被告人吉颜峰、石正，对于公诉人出示的证据是否听清？是否需要当庭看证据？

被告人吉颜峰：听清楚了，不需要。

被告人石正：听清楚了，不需要。

审判长金允棋：被告人吉颜峰、石正，对上述证据有无异议？若有，可以发表。

被告人吉颜峰：我认罪认罚，对证据没有异议。

被告人石正：没有异议。

审判长金允棋：辩护人发表质证意见。

辩护人吴目：对公诉机关出示的证据三性没有异议。

辩护人唐萍：对公诉机关出示的证据三性没有异议，就是想说一下被告人石正主观上没有牟利。

审判长金允棋：两位被告人有无证明自己无罪或者罪轻的证据向法庭出示？

被告人吉颜峰：没有证据出示。

被告人石正：没有证据出示。

审判长金允棋：两位辩护人有无证据出示？

辩护人吴目：没有。

辩护人唐萍：审判长，有证据出示。石正及其家人户口本信息；村民委员会的情况说明一份，证明其家中有人有疾病，家庭困难；医院的住院资料，证明其家人有多重疾病；陈燕与石正的家庭关系证明，证明其一直居住在东远市高新区；证明同居的陈燕患有抑郁症的情况。

审判长金允棋：法警，将证据交由公诉人质证。

公诉人张露：审判长，证据与本案的定罪量刑没有直接关系，请法庭不予采纳。

审判长金允棋：法警，将证据交由法庭。

审判长金允棋：恢复法庭调查，被告人吉颜峰你跟石正认识多久了？

被告人吉颜峰：认识很多年了。

审判长金允棋：你们两个之间是经常来往吗？

被告人吉颜峰：经常来往。

审判长金允棋：你之前的三次供述与当庭的不一致，以哪一次的为准？

被告人吉颜峰：帮忙代购的供述，以当庭供述为准。

审判长金允棋：为什么不赚钱也要帮忙代购？

被告人吉颜峰：因为我俩是朋友，以前一起吸食过。

审判长金允棋：2022年8月29日你向石正出示毒品时，是什么时间、在哪里找的李阳？

被告人吉颜峰：在南河宾馆那个巷子里面，石正来找我，前两次拿到钱后我去超市换现金，再找李阳拿了毒品给石正。每次都是这样的。第三次也是石正先转给我钱，由于超市没有现金，就在旁边的饭店换了500元，又去其他超市换了1500元。

审判长金允棋：被告人石正，之前的供述你说王平给你的钱都用完了，后面又说你赚了，为什么每一次供述不一样？

被告人石正：时间记不清了，以最后一次为准。

审判长金允棋：控辩双方还有无补充的？

公诉人张露：不需要。

辩护人吴目：审判长，吉颜峰的辩护人有补充发问。被告人吉颜峰请你讲一下在哪里找的买毒品的人？

被告人吉颜峰：石正先转给我钱，我先去超市换现金，然后就找李阳买了毒品。9月22日给了4000元，也是在超市先换现金再买的。第三次也是石正先转给我钱，由于超市没有现金，就在旁边的饭店换了500，又去其他超市换了1500元。

辩护人吴目：三次都有盈利吗？

被告人吉颜峰：三次都没有盈利。

辩护人吴目：审判长，我的补充发问完毕。

审判长金允棋：被告人石正及其辩护人有无补充发问？

被告人石正：没有。

辩护人唐萍：没有。

法庭辩论阶段

审判长金允棋：法庭调查结束，现在开始进行法庭辩论。法庭辩论主要围绕确定罪名、量刑及其他有争议的问题进行辩论。首先请公诉人发表公诉意见。

公诉人张露：本院认为，被告人吉颜峰违反毒品管理法规，非法贩卖毒品甲基苯丙胺，情节严重。被告人石正违反毒品管理法规，非法贩卖毒品甲基苯丙胺。二人行为均已触犯《中华人民共和国刑法》第三百四十七条之规定，犯罪事实清楚，证据确实、充分，应当以贩卖毒品罪追究其刑事责任。被告人石正犯罪后自动投案，如实供述自己的罪行，系自首，适用《中华人民共和国刑法》第六十七条，可以从轻或者减轻处罚。根据《中华人民共和国刑事诉讼法》第一百七十六条的规定，提起公诉，请依法判处。被告人石正在审查起诉阶段认罪认罚，公诉机关建议判处被告人石正有期徒刑八个月，并处罚金人民币5000元的量刑建议。当庭出示证据以后，被告人及辩护人也未就证据的三性提出异议，建议法庭采纳作为认定本案事实的根据。综合全案来看，被告人吉颜峰以营利为目的，向他人出售毒品甲基苯丙胺，其行为是涉嫌贩卖毒品罪，其当庭所辩解的代购，我院不宜认定为代购。他贩卖毒品应当是四次。现有证据能够证实他总共代购三次，在第三次代购中还有盈利，所以说公诉机关指控其贩卖毒品一次。另外认定被告人石正有自首情节，请法庭根据各被告人涉案的犯罪事实、情节、性质、社会危害程度，以及当庭的认罪态度，依照《中华人民共和国刑法》的相关规定依法判处，审判长，公诉意见发表完毕。

审判长金允棋：被告人吉颜峰及其辩护人发表意见。

被告人吉颜峰：请合议庭从轻处罚。

辩护人吴目：审判长，被告人吉颜峰前三次的交易行为是代为购买，不是贩卖毒品；被告人认罪态度良好，可以认定为坦白，请求法庭综合考虑并从轻处罚。

审判长金允棋：被告人石正及其辩护人发表意见。

被告人石正：这个事情对我影响很大，我想好好生活，请审判长看在我认罪悔罪的态度上对我从轻处罚。

辩护人唐萍：审判长，检察院认定的被告人石正牟利200元与事实不符，主观上其没有牟利；被告人石正主观是接受王平的委托，主观上没有牟利的意图，被告人的行为有被动性，买卖的主体是王平和吉颜峰；被告人石正的社会危害性小，主观上没有加价也没有牟利；被告人系初犯；也认识到了自己的错误，且被告人家庭情况有困难。被告人石正认罪认罚，被告人确实存在代购的行为的话应该认定为0.1克。综上所述，请法庭综合考虑并从轻处罚，请法庭对被告人适用缓刑。

审判长金允棋：根据第一轮的法庭辩论，控辩双方主要争议焦点在于：第一，公诉机关指控被告人吉颜峰前三次是否构成贩卖毒品罪，以及被告人吉颜峰是否应当认定为坦白。第二，针对被告人石正是否构成贩卖毒品罪，以及对于被告人石正代购毒品数量的认定。第三，对于被告人石正是否适用缓刑的问题。针对本庭归纳的争议焦点，公诉人以及两位辩护人，有没有没有归纳到的，需要补充的地方？

公诉人张露：没有。

辩护人吴目：没有。

辩护人唐萍：没有。

审判长金允棋：针对本庭刚刚所说的争议焦点，控辩双方发表第二轮的意见时请公诉人发表量刑建议以及对本案扣押在案财物的处置意见。

公诉人张露：被告人吉颜峰前三次应当认定为贩卖毒品罪；被告人吉颜峰是存在贩卖毒品行为的，他贩卖毒品给张家阳；石正无明确的托购意愿；被告人吉颜峰在侦查阶段和审查阶段审查起诉阶段，对于前三次行为是予以否认的，所以说公安机关没有取证的机会，否认他的没赚钱的意图，并且从当庭他所供述的毒品交易这个行为来看，也是换取现金的，超市地点不明确，没法核实，用现金交易。吉颜峰可以认定为坦白，量刑应当在三年以上。至于涉案所扣押的个人物品，鉴于本案有罚金，可以作为法定的个人物品予以没收。被告人石正的供述也是多次反复，就第二次认可代购毒品，第三次又说赚了100~200元，是存在差价的，应该认定。毒品认定0.1克还是0.2克没有多大的区别，请法庭酌情处理。与毒品相关的刑事案件，判处缓刑请慎重处理。涉案财物也是一样的，鉴于本案是存在罚金的，作案工具或者个人物品可以没收。建议判处被告人石正有期徒刑八个月，并处罚金人民币5000元。

审判长金允棋：被告人吉颜峰及其辩护人发表意见。

被告人吉颜峰：审判长，我确实是代购的，请从轻处罚。

辩护人吴目：作为吉颜峰的辩护人，我认为前三次不应该认定为贩卖而是代为购买行为，建议对被告人吉颜峰从轻处罚。

审判长金允棋：被告人石正及其辩护人发表意见。

被告人石正：每次买了过后，我都是跟王平一起吃了的，请审判长从轻处罚。

辩护人唐萍：审判长，被告人石正与王平是朋友关系，虽然没有退还200元，但是其主观上是要退还的。而且被告人有自首情节；社会危害性小、影响小；家庭困难，是家庭的顶梁柱。请审判长酌情从轻处罚。本辩护人认为被告人石正的犯罪行为固然法律难容，理应惩罚，但被告人石正主动坦白，如实供述犯罪事实，犯罪情节较为轻微，主观恶性较小，社会危害性不大，且自愿认罪，确有悔罪表现。对被告人石正从轻处罚，以达到分化瓦解毒品犯罪分子、预防和减少毒品犯罪的目的。

审判长金允棋：被告人石正，你是否在审查起诉阶段签署了认罪认罚文书？

被告人石正：签署了。

审判长金允棋：签署这份文书是不是你本人的真实意思表示？

被告人石正：是的，是我自己签署的。

审判长金允棋：签署认罪认罚文书时是否有律师在场？

被告人石正：有的，是律师交给我签的。

审判长金允棋：被告人石正，你对公诉机关提出的量刑建议有期徒刑八个月，并处罚金人民币5000元，有没有异议？

被告人石正：对公诉机关的量刑有异议，我希望少判一点。

审判长金允棋：公诉人，被告人石正当庭对认罪认罚有异议，公诉人是什么意见？

公诉人张露：如果被告人石正不认可认罪认罚具结书，他量刑不得低于八个月。

审判长金允棋：公诉人是要当庭撤回量刑建议吗？

公诉人张露：当庭撤回。

审判长金允棋：在法庭辩论阶段，控辩双方还有需要补充的吗？

公诉人张露：没有。

辩护人吴目：没有。

辩护人唐萍：审判长，我想补充一点，就是被告人石正有一个自首的情节，所以量刑应在八个月以下。

审判长金允棋：被告人石正的辩护人请注意，被告人石正已经当庭不认罪认罚了。

审判长金允棋：刚才控辩双方进行了法庭辩论，本庭已经清楚并记录在案，合议庭在休庭评议时会依法充分考虑。法庭辩论结束。

被告人最后陈述阶段

审判长金允棋：根据《中华人民共和国刑事诉讼法》第一百九十八条之规定，被告人享有最后陈述的权利。被告人起立，现在由你们依次向法庭作最后陈述。

被告人吉颜峰：审判长，我认罪认罚，也认识到了自己的错误了，希望从轻处罚。

被告人石正：审判长，我悔罪认罪，请给我一个从轻处罚的机会。

评议和宣判阶段

审判长金允棋：下面合议庭将休庭进行评议，评议大约需要30分钟。控辩双方将当庭质证的证据提交法庭。现在休庭（敲击法槌）。

（法警将被告人带出法庭）

书记员黎姿：请全体起立！请审判人员退庭评议。

（审判长率合议庭成员从法官通道纵队退出法庭）

评议宣判阶段

书记员黎姿：请公诉人、辩护人入庭。

书记员黎姿：请全体起立。请审判长、人民陪审员入庭。

审判长金允棋：请坐下。法警带两名被告人到庭。

审判长金允棋：（敲击法槌）现在继续开庭。由东远市百川区人民检察院提起公诉的被告人吉颜峰、石正贩卖毒品罪一案，经过刚才的法庭调查、法庭辩论及被告人最后陈述，合议庭认真听取了控辩双方的意见，审阅了本案的全部证据材料，庭后合议庭认真进行了评议，现在宣布判决：

辉春省东远市百川区人民法院
刑事判决书

(2023)百0703刑初527号

公诉机关东远市百川区人民检察院。

被告人吉颜峰，男，1998年11月17日出生，公民身份号码513××××××××××0414，彝族，辉春省东远市人，高中文化，无业，住辉春省东远市百川区信义镇铧厂村三组48号。因吸毒，于2014年11月6日被东远市公安局百川区分局行政拘留5日；因吸毒，于2018年5月21日被东远市公安局百川区分局行政拘留10日；因吸毒，于2019年11月7日被东远市公安局百川区分局行政拘留12日。因本案，2023年5月17日被东远市公安局刑事拘留，2023年6月22日被释放，同日被东远市公安局取保候审，2023年9月5日被东远市百川区人民检察院取保候审，2023年9月25日经东远市百川区人民检察院决定，同日被东远市公安局执行逮捕。现羁押于东远市看守所。

指定辩护人吴目，辉春风行律师事务所律师。

被告人石正，男，2002年8月5日出生，居民身份证号码511××××××××××0621，汉族，辉春省东远市人，大专文化，务工，住辉春省东远市高新区阳光西雅图5栋。因吸毒，于2018年1月25日被东远市公安局百川区分局行政拘留5日；因吸毒，于2022年10月21日被东远市公安局直属分局行政拘留12日。因本案，于2022年10月21日被东远市公安局刑事拘留，于2022年11月21日被释放，同日被东远市公安局取保候审，于2023年9月5日被东远市百川区人民检察院取保候审，于2023年9月25日经东远市百川区人民检察院决定，同日被东远市公安局执行逮捕。现羁押于东远市看守所。

辩护人唐萍，辉春铎邦律师事务所律师。

东远市百川区人民检察院以东百检刑诉〔2023〕527号起诉书指控被告人吉颜峰、石正犯贩卖毒品罪，于2023年10月8日向本院提起公诉。本院受理后，依法组成合议庭，适用普通程序，于2023年10月26日、12月5日公开开庭审理了本案。百川区人民检察院指派检察官张露出庭支持公诉，被告人吉颜峰及其指定辩护人吴目，被告人石正及其辩护人唐萍到庭参加诉讼。现已审理终结。

公诉机关指控，2022年8月29日18时许，被告人吉颜峰在东远市百川区南河宾馆门口以2000元的价格将约0.2克甲基苯丙胺出售给被告人石正。

2022年9月22日14时许，被告人吉颜峰在东远市百川区南河宾馆门口以4000元的价格将约0.4克甲基苯丙胺出售给石正。

2022年10月13日13时许，被告人吉颜峰在东远市百川区南河宾馆门口以2000元的价格将约0.2克甲基苯丙胺出售给石正。

2023年5月14日，吸毒人员张家阳联系被告人吉颜峰欲购入2000元甲基苯丙胺，并约定两天后到东远交易。2023年5月16日，吉颜峰以1800元从李阳处购入0.54克甲基苯丙胺，在东远市百川区南河坝发展改革委对面将毒品交付给张家阳时被公安机关挡获。

2022年8月29日15时许，吸毒人员王平出资2200元请托石正购买甲基苯丙胺约0.2克、吸毒工具等，后石正到东远市百川区三江绿岛将其从吉颜峰处购入的毒品转交给王平。

2022年9月22日14时许，吸毒人员王平出资4500元请托石正购买甲基苯丙胺约0.4克、吸毒工具等，后石正到东远市百川区三江绿岛将其从吉颜峰处购入的毒品转交给王平。

2022年10月13日13时许，吸毒人员王平出资2500元请托石正购买甲基苯丙胺约0.2克、吸毒工具等，后石正到东远市百川区三江绿岛将其从吉颜峰处购入的毒品转交给王平，石正从中牟利约200元。

2022年10月21日，被告人石正自行到公安机关投案，到案后如实供述其犯罪事实。

公诉机关认为，被告人吉颜峰、石正的行为构成贩卖毒品罪，被告人吉颜峰系情节严重。被告人石正有自首情节，并自愿认罪认罚，建议判处被告人石正有期徒刑八个月，并处罚金人民币5000元。庭审过程中，石正对公诉机关的量刑建议提出异议，公诉机关当庭撤回量刑建议。

被告人吉颜峰对指控的事实无异议，表示愿意认罪认罚，当庭辩解其是帮石正代购毒品且没有牟利。其辩护人提出如下辩护意见：被告人吉颜峰前三次的行为是为他人代购毒品，未从中牟利，不构成贩卖毒品罪；被告人认罪态度良好，可以认定为坦白，建议对其从轻处罚。

被告人石正对指控的事实、罪名均无异议，虽签字具结但当庭对公诉机关量刑建议提出异议，公诉机关当庭撤回认罪认罚量刑建议。其辩护人提出如下辩护意见：公诉机关认定被告人石正三次牟利1200元与事实不符，石正主观上没有贩卖、牟利的故意；若认定被告人石正构成贩卖毒品罪，第三次代购毒品的数量宜认定为0.1克，且石正具有自首情节并自愿认罪认罚，本次犯罪系初犯。鉴于被告人石正的家庭情况，建议对被告人石正适用缓刑或判处拘役。

经审理查明：

一、被告人吉颜峰贩卖毒品事实

1.2022年8月29日18时许，被告人吉颜峰在东远市百川区南河宾馆门口将一小包冰毒出售给石正，并通过微信收取石正转账人民币2000元。

2.2022年9月22日14时许，被告人吉颜峰在东远市百川区南河酒店门口将两小包冰毒出售给石正，并通过微信收取石正转账人民币4000元。

3.2022年10月13日13时许，被告人吉颜峰在东远市百川区南河酒店门口将一小包冰毒出售给石正，并通过微信收取石正转账人民币2000元。

4.2023年5月14日，吸毒人员张家阳联系被告人吉颜峰购买毒品冰毒。2023年5月16日，吉颜峰在南河坝张家阳驾驶的汽车上与张家阳进行毒品交易时被公安机关现场挡获。公安机关从车内搜出净重0.54克可疑晶体。经鉴定，其中含有甲基苯丙胺。

二、被告人石正贩卖毒品事实

2022年8月29日15时许，吸毒人员王平出资2200元请托石正购买甲基苯丙胺约0.2克、吸毒工具等，后石正到东远市百川区三江绿岛将其从吉颜峰处购入的毒品转交给王平。

2022年9月22日14时许，吸毒人员王平出资4500元请托石正购买甲基苯丙胺约0.4克、吸毒工具等，后石正到东远市百川区三江绿岛将其从吉颜峰处购入的毒品转交给王平。

2022年10月13日13时许，吸毒人员王平联系被告人石正请托购买毒品冰毒，并通过微信向石正转款人民币2500元。同日，石正联系吉颜峰购买冰毒并向吉颜峰微信转账人民币2000元。石正购买水、烟及吸毒工具后到东远市百川区三江绿岛将冰毒交给王平。石正从中赚取差价1200元。

另查明，2022年10月21日，被告人石正经公安机关电话通知，在原地等待公安机关处理；2023年5月16日，被告人吉颜峰被公安机关挡获归案。

扣押在案含甲基苯丙胺的毒品0.54克已全部送检，扣押并随案移送被告人吉颜峰苹果手机一部、石正华为手机一部。

上述事实，有经庭审举证、质证的下列证据证实：

1. 受案登记表、立案决定书、到案经过，证明案件来源及二被告人到案的情况。
2. 户籍证明，证明被告人吉颜峰、石正的基本情况，案发时均已达刑事责任年龄。
3. 吸毒现场检测书，证明经检测，被告人吉颜峰结果呈阴性。
4. 辨认笔录，证明张家阳与被告人吉颜峰相互辨认的情况，石正对吉颜峰的辨认情况。
5. 吉颜峰、石正、王平微信支付交易明细，证明吉颜峰、石正微信账户以及石正、王平微信账户转账往来情况。
6. 扣押决定书、扣押笔录，证明从被告人吉颜峰处扣押白色晶状体物一袋、苹果手机一部，从被告人石正处扣押华为手机一部。
7. 人身检查笔录、扣押笔录、东远市公安局物证鉴定所检验报告，称量、取样笔录、现场照片，情况说明，证明从被告人吉颜峰乘坐车辆里查扣白色透明晶体一份，并予以封存。经称量查获的白色透明晶状体净重0.54克，已全部送检，经检验从中检出甲基苯丙胺。
8. 视听资料，证明2023年5月16日被告人吉颜峰在南河宾馆内的活动轨迹情况。
9. 电子证物检查笔录、情况说明，证明吉颜峰与张家阳在2023年5月14日至16日有多次电话联络的情况。
10. 行政处罚决定书，证明二被告人及张家阳、王平因吸毒被行政处罚的情况。
11. 证人张家阳证言：自己通过朋友介绍认识的吉颜峰，他用微信给自己打了三四次语音电话，问自己需不需要冰毒，并对自己承诺要的话，他就给自己送过来，但是要求用现金交易。我们两人在电话中商量好之后，自己要求他将冰毒送到多喜茶楼楼下。大概半个小时后，我们两个就在多喜茶楼楼下的停车场内进行交易。他将冰毒用面值一元的人民币包裹好交给自己，自己还检查了一下里面是否装有冰毒。查验后，自己将 2000 元人民币交给他。之后自己又回到多喜茶楼，继续和朋友打牌。打完牌之后，自己就开车去购买了吸毒工具，到铂雅酒店入住，并通过烤吸的方式将购得的冰毒吸食了。2023 年 5 月 14 日自己联系吉颜峰问他有没有东西（就是冰毒），自己过两天去拿，他说有。

12. 证人王平证言：自己和石正是老乡，之前就听说石正可能在吸毒。2022 年 8 月我们在一起聊天说到冰毒，石正说他有门路，自己就让他帮忙买一袋，他还说现在东西很贵，要 2000 元"一个"，自己让他拿"一个"，就通过微信给他转了 2000 元，后面又给他转了 200 元叫他带吸毒工具。之后石正就带上了冰毒、一个吸毒工具、两三瓶矿泉水还有两包南京雨花石到自己家里。我们两个一起在客厅吸食了冰毒。2022 年 9 月 22 日自己问石正"有空不，要不要"，他同意了，过了一会说涨价了，要 2200 元"一个"。自己心里不舒服，还是向石正转了 4500 元，说"拿两个，多出来的 100 元买水、买工具"。两三个小时过后，他就到自己家来了，带了两包冰毒、一个吸毒工具、三瓶水。当天我们就吸食了一包，另外一包叫他带走了。2022 年 10 月 13 日中午，自己给石正发了一条消息，问他："你有空不？有空就安排下。"他说"有"，然后自己直接就给他转款 2500 块钱，说"拿一个，剩下 300 元你自己安排"。自己和石正在大门口见面，然后一起在自己家里吸食，他吸了几口就走了。这次他带过来哪些东西自己记不清了。因为自己要吸毒，石正也要吸毒，自己不认识那些贩毒的也不想接触那些人，自己信得过石正就出钱叫他帮忙购买。

对被告人石正的辩护人所提交的石正亲属病历资料及家庭情况证明等证据，与本案定罪量刑不具有关联性，本院不予采纳。

本院认为，被告人吉颜峰违反毒品管理法规，多次贩卖毒品，其行为已构成贩卖毒品罪，属情节严重。被告人石正违反毒品管理法规，为他人代购毒品并从中牟利，其行为亦构成贩卖毒品罪。公诉机关指控罪名成立。对被告人吉颜峰及其辩护人所提吉颜峰系帮石正代购毒品且未从中牟利，不构成贩卖毒品罪的意见，经查吉颜峰三次向石正出售毒品冰毒并收取毒资，石正并无托购的意思表示，本案也无其他证据能够证明吉颜峰存在代购行为，故对吉颜峰及其辩护人的辩解、辩护意见不予采纳。对被告人石正的辩护人所提石正主观没有贩毒牟利的目的，牟利 1200 元事实不成立的辩护意见，经查 2022 年 10 月 13 日托购者王平向石正微信转款 2500 元用于购买毒品，后石正联系吉颜峰购买毒品并支付毒资 2000 元，除购买吸毒工具等开销外石正从中赚取购毒款差价 1200 元，其行为属于变相加价牟利，应当以贩卖毒品罪定罪处罚，故对该辩护意见不予采纳。被告人石正经公安机关电话通知后等待配合调查，到案后如实供述本案主要犯罪事实，可以认定为自首，可以从轻或者减轻处罚，对其辩护人所提自首的辩护意见予以采纳。被告人吉颜峰到案后供述反复，当庭辩解与审理查明事实亦不符，不应认定为坦白，对其辩护人所提坦白的辩护意见不予采纳。被告人吉颜峰、石正虽当庭表示愿意认罪认罚，但根据其庭审表现、认罪悔罪态度等不应认定为认罪认罚并从宽，对石正辩护人所提认罪认罚从宽的意见不予采纳。被告人吉颜峰在本案中的违法所得 8000 元、石正的违法所得 200 元应当追缴。随案移送被告人吉颜峰苹果手机一部、石正华为手机一部并非主要供本案犯罪所用，不予没收，可作为财产刑可供执行的财产。

综上所述，根据被告人吉颜峰、石正的犯罪事实、性质、情节、对社会的危害程度等，依照《中华人民共和国刑法》第三百四十七条、第三百五十七条、第六十七条第一款、第五十二条、第五十三条、第六十四条之规定，判决如下：

书记员黎姿：全体起立。

审判长金允棋：（站立）

一、被告人吉颜峰犯贩卖毒品罪，判处有期徒刑三年六个月，并处罚金人民币八千元。

（刑期从判决执行之日起计算。判决执行以前先行羁押的，羁押一日折抵刑期一日，即自 2023 年 9 月 25 日起至 2027 年 2 月 15 日止。罚金限判决生效后十日内缴纳）

二、被告人石正犯贩卖毒品罪，判处有期徒刑十个月，并处罚金人民币五千元。

（刑期从判决执行之日起计算。判决执行以前先行羁押的，羁押一日折抵刑期一日，即自 2023 年 9 月 25 日起至 2024 年 6 月 22 日止。罚金限判决生效后十日内缴纳）

三、对被告人吉颜峰违法所得人民币八千元、被告人石正违法所得人民币一千二百元予以追缴，上缴国库。

四、随案移送的吉颜峰苹果手机一部、石正华为手机一部，作为判决第一、二项可供执行的财产。

如不服本判决，可在接到判决书的第二日起十日内，通过本院或者直接向辉春省东远市中级人民法院提出上诉。书面上诉的，应当提交上诉状正本一份、副本一份。

审　判　长　金允棋
人民陪审员　徐悦寒
人民陪审员　陈景逸

二〇二三年九月二十七日

法官助理　金翊楷
书　记　员　黎姿

审判长金允棋：（敲击法槌）宣判完毕，请坐下。

审判长金允棋：被告人吉颜峰、石正，是否上诉？

被告人吉颜峰：不上诉。

被告人石正：不上诉。

审判长金允棋：各位诉讼参与人，庭后被告人及辩护人应当核对庭审笔录，认为有遗漏或者差错，可以请求补充或改正，确认无误后，应当签名并捺印。东远市百川区人民法院第一审判庭，今天对东远市百川区人民检察院提起公诉的被告人吉颜峰、石正犯贩卖毒品罪一案的开庭审理到此结束,现在闭庭!法警将两位被告人送至东远市看守所进行还押(敲击法槌)。

书记员黎姿:全体起立!请审判长审判人员退庭。

书记员黎姿:请公诉人、辩护人退庭。

书记员黎姿:现在散庭。

第四节 毛向阳诈骗案第一审程序模拟审判脚本

一、案情简介

2020年4月10日,毛向阳来到江东市竹园大道134号的手机店铺,以让郭鑫帮忙代还信用卡为由,让郭鑫通过支付宝先向其转账1.7万元,40分钟后毛向阳偿还了该1.7万元信用卡欠款并额外支付给郭鑫500元费用。次日下午3点30分,毛向阳再次来到该手机店铺,与郭鑫约定,由郭鑫代为偿还3.5万元的信用卡欠款,毛向阳则额外多支付1000元作为费用,并承诺等信用卡可以进行消费之后再把钱转给他。于是郭鑫通过支付宝向毛向阳分四次共计转账3.5万元,由于信用卡还款后要一个小时才能刷出钱来,便让毛向阳同他一并前往。到达之后毛向阳以去旁边超市买水和上厕所为由离开了车内,随后郭鑫回到车内,看见毛向阳还没回来,便用手机微信与其联系,毛向阳告知其马上回来。16点42分,郭鑫再次打电话给毛向阳,发现其电话已关机,郭鑫便意识到自己被骗并报了警。

2020年5月6日,毛向阳听说隔壁村的李孝明打算收购小鸡,便联系上李孝明,愿意将养殖的小鸡以1.8万元价格全部转卖给他。5月10日,毛向阳按约定将小鸡送至江东市谭华镇三里乡村的李孝明家中,完成交易后离开。5月15日,毛向阳又以找到土鸡仔货源为由,再次来到李孝明家中商谈,以手机账单过账需要周转资金为由,与李孝明约定由其通过手机向毛向阳预付1.5万元购买土鸡仔,毛向阳称转款到了之后按每月2000元分期还款并表示以后可以长期合作。李孝明见毛向阳有长期合作意向,便达成协议约定年底一并偿还。于是李孝明让妻子刘瑞华通过微信向毛向阳转账1.5万元,随即毛向阳在李孝明夫妻准备协议时以上厕所为由离开。李孝明见其迟迟未归便打电话给他,毛向阳称自己有新的小鸡订单要处理,过几天再将借款协议邮寄到其家中,同时为了让他放心,还告知了自己的姓名和身份证号码。李孝明等了几天也没有收到协议,便向江东市公安局报案。5月20日,毛向阳因身份证过期,到江东市公安局办理身份证,核实身份信息时被派出所民警认出,随即被拘留。

二、模拟法庭审判参与人员表

本案模拟法庭审判共有 10 人参加，其角色包括：
审判长：阳嘉嘉
审判员：段靓
审判员：何欣
书记员：吉柯
公诉人：龚正
公诉人：张晓玉
被告人：毛向阳
辩护人：刘钰萍
辩护人：余荔沁
法警：李令章
法警：王欢

三、模拟法庭审判法服、法物及道具

法官袍：3 套
检察官服：2 套
书记员服：1 套
被告人：正装或便装 1 套
律师袍：2 件
法警服：2 套
法槌：1 套
仿真警棍：2 根

四、证据材料

（1）书证。
（2）被害人的陈述。
（3）被告人的供述和辩解。
（4）现场勘验笔录、辨认笔录。
（5）其他证明材料。

五、案件争议焦点和问题思考（包括但不限于以下争议焦点和问题思考）

1. 被告人毛向阳是否有非法占有目的。
2. 被告人毛向阳是否有自首情节。

六、本案模拟法庭审判脚本

案由：毛向阳诈骗罪
开庭时间：2020年11月2日9时00分
开庭地点：江东市江阳区人民法院第五审判庭
是否公开审理：公开
合议庭人员：审判长：阳嘉嘉　审判员：段靓　何欣
公诉人：龚正　张晓玉
书记员：吉柯

开庭前准备阶段

（书记员就位）
书记员吉柯：请肃静。请公诉人、辩护人入庭。
（公诉人、辩护人入庭就座）
（各人员就位）
书记员吉柯：（站立）请旁听人员安静，现在宣布法庭规则：
1. 诉讼参与人应当遵守法庭规则，维护法庭秩序，不得喧哗、吵闹。
2. 诉讼参与人在开庭审判期间的发言、陈述和辩论，须经审判长许可。
3. 未经许可，不得录音、录像、拍照和摄影，不得使用移动通信工具等传播庭审活动。
4. 法庭内不得吸烟，不得随意走动和进入审判区。
5. 法庭内禁止拨打或接听电话，手机一律关闭。
6. 法庭审理过程中，旁听群众不得发言、提问，不得鼓掌、喧哗、吵闹和进行其他妨碍审判活动的行为。
7. 审判人员进入法庭以及审判长宣告判决、裁定、决定时，全体人员应当起立。
8. 未经许可，未成年人不得进入法庭。

对于违反法庭纪律的旁听人员，审判长可以口头警告、训诫、责令退出法庭或者经院长批准予以罚款、拘留，对严重扰乱法庭秩序的人，依法追究刑事责任。

书记员吉柯：公诉人、辩护人入庭。
书记员吉柯：请全体起立（起立完毕）。请审判长、审判员入庭（审判长和两名审判员入庭。

审判长阳嘉嘉：（审判长坐下后）全体坐下。

书记员吉柯：（转身面向审判长）报告审判长，本案的公诉人、辩护人已到庭，被告人毛向阳已提到候审，开庭工作经准备就绪，请主持开庭。

开庭阶段

审判长阳嘉嘉：（敲击法槌后宣布）江东市江阳区人民法院现在开庭。审理由江东市江阳区检察院提起公诉的指控被告人毛向阳诈骗罪一案。传被告人毛向阳到庭（两名法警押解被告人入庭，待被告人在其席位上站定后，打开被告人手铐，站在被告人身后值庭）。

审判长阳嘉嘉：根据《最高人民法院关于适用〈中华人民共和国刑事诉讼法〉的解释》第二百三十五条的规定，法庭现在对被告人的基本情况进行核实。

审判长阳嘉嘉：被告人，你的姓名？

被告人毛向阳：毛向阳。

审判长阳嘉嘉：还有没有其他名字？

被告人毛向阳：没有。

审判长阳嘉嘉：你的出生年月日？

被告人毛向阳：1994年12月8日出生。

审判长阳嘉嘉：由被告人向法庭陈述自己的民族、出生地、文化程度、职业、住址。

被告人毛向阳：我是汉族，出生在江东市江阳区，高中文化，无业，家住江东市江阳区横北大街144号二单元二栋4号。

审判长阳嘉嘉：由被告人向法庭陈述是否受到过法律处分。

被告人毛向阳：没有。

审判长阳嘉嘉：是否被采取强制措施，以及强制措施的种类和时间。

被告人毛向阳：因本案于2020年5月20日被江东市江阳区公安分局刑事拘留，经江东市江阳区人民检察院批准，2020年6月2日被执行逮捕，现羁押于江东市江阳区公安局分局看守所。

审判长阳嘉嘉：被告人收到江东市江阳区人民检察院指控你犯诈骗罪的起诉书副本没有？

被告人毛向阳：收到了。

审判长阳嘉嘉：被告人是否在开庭三日前收到开庭传票？

被告人毛向阳：收到了。

审判长阳嘉嘉：根据《中华人民共和国刑事诉讼法》第二十五条、第一百八十八条之规定，江东市江阳区人民法院现在依法公开审理江东市江阳区人民检察院指控被告人毛向阳犯诈骗罪一案。

审判长阳嘉嘉：下面介绍到庭人员的姓名及其身份：本案由本院审判员阳嘉嘉也就是我本人担任审判长，与审判员段靓和何欣组成合议庭，由吉柯担任书记员。公诉机关江东市江阳区人民检察院指派检察官龚正、张晓玉出庭支持公诉。受本院的指定，卡米诺律师事务所指派刘钰萍、余荔沁律师担任被告人毛向阳的辩护人。

审判长阳嘉嘉：被告人听清楚没有？是否同意刘钰萍律师和余荔沁律师为你辩护？

被告人毛向阳：听清楚了。同意。

审判长阳嘉嘉：被告人以及辩护人是否申请回避？如果申请回避，须指明申请何人回避，并说明理由。

被告人毛向阳：不申请。

辩护人刘钰萍：不申请。

审判长阳嘉嘉：根据《中华人民共和国刑事诉讼法》第二十九条、第三十一条、第三十二条的规定，被告人以及辩护人，在法庭审理过程中依法享有下列诉讼权利：

1. 申请合议庭组成人员、书记员、公诉人回避；

2. 提出证据，申请通知新的证人到庭，调取新的证据，申请重新鉴定或者勘验、检查；

3. 被告人自行辩护；

4. 被告人在法庭辩论终结后作最后陈述。

审判长阳嘉嘉：被告人毛向阳，以上权利你听清楚了吗？

被告人毛向阳：听清楚了。

法庭调查阶段

审判长阳嘉嘉：法庭调查的准备工作已经就绪，现在开始法庭调查。首先由公诉人宣读起诉书。

公诉人龚正（站立）：审判长、人民陪审员，我代表江东市江阳区人民检察院对被告人毛向阳依法提起公诉。

江东市江阳区人民检察院
起诉书

江检刑诉〔2020〕108号

被告人毛向阳，男，1994年12月8日出生，公民身份号码518××××××××××6672，汉族，高文化程度，无业，户籍所在地江东市江阳区，现住江东市江阳区横北大街144号二单元二栋4号。因涉嫌诈骗罪，于2020年5月20日被江东市江阳区公安局刑事拘留，2020年6月2日经本院批准，于同日被江东市江阳区公安局执行逮捕，现羁押于江东市看守所。

本案由江东市江阳区公安局侦查终结，以被告人毛向阳涉嫌诈骗罪，于2020年7月31日向本院移送起诉。本院受理后，于三日内已告知被告人有权委托辩护人，已告知被害人有权委托诉讼代理人，依法讯问了被告人，审查了全部案件材料。

经依法审查查明：

1. 2020年4月10日，毛向阳来到江东市竹园大道134号的手机店铺，以让郭鑫帮忙代还信用卡为由，让郭鑫通过支付宝先向其转账1.7万元，40分钟后毛向阳偿还了该1.7万元信用卡欠款并额外支付给郭鑫500元费用。次日下午3点30分,毛向阳再次来到该手机店铺,与郭鑫约定,由郭鑫代为偿还3.5万元的信用卡欠款,毛向阳则额外多支付1000元作为费用,并承诺等信用卡可以进行消费之后再把钱转给他。于是郭鑫通过支付宝向毛向阳分四次共计转账3.5万元,由于信用卡还款后要一个小时才能刷出钱来,便让毛向阳同他一并前往。到达之后毛向阳以去旁边超市买水和上厕所为由离开了车内,随后郭鑫回到车内,看见毛向阳还没回来,便用手机微信与其联系,毛向阳告知其马上回来。后毛向阳以上厕所为由离开现场,并失去联系。随后毛向阳将1.5万元钱用于购买鸡仔,剩余2万元用于股票投资。

2. 2020年5月15日,被告人毛向阳出售小鸡给李孝明,将小鸡送至槟玉县金顺镇石包村的李孝明家中,完成交易后离开。5月17日,毛向阳以找到土鸡仔货源为由,再次来到李孝明家中,以手机账单过账为由,与李孝明约定由其通过手机向毛向阳预付1.5万元购买土鸡仔,毛向阳则以现金偿还,于是李孝明妻子刘瑞华通过微信向毛向阳转账1.5万元,随后毛向阳以上厕所为由离开李孝明家。

认定上述事实的证据如下:
1. 书证:户籍证明、受案登记表、立案决定书、拘留证、逮捕证、转账记录等;
2. 被害人郭鑫、李孝明等两人的陈述;
3. 被告人毛向阳的供述和辩解;
4. 现场勘验笔录、辨认笔录;
5. 其他证明材料:到案经过。

本院认为,被告人毛向阳以非法占有为目的,骗取他人财物,数额巨大,其行为触犯了《中华人民共和国刑法》第二百六十六条,应当以诈骗罪追究其刑事责任。根据《中华人民共和国刑事诉讼法》第一百七十六条的规定,提起公诉,请依法判处。

此致
江东市江阳区人民法院

检 察 官 龚 正
检察官助理 张晓玉

2020年8月28日
(院印)

附件:1. 被告人毛向阳现羁押江东市看守所
   2. 案卷材料和证据×册,补充材料×页

公诉人龚正:审判长,起诉书宣读完毕。
审判长阳嘉嘉:被告人毛向阳,你对起诉书指控的事实听清楚了吗?
被告人毛向阳:听清楚了。
审判长阳嘉嘉:与你收到的起诉书是否一致?

被告人毛向阳：一致的。

审判长阳嘉嘉：你对指控的事实及罪名有无异议？

被告人毛向阳：有异议。

审判长阳嘉嘉：下面你对指控的事实向法庭做个简要的陈述，你可以讲了。

被告人毛向阳：借款的两次行为都是对方自愿的，并答应会给予借款利息。我认为我不具有非法占有目的，我借了钱是想还，但是投资失败无法偿还。在第二个案件中我与李孝明达成了还款协议的，我说每个月给他打2000元，是他说的年底一起还。

审判长阳嘉嘉：讲完了吗？

被告人毛向阳：讲完了。

审判长阳嘉嘉：公诉人可以就起诉书的事实向被告人进行讯问。

公诉人龚正：被告人毛向阳，公诉人今天在法庭上就本案事实再次对你进行讯问，你必如实回答，听清楚了吗？

被告人毛向阳：听清楚了。

公诉人龚正：被告人毛向阳你有无职业？

被告人毛向阳：无职业。

公诉人龚正：你借款后有无还款能力？

被告人毛向阳：有。

公诉人龚正：你还款来源来自哪里？

被告人毛向阳：来自郭鑫的转账所得。

公诉人龚正：请阐述你与郭鑫的全部金钱往来。

被告人毛向阳：第一次给我转了1.7万元，第二次转了3.5万元。

公诉人龚正：你有无向郭鑫还款？

被告人毛向阳：第一次还了。

公诉人龚正：第二次3.5万元到哪里去了？

被告人毛向阳：转过来我就用于买鸡仔和股票投资。

公诉人龚正：审判长，检方没有要问的了。

审判长阳嘉嘉：辩护人有无对被告人毛向阳进行发问的？

辩护人刘钰萍：有，毛向阳你对郭鑫的3.5万元借款，是否想过要还？

被告人毛向阳：我是想过要还的。

辩护人刘钰萍：你与李孝明是否有口头说过要达成借款协议。

被告人毛向阳：说过。

辩护人刘钰萍：审判长，辩方没有要问的了。

审判长阳嘉嘉：现在由控辩双方举证。首先由公诉方向法庭出示证据，出示证据时，应当指明证据名称、来源及拟证明的事实。

公诉人张晓玉：我方出示证据有：受案登记表、立案决定书；拘留证、逮捕证等对被告人采取强制措施的法律文书；户籍证明；抓获经过；扣押决定书、扣押清单；调取证据通知书、调取证据清单、住宿登记表；被害人郭鑫的陈述；微信转账记录截图、微信收款记录；郭鑫对毛向阳的辨认笔录；被告人毛向阳的供述与辩解；被害人李孝明的陈述；支付宝转账记录截图、支付宝转账信息；支付宝个人信息。

公诉人张晓玉：公诉机关所举证据来源合法、符合证据三性，现提交法庭质证。

审判长阳嘉嘉：被告人发表质证意见。

被告人毛向阳：我在收取郭鑫3.5万元转账时，便用这笔钱购入了鸡仔和投资股票，我本意是想赚钱后尽快归还欠款，但市场不景气导致投资失败，所以没有了偿还能力。并且我还给郭鑫打了欠条的，但是我没有去，是叫出租车送过去的。对第二起无异议。

审判长阳嘉嘉：辩护人发表质证意见。

辩护人余荔沁：被告人无职业，生活贫困，没有了经济来源以致在法律边缘失了足。被告人在拿到了这笔钱没有继续干违法的事，而是用这笔钱去养殖和投资，但是由于自己文化程度较低，没有能力经营自己的生意，所以才投资失败而无法还款。

审判长阳嘉嘉：公诉人有无说明？

公诉人张晓玉：对上述被告人所说的欠条一证，被害人郭鑫称没有收到过。

审判长阳嘉嘉：公诉人还有无证据向法庭出示？

公诉人张晓玉：没有。

审判长阳嘉嘉：被告人有无证据向法庭出示？

被告人毛向阳：没有。

审判长阳嘉嘉：辩护人有无证据向法庭出示？

辩护人余荔沁：没有。

审判长阳嘉嘉：所举证据待合议庭评议后再做确认。

法庭辩论阶段

审判长阳嘉嘉：法庭调查结束，下面进行法庭辩论。公诉人发表公诉意见。

公诉人张晓玉：（站立）审判长、审判员，根据《中华人民共和国刑法》第二百六十六条规定，我（们）受江东市江阳区人民检察院的指派，代表本院，以国家公诉人的身份出席法庭支持公诉，并依法对刑事诉讼进行法律监督，现对本案证据和案件情况发表如下意见，请法庭注意。

在本案中，犯罪嫌疑人毛向阳分别以"有偿代还信用卡""分期付款"为借口，骗取受害人郭鑫3.5万元、李孝明1.5万元共计5万元非法所得。2020年4月10日，在与被害人郭鑫一案中，犯罪嫌疑人首先以代还1.7万元信用卡欠款，而后支付被害人郭鑫500元费用为诱，使得对方为其转账。在取得被害人信任后于次日再用同样借口骗取对方3.5万元转账，随后逃之夭夭。又于2020年5月6日主动联系欲收购鸡仔的隔壁村李孝明，并表示自己可以1.8万元向其出售鸡仔。当双方谈妥钱货两讫之后，犯罪嫌疑人于5月15日再次找上受害人李孝明，以同样的鸡仔收购交易为由，欲与被害人李孝明交易。但此次交易实则为犯罪嫌疑人毛向阳的借口，其目的便是以非法手段敛取受害人李孝明钱财。在被害人妻子刘瑞华向其转款1.5万元后，犯罪嫌疑毛向阳便借由携款而逃。

综合犯罪嫌疑人的供述与辩解、被害人的陈述、微信与支付宝交易记录等证据，犯罪嫌疑人毛向阳假借"有偿代还""分期给付"等的名义，实际上是诈骗被害人的财物，其行为符合诈骗罪的构成要件，理由如下：首先，犯罪嫌疑人毛向阳主观上有非法占有的目的。犯罪嫌疑人毛向阳以有偿为借口接触受害人郭鑫让其转账代为还款，却在第二次转账后故意逃走。并且用非法获得的钱财养殖投资。同年，犯罪嫌疑人毛向阳又以"按月分期"为借口向另一受害人李孝明骗取 1.5 万元以供自己使用。故从一开始，犯罪嫌疑人毛向阳就具有非法占有他人财物的意图，符合诈骗罪的主观要件。其次，犯罪嫌疑人毛向阳为骗取他人财物实施了欺骗的客观行为。不论是对受害者郭鑫还是受害者李孝明，犯罪嫌疑人毛向阳为获取他人财物着手实施诈骗，并成功获取共 5 万元非法所得。其犯罪数额巨大，情节严重，显然已构成诈骗罪的客观行为。量刑建议：鉴于犯罪嫌疑人毛向阳无视国家法律，骗取他人财物，数额巨大，其行为触犯了《中华人民共和国刑法》第二百六十六条之规定，构成诈骗罪，建议法庭判处被告人李某某有期徒刑三年二个月以上三年六个月以下，并处罚金人民币二千元以上四千元以下。

审判长阳嘉嘉：被告人对事实、定罪、量刑部分有无辩解、辩护意见？

被告人毛向阳：以事实为依据，我相信法律，我没有要说的。让我的辩护人为我辩护。

审判长阳嘉嘉：下面由辩护人发表辩护意见。

辩护人余荔沁：尊敬的审判长、审判员、公诉人，江东卡米诺律师事务所接受本案被告人毛向阳家属的委托，经得毛向阳的同意后指派我担任其辩护人出庭参加诉讼活动。接受委托以来，我依法查阅了卷宗材料，并对本案进行了深入的调查，充分听取了被告人的辩解，仔细审阅了检察院移送法院的全部案件材料。根据《中华人民共和国刑事诉讼法》和《中华人民共和国律师法》的有关规定，履行辩护人责任，在现结合庭审的相关情况发表如下辩护意见供合议庭参考并采纳：

一、辩护人对公诉人指控的罪名没有异议，但辩护人认为毛向阳有以下从轻处罚的情节，希望合议庭能够采纳。被告人毛向阳系初犯，且主观恶性不大。被告人毛向阳在此之前，没有刑事处罚记录，没有前科劣迹，属于初犯。在本案中，被告人不管是进行投资生钱行为，还是如实告知自己的身份信息，都是具有还款的意愿，其主观恶性不大；同时辩护人认为其社会危害性也较小，如果被告人真的想要实行完全诈骗，就不会产生还款的意愿，也不会将自己真实的支付信息和身份信息告知被害人。

二、被告人毛向阳被抓捕后如实供述犯罪事实，认为其具有坦白情节。5 月 20 日，被告人在江东市江阳区公安局办理身份证时，发现民警在看他，当时被告人还主动询问是不是找他，在被认出后，也没有拒绝、阻碍、抗拒、逃跑的行为；并且在被抓捕归案后，被告人毛向阳对于自己的行为供认不讳，辩护人认为其具有坦白情节，可以从轻处罚。《中华人民共和国刑法》第六十七条第三款规定："犯罪嫌疑人虽不具有前两款规定的自首情节，但是如实供述自己罪行的，可以从轻处罚；因其如实供述自己罪行，避免特别严重后果发生的，可以减轻处罚。"最高人民法院《关于常见犯罪的量刑指导意见》

规定:"对于坦白情节,综合考虑如实供述罪行的阶段、程度、罪行轻重以及悔罪程度等情况,确定从宽的幅度。"毛向阳符合第一条"如实供述自己罪行的,可以减少基准刑的20%以下"。

三、被告人归案后具有悔罪和认罪态度较好情节。被告人归案后能如实供述其犯罪行为,并认识到其犯罪行为给当事人造成了危害性,悔罪和认罪态度较好。同时毛向阳也表示愿意积极交纳罚金以弥补自己的行为给社会造成的危害,辩护人认为这种积极的态度可以被法院认可并在量刑时予以考虑,对其从轻处罚。

四、量刑意见。辩护人认为,从法律角度而言,毛向阳具有坦白、初犯、认罪态度好等犯罪情节,依法可以对其从轻处罚;从被告人主观角度而言,被告人毛向阳将钱用于投资的初衷是想赚了钱再还,其本质是想还的,但客观上已经还不了;同时被告人对于第二个被害人有如实告知自己的身份,辩护人认为其是有还款的意愿,主观上诈骗的意愿也较小,这从被告人全程都是用实名制的支付宝和微信来转账也可以看出。

审判长、审判员,综合以上事实和理由,辩护人认为,鉴于被告人的以上情节,恳请法院在对被告人毛向阳进行量刑时能够考虑辩护人的意见并采纳,对毛向阳判处三年有期徒刑并处罚金2500元。

审判长阳嘉嘉:本庭认为第一轮法庭辩论的争议焦点如下:被告人毛向阳是否有非法占有目的,被告人毛向阳是否有自首情节。

审判长阳嘉嘉:公诉人发表第二轮公诉意见。

公诉人张晓玉:被告人毛向阳曾确实收到受害人郭鑫、李孝明转账,其收到受害人郭鑫的转账后并未退还给受害人,而是用其所得购买和投资。故被告人毛向阳的行为符合非法占有成立条件,其存在非法占有目的。毛向阳对上述事实构成坦白,但不构成自首。

审判长阳嘉嘉:被告人毛向阳发表第二轮辩解意见。

被告人毛向阳:我看到警察来了,是我主动过去问警察是不是找我。

审判长阳嘉嘉:辩护人发表第二轮辩护意见。

辩护人余荔沁:被告人主观恶性不大,并且归案后能如实供诉自己的犯罪行为,辩护人认为其态度可以被法院采纳,在量刑时从轻处罚。

审判长阳嘉嘉:经过两轮的法庭辩论,控辩双方就本案适用的法律、量刑情节充分发表了各自的意见,阐明了自己的观点,法庭已经充分听取并清楚记录在案,合议庭庭后进行综合评议,现在法庭辩论结束。

被告人最后陈述阶段

审判长阳嘉嘉:依据《中华人民共和国刑事诉讼法》第一百九十八条的规定,审判长在宣布辩论终结后,被告人有最后陈述的权利。被告人毛向阳起立,关于本案你还有什么向法庭陈述的吗?

被告人毛向阳:(站立)我深刻认识到自己的错误,希望法庭对我从轻处罚,请审判长公正裁决。

评议和宣判阶段

审判长阳嘉嘉：今天的庭审活动到此结束，合议庭对本案进行综合评议，二十分钟后继续开庭，法警将被告人毛向阳带出法庭。

书记员吉柯：全体起立，请审判长，审判员退庭评议。请全体起立！请审判人员退庭评议（审判长率合议庭成员从法官通道纵队退出法庭）。

书记员吉柯：现在休庭。

……

（以下进入宣判程序）

书记员吉柯：请公诉人、辩护人入庭，各就各位。

书记员吉柯：请全体起立。（稍停顿后）请审判长、审判员入庭。

（审判长率合议庭成员从法官通道纵队步入审判台就座）

审判长阳嘉嘉：请坐下。法警带被告人到庭。

（两名法警带被告人入庭，并站在被告人身后值庭）

审判长阳嘉嘉：（轻敲法槌一次后宣布）现在继续开庭。本案经庭审调查、法庭辩论、被告人最后陈述等环节，合议庭在充分听取了控辩双方意见的基础上进行了评议且作出判决。本院经审理查明：被告人毛向阳骗取他人财物，数额较大，已构成诈骗罪。被告人毛向阳是初犯，并且在公安机关询问时能够对自己的罪行供认不讳，具有悔罪和认罪态度较好情节，系如实供述犯罪事实，可对其减轻处罚。被告人毛向阳的辩护人提出的"毛向阳具有坦白情节、初犯，主观恶性不大且具有悔罪和认罪态度较好的情节，依法可以对其从轻处罚"的辩护意见，与案件事实相符，本院予以采纳。据此，依照《中华人民共和国刑法》第二百六十六条、第六十七条第三款，《中华人民共和国刑事诉讼法》第一百七十六条及最高人民法院《关于常见犯罪的量刑指导意见》之规定，判决如下：

江东市江阳区人民法院
刑事判决书

（2020）江审刑初68号

公诉机关江东市江阳区人民检察院。

被告人毛向阳，男，1994年12月8日出生，公民身份号码518××××××××××6672，汉族，高中文化程度，无业，户籍所在地江东市江阳区，现住江东市江阳区横北大街144号二单元二栋4号。因涉嫌诈骗罪，于2020年5月20日被江东市江阳区公安局刑事拘留，2020年6月2日经人民检察院批准，于同日被江东市江阳区公安局执行逮捕，现羁押于江东市江阳区看守所。

辩护人余荔沁，江东卡米诺律师事务所律师。

辩护人刘钰萍，江东卡米诺律师事务所律师。

江东市江阳区人民检察院以毛向阳诈骗罪一案，于2020年7月31日向本院提起公诉。本院受理后，依法组成合议庭，于2020年11月2日公开开庭审理了本案。江东市江阳区人民检察院指派检察官龚正、张晓玉出庭支持公诉，被告人毛向阳及其辩护人余荔沁、刘钰萍等到庭参加诉讼。本案现已审理终结。

江东市江阳区人民检察院指控：2020年4月10日，被告人毛向阳来到江东市竹园大道134号的手机店铺，以让郭鑫帮忙代还信用卡为由，让郭鑫通过支付宝向其转账1.7万元，后毛向阳偿还了1.7万元并额外支付给郭鑫500元费用。次日下午，毛向阳再次来到该手机店，以相同理由，让郭鑫代为偿还3.5万元信用卡欠款，约定事后多支付1000元作为感谢费。郭鑫通过支付宝向毛向阳分四次共计转账3.5万元后，毛向阳以上厕所为由离开现场，并失去联系。随后毛向阳将1.5万元钱用于购买鸡仔，剩余2万元用于股票投资。2020年5月15日，被告人毛向阳出售小鸡给李孝明，将小鸡送至槟玉县金顺镇石包村的李孝明家中，完成交易后离开。5月17日，毛向阳以找到土鸡仔货源为由，再次来到李孝明家中，以手机账单过账为由，与李孝明约定由其通过手机向毛向阳预付1.5万元购买土鸡仔，毛向阳则以现金偿还，于是李孝明妻子刘瑞华通过微信向毛向阳转账1.5万元，随后毛向阳以上厕所为由离开李孝明家。

公诉机关认定上述事实的证据有：书证：户籍证明、受案登记表、立案决定书、拘留证、逮捕证、转账记录等；被害人郭鑫、李孝明等两人的陈述；被告人毛向阳的供述和辩解；现场勘验笔录、辨认笔录；其他证明材料：到案经过。

本院认为，被告人毛向阳以非法占有为目的，骗取他人财物，数额巨大，其行为触犯了《中华人民共和国刑法》第二百六十六条，应当以诈骗罪追究其刑事责任。根据《中华人民共和国刑事诉讼法》第一百七十六条的规定，依法判处。

被告人毛向阳对公诉机关指控的上述犯罪事实没有异议。其辩护人辩护意见：被告人毛向阳系初犯，且主观恶性不大。被告人毛向阳被抓捕后如实供述犯罪事实，认为其具有坦白情节。被告人归案后能认识到自己的犯罪行为，具有悔罪和认罪态度较好情节。综上所述，毛向阳符合坦白、初犯且认罪态度良好等情形，依法可以对其从轻处罚，因此判处毛向阳三年有期徒刑。有关证据如下：书证：户籍证明、受案登记表、立案决定书、拘留证、逮捕证、转账记录等；被害人郭鑫、李孝明等两人的陈述；被告人毛向阳的供述和辩解；现场勘验笔录、辨认笔录；其他证明材料：到案经过。

经审理查明：2020年4月10日，在与被害人郭鑫一案中，被告人毛向阳首先以代还1.7万元信用卡欠款、支付被害人郭鑫500元费用为诱饵，使得对方为其转账。在取得被害人信任后于次日再以同样借口骗取对方3.5万元转账，随后逃之夭夭。

又于2020年5月6日主动联系欲收购鸡仔的隔壁村李孝明，并表示自己可以以1.8万元向其出售鸡仔。当双方谈妥后，被告人毛向阳于5月15日再次找上受害人李孝明，以同样的鸡仔收购交易为由，欲与被害人李孝明交易。但此次交易实则为毛向阳的借口，其目的便是以非法手段敛取受害人李孝明钱财。在被害人妻子刘瑞华向其转款1.5万元后，被告人毛向阳便携款而逃。

上述事实，有公诉机关提交的并经当庭质证、认证的下列证据可以证明：

（1）被告人毛向阳的供述与辩解。

(2) 被害人郭鑫和李孝明的陈述。

(3) 微信与支付宝交易记录等证据。

(4) 案件来源、抓捕经过等证据材料，证实本案相关情况。

本案的争议焦点如下：第一，被告人毛向阳是否有非法占有目的。第二，被告人毛向阳是否有自首情节。

对于争议焦点一，被告人毛向阳确实收到受害人郭鑫、李孝明转账，且在收到受害人郭鑫的转账后并未退还，而是将其用于鸡仔购买和投资。故被告人毛向阳的行为符合非法占有成立条件，其存在非法占有目的。

对于争议焦点二，被告人毛向阳对上述事实虽构成坦白，但不构成自首。在本案中两名被害人在报案后均是掌握了被告毛向阳的两起诈骗事实。

本院认为，被告人毛向阳骗取他人财物，数额较大，已构成诈骗罪。被告人毛向阳是初犯，且在公安机关询问时对自己的罪行供认不讳，其悔罪和认罪态度良好，系如实供述犯罪事实，依法可对其减轻处罚。被告毛向阳的辩护人提出的"毛向阳具有坦白情节、初犯，主观恶性不大且有悔罪和认罪态度良好的情节，依法可以对其从轻处罚"的辩护意见，与案件事实相符，本院予以采纳。据此，依照《中华人民共和国刑法》第二百六十六条、第六十七条第三款，根据《中华人民共和国刑事诉讼法》第一百七十六条最高人民法院《关于常见犯罪的量刑指导意见》之规定，判决如下：

书记员吉柯：全体起立。

审判长阳嘉嘉：（站立）

一、被告人毛向阳犯诈骗罪，鉴于其有认罪悔罪情节，判处有期徒刑三年。

二、被告人毛向阳应赔偿原告人郭鑫人民币三万五千元整，赔偿原告人李孝明人民币一万五千元整。

如不服本判决，可在接到判决书的第二日起十日内，通过本院或者直接向江东市中级人民法院提起上诉，书面上诉的，应交上诉状正本一份、副本两份。

审判长　阳嘉嘉

审判员　段　靓

审判员　何　欣

二〇二〇年十一月十八日

书记员　吉　柯

审判长阳嘉嘉：（轻敲法槌一次）宣判完毕。请坐下。

审判长阳嘉嘉：被告人，你是否上诉？

被告人毛向阳：不上诉。

审判长阳嘉嘉：各位诉讼参与人，应当阅看核对庭审笔录或向其宣读。庭后控辩双方核对笔录认为有遗漏或者差错的，可以请求补充或者改正；确认无误后，应当签名并捺印。拒绝签名的应当记录在案，要求改变庭审中陈述的，不予准许。

审判长阳嘉嘉：江东市江阳区人民法院刑事审判庭，今天对江东市江阳区人民检察院提起公诉的被告人毛向阳诈骗罪一案的开庭审理到此结束，现在闭庭（轻敲法槌一次）。法警将被告人毛向阳带出法庭。

书记员吉柯：请全体起立！请审判人员退庭。

（审判长率合议庭人员从法官通道纵队退出法庭，两名法警将被告人带出法庭）

书记员吉柯：请公诉人、辩护人退庭。

书记员吉柯：现在散庭。

参考文献

[1] 陈学权. 模拟法庭实验教程［M］. 4版. 北京：高等教育出版社，2022.

[2] 卞建林，谭世贵. 证据法学［M］. 2版. 北京：中国政法大学出版社，2013.

[3] 陈光中. 刑事诉讼法［M］. 5版. 北京：北京大学出版社，2013.

[4] 何家弘，刘品新. 证据法学［M］. 5版. 北京：法律出版社，2013.

[5] 霍宪丹. 当代法律人才培养模式研究（上卷）［M］. 北京：中国政法大学出版社，2005.

[6] 廖美珍. 法庭语言技巧［M］. 北京：法律出版社，2009.

[7] 李文汇，陈山. 模拟法庭实验教程（刑事审判卷）［M］. 成都：四川大学出版社，2020.

[8] 牛忠志，朱玉玲，吴立志. 模拟刑事法庭理论与案例解析［M］. 北京：对外经济贸易大学出版社，2015.

[9] 廖永安，唐东楚，王聪. 模拟审判原理、剧本与技巧［M］. 4版. 北京：北京大学出版社，2022.

[10] 樊学勇，陶杨. 模拟法庭审判讲义及案例脚本［M］. 北京：中国人民公安大学出版社，2007.

[11] 刘潇潇，彭家明. 模拟审判实务教程［M］. 北京：中国政法大学出版社，2018.

[12] 陈亮. 攻防之道：刑事诉讼控辩攻略与技巧［M］. 北京：法律出版社，2017.

[13] 陈卫东，刘计划. 法律文书写作［M］. 北京：中国人民大学出版社，2016.

[14] 徐宗新. 刑事辩护实务操作技能与执业风险防范［M］. 北京：法律出版社，2022.

[15] 龙宗智. 刑事庭审制度研究［M］. 北京：中国政法大学出版社，2001.

[16] 宋英辉，甄贞. 刑事诉讼法学［M］. 5版. 北京：中国人民大学出版社，2016.

[17] 王国忠. 刑事诉讼交叉询问之研究［M］. 北京：中国人民公安大学出版社，2007.

[18] 王俊民. 辩护人庭审发问原理及方法［M］. 上海：上海人民出版社，2012.

[19] 王少波. 人民法院司法礼仪手册［M］. 北京：中国法制出版社，2010.

[20] 王勇. 公诉人出庭的方法与技巧［M］. 北京：法律出版社，2015.

[21] 尹丽华，严本道. 刑事诉讼法学实验教程［M］. 北京：北京大学出版社，2008.

［22］杨凯. 书记员与法官助理职业技能培训教程［M］. 北京：人民法院出版社，2010.

［23］赵日新. 庭审驾驭能力培训读本（刑事卷）［M］. 北京：人民法院出版社，2005.

［24］刑事诉讼法学编写组. 刑事诉讼法学［M］. 北京：高等教育出版社，2020.